统计学

浦国华 编著

浙江工商大學出版社
ZHEJIANG GONGSHANG UNIVERSITY PRESS
·杭州·

图书在版编目(CIP)数据

统计学/浦国华编著.—杭州：浙江工商大学出版社，2011.2(2024.3 重印)

ISBN 978-7-81140-275-9

Ⅰ.①统… Ⅱ.①浦… Ⅲ.①统计学—高等学校—教材 Ⅳ.①C8

中国版本图书馆 CIP 数据核字(2011)第 020958 号

统计学

浦国华 编著

责任编辑 王黎明
责任印制 包建辉
出版发行 浙江工商大学出版社
(杭州市教工路 198 号 邮政编码 310012)
(Email：zjgsupress@163.com)
(网址：http://www.zjgsupress.com)
电话：0571-88904980,88831806(传真)
排　　版 杭州朝曦图文设计有限公司
印　　刷 广东虎彩云印刷有限公司绍兴分公司
开　　本 787mm×960mm 1/16
印　　张 17.75
字　　数 265千字
版 印 次 2011 年 2 月第 1 版 2024 年 3 月第 14 次印刷
书　　号 ISBN 978-7-81140-275-9
定　　价 35.00元

浙江工商大学出版社营销部邮购电话 0571-88904970

前 言

统计是为适应人类社会的实践活动和国家管理的需要而产生，并随着社会的发展而发展起来的。近几年来，我国经济、教育和统计学科有了许多发展和重大变化。国家已确定了以普查为基础，以抽样调查为主体、多种调查方法结合运用的统计调查方法体系，并进行了相应的统计体制重大改革。统计学是一门认识社会现象、自然现象总体数量的方法论科学。它以大量观察为基础，以平均数为中心，通过统计总体，为揭示数量关系的大数规律提供一系列的统计分析方法。这个方法论包括对现象总体的认识方法、指导统计活动的原理和原则以及统计全过程所应用的分析计算及组织方法等，它构成统计学的科学体系、属于社会科学的方法论学科。在日常经济生活中，统计方法在金融、证券、保险、投资、理财等各方面的应用越来越广泛。统计学自身也在不断发展之中，且其学科地位有了很大提高，成为经济类、管理类、财经类各专业的基础核心课程之一。可以预见，随着人们对统计分析和数量分析提出更高要求，统计学作为一门基础性课程，其重要性将与日俱增。

当今世界，我们每时每刻都要接触到大量、各式各样的数据，离开数据，我们将寸步难行。那么，这些数据从何而来，说明什么，隐含着什么关系和规律？我们还缺少哪些数据，该如何去获得所需的数据并据以得出所需的结论？回答这些问题，就属于统计学的任务了。因此，学习统计学，掌握基本的统计理论与方法，具备基本的收集、整理和分析统计数据的能力，已经成为人类自身的基本要求。著名学者 H. G. Wells 曾说："就像读和写的能力一样，将来有一天统计的思维方法会成为效率公民的必备能力。"

经济类、管理类、财经类各专业的统计学教育目的是使学生具备基本的统计思想，掌握基本的统计方法，培养应用统计方法分析和解决经济管理中实际问题的能力。由于总学时的限制，非统计学专业的经济、管理、财经类专业难以开设很多的统计学课程。因此，作为经济、管理类各专业的共同基础课，本书既介绍具有通用方法论性质的一般统计理论与方法及其在经济管理中的应用，又讨论社会经济领域所特有的一些统计方法问题。在本教材的编写过程中，我们根据经济管理类专业的特点，努力贯彻“少而精”和“学以致用”的原则，不仅较大幅度地精简了描述统计学的内容，而且对推断统计学的内容也做了适当的取舍。尽可能做到结构合理、概念明确，条理分明，深入浅出。非必要，本书一般不做过多的数学推导与证明，着重通过实例讲述统计思想，培养和提高学生应用统计方法的能力。本书以本、专科经济类、管理类、财经类学生为对象，也可作为职工业余大学、成人高教自学、函授大学和统计员再教育培训教材。

本书的编写参考了国内外相关专著、教材，吸收了有关统计教学和科研的新成果，注意理论联系实际，充分考虑了统计改革的新成就，具有较强的理论性、科学性、实用性。全书共分10章：总论，统计数据的搜集、整理与显示，统计分布，统计分布的数值特征，抽样推断，假设检验，相关与回归分析，统计指数，时间序列分析，统计综合分析。通过学习，学生能较好地掌握基本统计思想和各种定量分析方法，提高分析问题的能力。全书系统地阐述了统计基础理论、基础知识和基本方法及其应用，增加了统计综合分析内容，来提高统计分析报告的撰写技术。

本教材是浙江省高校人文社科重点研究基地、浙江省重点学科、浙江省重点专业和浙江省精品课程——统计学课程建设的成果之一，由浙江工商大学浦国华副教授编写而成。由于编者水平有限，书中难免存在疏忽与不妥之处，敬请同行专家及读者多提意见和建议，以便进一步修改和提高。本书的编写与出版得到浙江工商大学成教学院以及浙江工商大学出版社的大力支持，鲍观明总编与王如星编辑为本书的组稿、编辑做了大量工作，在此表示衷心的感谢。

浦国华

2010 年 12 月于杭州

目 录

第一章 总 论

统计是社会认识的有力武器之一。统计所要认识的这个客体是一个总体现象，并且是从数量方面对其进行分析研究以达到对其认识的目的。本章介绍了统计的涵义、研究对象和性质、研究过程以及专门的研究方法等基本理论；同时重点讨论了统计学的有关基本概念，这些都是为以后各章节的学习奠定基础。

第一节 统计学的对象和性质

一、统计的产生与发展

（一）统计实践活动的萌芽

统计是为适应人类社会的实践活动和国家管理的需要而产生，并随着社会的发展而发展起来的。

统计实践活动的起源很早。在我国，统计可以追溯到原始社会末，即奴隶社会初，距今已有四五千年的历史。据历史记载，我国夏禹时代（公元前2000多年）就有人口数量的记录，当时分中国为九州，人口约有1355万人，耕地约有2438万顷。此后各朝代，更有田亩、户口资料的记载，并有计口授田、田亩鱼鳞册等土地调查资料和相关的计算方法等。在欧洲，古希腊、古罗马时代，统治者为了统治的需要，也已开始了人口、财产、土地占有以及军队、世袭领地等的统计工作。

不过那时的统计活动，无论中国或外国都只是一些原始的登记和简单的汇总计算。封建社会的统计基本上没超出这个范围，最多也只是统计规模的大小变化而已。

（二）统计理论的形成

统计广泛、迅速地发展是在资本主义社会形成以后。在资本主义制度下，商品生产占统治地位，社会分工越来越细，生产日益社会化，促使生产力得到迅速发展，同时，交通、航运、外贸等也日趋发达。资产阶级为了追求利润，必须加强企业管理；在激烈的竞争中，要随时掌握国内外市场供求状况和价格行情；为了对外扩张，必须加强对各国国情国力的了解，这些都对统计提出了新的要求。因此统计已不再限于人口、土地、财产等内容，它逐步扩展到了更为广泛的领域，产生了诸如工业、农业、商业、外贸、银行、保险、交通、邮电、海关等专业的社会经济统计。统计一旦为生产活动、经济活动服务，其内容与方法便趋于复杂。17世纪以后，随着统计实践的进一步发展，客观上要求总结丰富的实践经验，使之上升为理论，并进一步指导实践。当时，出现了一些不同主张的统计理论著作，开始形成不同的统计学派。

1. 国势学派，也叫记述学派。17世纪中叶，德国学者康令于1660年首次在不伦瑞克城的西尔姆斯特大学讲授“国势学”课程。康令（H·Conring 1606－1681）在其“国势学”中利用记述的方法，记载了国家的领土、人口、财政、军事、政治和法律等方面的显著事项，从而论述国家的重要形势。康令的研究方式颇受当时一些学者的欢迎，许多人因此在各大学相继开设此课，成为康令的后继者。此后，阿亨瓦尔（G·Achenwall 1719—1772）于1749年发表的《近代欧洲各国国势学概论》，不仅在序言中首次使用“统计学”（*Statistics*）一词，而且搜集了大量实际资料，分门别类地记述了国情国力的系统知识。阿亨瓦尔把他的国势学定义为实际政治学，说它是叙述国家最高政策关系的总体，他认为这是政治活动家、法律学者、世界形势分析家，乃至官僚、君主们所应具备的知识。阿亨瓦尔对国势学的理论发展作出了贡献。

2. 政治算术学派。也是在17世纪中叶,英国资产阶级为巩固其统治地位,对内镇压爱尔兰人民的起义,对外与两个敌对国——法国和荷兰争夺海上霸权,同时也为了管理国家、发展经济,迫切需要了解国内外经济状况。在这一背景之下,威廉·配弟(W·Petty,1623—1687)创作了其代表作《政治算术》一书。在这本著作中,他以数字资料为基础,用计量和比较的方法,从整体上分析英、法、荷三国的经济、军事实力及其内在潜力。《政治算术》主张用数字、重量和尺度来论述人口、土地、资本等的真实情况,反对受主观因素左右思维的影响。威廉·配第的这种理论和方法对统计学的形成和发展有着深远的影响。马克思给予他很高的评价,称他为"政治经济学之父",在某种程度上也可以说他是统计学的创始人。

3. 数理统计学派。数理统计学派产生于19世纪中叶,当时概率论已有相当基础,比利时的数学家、物理学家和统计学家凯特勒(L. A. J. Quetelet,1796—1874)把与作为数学的一个分支的概率论与统计学相结合,主张用研究自然科学的方法研究社会现象。首次用大数定律论证了错综复杂的社会现象中,看似偶然却隐含着必然的规律性;把正态分布应用于统计学中,提出了误差理论,较好地解决了统计数据处理和计算的问题。由于凯特勒在统计学中引入了概率论,使得统计学有了质的飞跃,为数理统计学的形成和发展奠定了基础。

4. 社会统计学派。这个学派是19世纪后期在德国兴起的。主要代表人物有克尼斯、梅尔、恩格尔等。他们认为统计学是一门独立的社会科学,是用数值解说大量社会现象的总体。由于社会现象纷繁复杂,必须对其进行大量观察,分析、研究其内在联系,才能揭示出社会现象的规律性。这样既融合了政治算术学派与国势学派的观点,又强调了社会调查,研究了社会现象,为德国社会统计学派的发展指明了方向。

5. 社会经济统计学派。这个学派是20世纪四五十年代在前苏联兴起的学派,其主要代表人物有斯特鲁米林、廖佐夫等。该学派以辩证唯物主义和历史唯物主义及马克思主义政治经济学为理论基础,对大量社会经济现象从数量方面进行研究。这个学派在实践中,曾经为社会主义国家高度集中的计划经济服务，在统计分组和指数理论方面有较高的造诣。

(三) 中国的统计学

解放前在我国，统计学主要分为社会统计学派和数理统计学派。新中国成立后，我国大量引进社会经济统计学，同时还照搬了前苏联的一套统计组织体制，为我国实行高度集中的计划经济发挥了重要的作用。但在我国，统计学仍存在着缺乏活力、发展缓慢的弱点。1978 年党的十一届三中全会以来，随着我国由计划经济向社会主义市场经济转轨，统计学领域出现了生动活泼的崭新局面，进入了全面改革的新时期。随着科学技术的迅猛发展，社会生产发生了巨大变化，促使我国现代统计学出现了新的分化与组合，使它广泛地应用于自然科学与社会科学各个领域的研究，统计才成为社会生活中不可缺少的工具。随着我国《统计法》的实施，统计作为社会经济信息的主体，有其光辉的发展前景，统计将为我国的社会经济建设作出重要的贡献。

(四) 统计学的发展趋势

1. 统计理论和方法不断完善

随着统计应用范围的扩大和要求的提高，对自然界、社会经济界各种纷繁复杂现象的数量表现和数量关系，都要求有比较完备的理论和方法去进行研究，从而使统计学得到不断充实和完善，不断发展和提高。随着数学的发展，统计学依赖和吸收的数学方法越来越多。

2. 计算机及其软件的应用加速了统计的计算

当今世界计算机及其软件广泛应用于统计研究与统计分析工作中，从而大大地减少了统计工作中人工操作，提高了工作效率；对于各种复杂疑难问题，都可以通过计算机来解决，为统计学开拓了广阔的前景。

3. 统计学的作用功能扩展

统计学的作用功能已从描述事物现状、反映事物规律，向抽样推断、预测未来变化方向发展。并且，统计学向其他学科领域渗透，或者说，以统计学为基础的边缘学科不断形成。

二、统计的涵义

"统计"一词直到18世纪末,《英格兰统计记事》的首任主编辛克莱,才将英语的"*statistic*"作为德语的"*statistik*"的译文传入英国,并赋予统计以新的内容,即用数字作为语言来表述事物。此后这个词很快就流传到世界各国。

在现实生活中,提到"统计"一词时常有不同理解,比如,"据统计",一般是指统计资料;"我不是搞统计的",一般即统计工作;"我学过统计",一般是指统计科学。所以,统计有三种涵义,即统计工作、统计资料和统计科学。

统计工作,即统计实践,是指根据科学的方法从事统计资料的搜集、整理、分析研究和提供各种统计资料和统计咨询意见的活动总称。统计工作的成果是统计资料。

统计资料,即统计工作活动过程所获得的各种有关数字资料以及与之相联系的其他资料的总称。它的表现形式为各种统计表、统计图、统计报告、统计公报、统计年鉴及其他有关统计数字信息载体等;其内容是反映社会经济现象的规模、水平、速度、结构和比例关系等信息的数字和文字资料。

统计科学,即统计理论,是指统计工作实践的理论概括和科学总结。它以社会经济现象总体的数量方面为研究领域,以研究和阐明统计调查、整理和分析统计资料的理论与方法为内容,是一门独立的科学。

统计工作、统计资料和统计科学有着密切联系。统计工作的成果是统计资料,包括最初的调查资料、次级资料以及经过加工整理和分析研究而形成的周密系统的资料。统计科学是统计工作实践经验的理论概括和科学总结,它来源于统计实践,又高于统计实践,反过来又指导统计实践。

三、统计学的研究对象与性质

(一)统计学的研究对象

经过长期的发展,统计学已成为一门独立的社会科学,有着自己的研究对象和相应的研究方法，建立了完整的理论体系。一般地说，统计学的研究对象是包括社会现象和自然现象等在内的客观事实的数量特征及数量关系。这是统计所要认识的客体，只有明确了研究对象，才可能根据它的性质特点得出相应的研究方法，利用它的数量方面反映其结构、比例及速度等状况，以达到认识其规律性的目的。

统计研究的是大量的社会现象和自然现象的数量方面，其根本特征是在质与量的辩证统一中去研究其数量方面。辩证唯物主义告诉我们，无论社会现象或自然现象，都具有质量辩证关系。因此统计要研究事物的存在和发展，并掌握其发展规律性，不能仅限于对事物的纯量统计，而应该同时研究质量互变的界限，研究引起质变的量的积累程度。另外，统计所研究的客体是具有一定具体内容或经济意义的客观事物，其各方面的数量表现都非抽象的数字，所以在研究其量的问题时，必须对其赋予质的规定，在定性认识的基础上进行定量分析，进而达到对现象质的认识。统计研究的量均为综合数量。由于统计研究的对象是总体现象，而总体是由许多个体组成，所以，反映总体的量也就必然是由个体的数据综合而成。另外，一切分析对比所得到的相对数或平均数也都具有综合的特点。

统计研究对象的特点，归纳起来有以下三个方面。

1. 总体性。统计研究对象不是个体事物的数量方面，而是由许多个体所构成的总体的数量方面。例如，劳动生产率统计，不是研究某个人具体的劳动效率，而是研究某一集体的劳动效率。统计研究对象的总体性这个特点，是由社会经济现象的性质和统计研究的目的决定的。由于社会经济现象错综复杂，各个个体现象所处条件不同，它们既受共同因素的影响，又受某些个别的、偶然的因素影响。因此，个体事物的数量特征和变动趋势是难以说明社会经济现象总体的本质和规律的。只有以社会经济现象的总体为研究对象，即以构成总体的全部或多数的个体现象为研究对象，才能消除偶然因素的影响，正确地显示出社会经济现象的本质和规律性。

2. 数量性。统计的研究对象是社会现象与自然现象的数量方面，包括这些总体现象的规模、水平、速度、现象间的数量关系，以及决定现象质与量辩证关系的数量界限。统计研究对象的数量性是统计区别于其他调查研究活动的根本特点。必须指出，统计对总体现象数量方面的认识是定量认识，但必须以定性认识为基础，要和定性认识结合起来，在质与量的辩证统一中去研究其数量问题，必须遵循定性—定量—定性的科学的认识规律。

3. 客观性。统计的数量是客观事物的反映，它表明客观现象在具体时间、地点、条件作用下，实际已经达到的水平和程度。统计数量的客观性在于它显示客观事物独立存在于外部世界的实际情况，不是主观意志所能转移的。统计资料虽然是经过人们有意识地调查、整理、汇总、加工的结果，但主观对客观认识的能动作用，是从事物的外部联系探讨事物的内在联系，从事物的表面现象认识事物固有的实质，使人们认识更加深刻、更加全面，并不能改变它的客观性。统计资料的客观性是统计质量的基础。统计工作必须发扬实事求是的精神，从大量事实出发，按照事物的本来面目研究事实、分析事实、认识事实。保持统计资料的客现性，维护统计资料的客观性，是每个公民的神圣职责。

（二）统计学的性质

统计学是一门认识社会现象、自然现象总体数量的方法论科学。它以大量观察为基础，以平均数为中心，通过统计总体，为揭示数量关系的大数规律提供一系列的统计分析方法。这个方法论包括对现象总体的认识方法、指导统计活动的原理、原则及统计全过程所应用的分析计算及组织方法等，它构成统计学的科学体系，属于社会科学的方法论学科。

对统计学的性质可从以下几方面加以说明。

1. 方法论科学适应统计工作实际的发展需要

统计学根据统计工作实际的需要，从理论上阐述如何进行统计设计、统计调查、统计整理与统计分析，提供研究现象总体数量方面的原理、原则和方式、方法。它是在统计工作长期实践的基础上，在历史发展过程中不断总结、不断提高、逐渐形成并日臻完善的。统计科学技术曾发生过两次革命性变革，第一次是概率论从纯粹的数学发展为数理统计和抽样调查技术并应用于统计工作实践，引起了统计调查技术的革命性变革；第二次是社会经济统计方面，由于国民经济核算体系的研制成功和电子计算机在统计工作中的广泛运用，引起了统计设计方法、统计调查方法、统计分析方法与信息处理技术的革命性变革。这都推动了社会经济的巨大发展。当前，我国的统计科学迫切需要提供更多的科学理论、统计方法及方法论，以适应市场经济体制下统计工作发展的需要。

2. 统计方法从描述统计方法向推断统计方法发展

描述统计方法及方法论是对统计总体资料进行调查、整理、加工、汇总、编表制表、计算相对数、平均数、指数、标准差等指标，并将收集的资料进行描述与分析对比。而这些活动都是对已知的社会现象进行描述，是反映社会现象的数量特征与数量关系的统计方法。随着社会经济的发展需要，要求统计对大量未知的数量进行推断、估算、预测。而对未知的客观现象数量推断的方法，是从已知推断未知，从局部推断全部的推断方法，描述统计方法已经难以解决社会现象间复杂的数量关系及对未来作出评估与推断。当前由于经济关系、社会关系包括的随机因素大量增加，社会现象、经济现象之间关系的不确定性增强等原因，更加需要和促使推断统计方法理论的发展与应用。

显然，描述统计和推断统计是统计方法的两个组成部分。描述统计是整个统计学的基础，推断统计则是现代统计学的主要内容。由于在对现实问题的研究中，所获得的数据主要是样本数据，因此，推断统计在现代统计学中地位和作用越来越重要，已成为统计学的核心内容。当然，这并不等于说描述统计不重要，如果没有描述统计收集可靠的统计数据并提供有效的样本信息，即使再科学的统计推断方法也难以得出切合实际的结论。从描述统计学发展到推断统计学，既反映了统计学发展的巨大成就，也是统计学发展成熟的重要标志。

3. 具有多科性的统计方法论

统计学作为一门方法论科学，被广泛地应用于研究社会和自然界的各个方面，并发展成为有着许多分支学科的方法论科学，使得统计学发展成为一门多科性的学科家族。而以其研究对象为标志进行分类，统计学方法论可概括为两大部分，即：

(1) 理论统计学。理论统计学把研究对象一般化、抽象化，以概率论为基础，从纯理论的角度，对统计方法加以推导论证，中心的内容是统计推断问题，实质是以归纳方法研究随机变量的一般规律。例如统计分布理论，统计估计与假设检验理论，相关与回归分析、方差分析、时间序列分析、随机过程理论等等。这些方法不论是自然现象或社会现象的随机变量都是适用的。

（2）应用统计学。应用统计学是从所研究的领域或专门问题出发，视研究对象的性质采用适当的指标体系和统计方法，以解决所需研究的问题。本教材以社会经济现象总体为其研究对象，社会经济统计学根据统计工作的实际需要，以社会再生产理论为依据，研究社会的生产、流通、交换、分配各环节的经济运行和社会发展情况。从理论上阐述统计调查、统计整理以及统计分析等内容，并提供研究社会经济现象总体数量方面的原理、原则和方式方法等。社会经济统计学是我国应用最广泛的应用统计学。它是一门有特定研究对象的方法论科学。在知识经济和信息的时代里，社会经济统计学具有十分广阔的前景。

由此可见，理论统计学是以方法为中心建立统计方法论体系，并利用各种方法阐明所能解决的相应问题。而应用统计学则是以问题为中心，建立专门的统计指标体系，并结合各种问题阐述其相应的解决方法，这时统计方法论的意义只具有专业的性质，未必具有普遍的意义。其次，理论统计学从事随机变量的数量分析，而应用统计学不仅从事数量分析，还需要进行质量分析。应用统计学总是先从现象的质量分析中获得需要考察的指标，建立指标体系，然后开展调查研究，数据处理，归纳结果，再结合现象的质量分析，得出符合实际情况的结论，作为行动决策的依据。所以应用统计学需要相关专业的实质性科学理论作指导，它通常具有边缘交叉学科的性质。在统计科学发展的道路上，理论统计学和应用统计学总是互相促进，共同提高。理论统计学的研究为应用统计学的数量分析提供方法，大大提高分析的认识能力，而应用统计学对统计方法的实际应用又会开拓理论统计学的研究领域。

第二节　统计研究方法与统计活动过程

一、大数定律的方法论意义

统计研究现象总体的数量特征，所用的基本方法都与总体的数量性有关，其数学依据是大数定律。

大数定律又称大数法则，它是说明大量随机现象的平均结果具有稳定性质的法则，即说明如果被研究的总体数量特征是由大量相互独立的随机变量形成的，且每个变量对总体的影响都相对小，那么对大量随机变量加以综合平均的结果，变量的个别影响相互抵消，而显现出它们共同作用的倾向，使总体数量特征具有稳定的性质。大数定律正是从数量方面表现了偶然与必然的辩证关系。因而我们可以通过大量随机现象的综合概括，消除偶然性的误差，发现必然性的趋势，认识规律的表现形式。

大数定律对于认识现象规律性的方法论意义，可以归纳如下：

1. 现象的某种总体规律只有当具有这些现象的足够多的单位汇总综合在一起的时候，才能显示出来。因此只有从大量现象的总体中，才能研究这些现象的规律性。

2. 现象的总体性规律，通常是以平均数的形式表现出来。

3. 研究的现象总体包含单位愈多，平均数也就越能够正确地反映出这些现象的规律性。

4. 各单位的共同倾向（表现为主要的、基本的因素）决定着平均数的水平，而各单位对平均数的离差（由次要的、偶然的因素所产生的影响），则由于足够多数单位的汇总综合结果，而相互抵消，趋于消失。

通过平均化的结果抵消偶然因素的个别影响，描述现象的典型水平，并进一步推断总体的数量特征，这些都是在大数定律的作用下进行的。

应该指出，大数定律的作用是帮助我们通过偶然性发现必然性，认识现象规律的表现形式，但它并不能说明现象的本质，这需要借助相关实质性学科的知识来解释现象的本质及其内在联系。

二、统计研究的基本方法

(一) 大量观察法

社会经济现象本质上是反映人与人之间的社会关系的,这种关系客观地存在于现实生活中。要研究这种关系就必须到社会中去做调查研究,即采用实地观察的方法,对所要研究的现象总体中的全部或足够多单位进行调查了解,搜集有用的相关数据,并加以综合研究,达到对现象总体的认识目的。

社会经济现象的发展变化要比自然现象复杂得多。在社会现象的总体中,个别事物往往受各种偶然因素的影响,如果孤立地就其中少数单位进行观察,其结果常常不足以反映现象总体的一般特征。

大量观察法是统计的基本方法之一。通过大量观察,一方面可以掌握认识事物所必需的总体的各种总量;另一方面还可以通过个体离差的相互抵消,在一定范围内排除某些个别现象和偶然因素的影响,从数量上反映出总体的本质特征。

在我国统计实践中,广泛运用了大量观察法组织各种统计调查,如各种基本的、必要的统计报表、普查、重点调查和抽样调查等等。这些都是采用大量观察法对总体进行调查了解,以保证从整体上达到对现象总体的认识。

(二) 统计描述法

统计描述是指通过对客观实际的调查了解,并对搜集到的数据进行加工整理、综合分析,从而计算出各种能反映总体数量特征的综合指标,借以反映现象总体的总量规模、结构比例、速度快慢等实际状况。这些反映总体状况的有用信息,通常用表格或图像表示。统计描述是统计研究的基础,它为统计推断、统计咨询、统计决策提供必要的事实依据。统计描述也是对客观事物认识不断深化的过程。它通过对分散无序的原始资料的整理归纳,运用分组法和综合指标法得到现象总体的数量特征,揭露客观事物内在数量规律性,以达到认识的目的。

统计描述的内容包括统计分组法、综合指标法和统计模型法。

统计分组法是研究总体内部差异的重要方法，通过分组可以研究总体中不同类型的性质以及它们的分布情况，如产业的经济类型及其行业分布情况；可以研究总体中的构成和比例关系，如三次产业的构成，生产要素的比例等；可以研究总体中现象之间的相关依存关系，如企业经营规模和利润率之间的关系等。

综合指标法是指运用各种统计指标来反映和研究客观总体现象的一般数量特征和数量关系的方法。通过综合指标的计算可以显示出现象在具体时间、地点条件下的总量规模、相对水平、集中趋势、变异程度，并进一步从动态上研究现象的发展趋势和变化规律。综合指标包含总量指标、相对指标和平均指标。

统计模型法是综合指标法的扩展。它是根据一定的理论和假定条件，用数学方程去模拟现实客观现象相互关系的一种研究方法。利用这种方法可以对客观现象发展变化过程中存在的数量关系进行比较完整和近似地描述，凸显所研究的综合指标之间的关系，从而简化了客观存在的复杂的其他关系，以便利用模型对所关心的现象变化进行数量上的评估和预测。

（三）统计推断法

现实生活中，统计所要研究的客观总体总是一个比较大的整体，而通常情况下我们所掌握的数据只是部分单位的数据或有限单位的数据。对于我们所关心的总体的数量特征来说，这些数据是有限的、不完整的。那么，这些数据是否能代表总体，如何用这些数据估计总体，这就是统计推断的主要任务。例如一大批产品的质量是否符合要求，体育锻炼对增强心脏功能是否有益，某种新药是否提高疗效，全国婴儿性别比例如何等等。这些如果只靠部分数据的描述，显然是无法准确说明总体特征的，因此可以利用统计推断的方法来解决。所谓统计推断就是以一定的置信标准要求，根据样本数据来判断总体数量特征的归纳推理的方法。统计推断是逻辑归纳法在统计推理中的应用，所以称为归纳推理的方法。统计推断可以用于总体数量特征的估计，称为参数估计法；也可以用于对总体某些假设的检验，称为假设检验法。

1. 参数估计法。对于客观现象总体，其一定的数量特征（如总体平均数、方差等）是唯一确定的，所以把总体的这种客观存在的、唯一的、却又是未知的数量特征称为总体参数。总体参数通常是不知道的，这就需要通过样本数据计算样本统计量，并以此作为总体参数的估计量来估计总体参数的取值或取值区间，这种方法称为参数估计法。例如实割实测若干样本点的粮食产量来推测全区的粮食产量，对若干中选的样本居民户的家庭收支进行经常性地登记，以估计全市居民家庭生活的收支水平等等。由于统计分析中经常需要对总体的各项综合指标做出客观的评价，因此参数估计方法在实际工作被广泛地采用。

2. 假设检验法。假设检验的特点是，由于对总体的变化情况不了解，不妨先对总体的状况做某种假设，然后根据样本实际观察的资料对所做假设进行检验，来判断这种假设的真伪，以决定行动的取舍。例如工厂生产某种产品，经过工艺改革，不知道产品质量是否有所提高，我们不妨假设工艺改革没有效果，产品质量和以往正常生产的产品质量没有显著性的差异，所有差异仅仅由随机性的原因引起的。我们从假设为真的前提出发，比较样本指标的实际值和假设的总体参数之间的差异是否超过给定的显著性标准。如果超过这标准，我们就有理由否定原来的假设，而采纳与其对立的假设，即工艺改革是有效的，提高了产品质量，如果差异没有超过显著性标准，则接受原来的假设，即认为工艺改革是无效的，产品质量没有显著性提高，假设检验的方法也是统计推断常用的方法。

三、统计活动过程

（一）统计设计

统计设计是指根据统计研究目的以及统计研究对象的性质和特点，对统计工作的各个方面和各个环节进行通盘的考虑和安排。统计设计的结果表现为各种标准、规定、制度、方案和办法，如统计分类标准、目录、统计指标体系、统计报表制度、统计调查方案、普查办法、统计整理或汇总方案等等。

统计设计的主要内容有：统计指标和指标体系的设计、统计分类分组的设计、统计表的设计、统计资料搜集方法的设计、统计工作各个部门和各个阶段的协调与联系、统计力量的组织与安排等等。

（二）统计调查

统计调查就是搜集统计资料的工作阶段。统计调查的任务就是根据事先确定的调查提纲要求，采用各种调查组织形式和调查方法，有组织、有计划地对所研究总体的各个单位进行观察、登记，取得原始资料、获取感性认识的过程。统计调查是统计认识活动由定性认识过渡到定量认识的初始阶段，这个阶段所搜集的统计资料是否完整、准确、周密、系统，直接关系到以后一系列统计工作的好坏，关系到统计分析结论的正确性和客观性。所以，统计调查是整个统计工作的基础环节。

（三）统计整理

由于统计调查所获取的资料只是表明各个单位的具体事实，是个别事物的反映，要使其成为说明现象总体特征的量，就必须通过整理。统计整理就是根据统计研究的目的，对调查阶段搜集的原始资料，按照一定标志进行科学的分组和汇总，使之条理化、系统化，将反映各个单位个别特征的资料转化为反映总体数量特征的综合资料的工作过程。统计整理环节是认识过程中，由对个体的认识过渡到对总体的认识，由感性认识上升到理性认识的必经阶段，是统计调查的必然延续，又是统计分析的必要前提。所以，统计整理是统计工作中介于调查与分析之间的一个必不可少的、承上启下的中间环节。

（四）统计分析

这是对经过加工整理的统计资料进行分析研究，从感性认识上升到理性认识，是统计活动取得最终成果的阶段，是统计研究的决定性环节。这一阶段的任务是对经整理后的各项综合指标进行分析计算，揭示被研究现象的比例关系和发展过程，阐明现象的变化趋势和规律性，通过分析研究做出科学的结论。统计分析的内容可概括为两大部分，即描述统计与推断统计。描述统计就是利用统计指标、统计表格、统计图形等，对现象总体的总量规模、结构比例、发展速度等状况进行刻画、陈述和表达。简单地说，描述统计就是事后统计。而推断统计就是充分利用有用信息，采用科学的概率理论，对未知的现象总体或事物的未来进行有一定把握的估计和预测。显然，推断统计属于事前统计。

第三节　统计学的基本概念

一、统计总体与总体单位

（一）统计总体

统计学所研究的是客观现象总体，从数量关系方面揭示总体的特征。因此，首先对统计总体要有明确的认识。统计总体就是根据统计的目的与要求所确定的研究事物的全体，它是由客观存在的、具有某种共同性质的许多个别事物所构成的整体。例如，研究全国零售商业企业的经营情况时，全国零售商业企业就构成一个统计总体。这个总体，是由各个零售商业企业组成，都是客观存在的事物；它们都经营零售商业业务，具有共同性质。再如，研究某城市居民家庭的生活情况时，这个城市的所有居民家庭户就构成了一个统计总体，因为它们都具备“该城市的居民家庭户”这个共同性质。统计总体无处不有、无所不在，只要有一个统计目的，就会有一个相应的统计总体。统计总体经常直接简称为总体。

总体可以分为有限总体和无限总体。总体所包含的单位数是有限的，称为有限总体，如人口数、企业数、商店数等。总体所包含的单位数是无限的，称为无限总体，如连续生产的某种产品的生产数量、大海里的鱼资源数等。对有限总体可以进行全面调查，也可以进行非全面调查。但对无限总体只能抽取一部分单位进行非全面调查，据以推断总体。

（二）总体单位

构成总体的各个个别事物，就是总体单位，简称单位或个体，是总体的基本单位。例如，在“全国零售商业企业”这个总体中，每一个商业企业就是一个总体单位；在“某城市居民家庭户”这个总体中，每一户居民家庭就是一个单位。总体单位可以是企业或事业单位，也可以是个人或家庭，可以是一件产品、商品或一台设备，也可以是行为、事件或某种实验的观测值等。

总体和总体单位的确定，取决于认识对象的性质和统计研究的目的。对于某个事物属于总体或总体单位，并不是固定不变的，两者可以随研究目的与任务的不同而相互转换。例如，全国零售商业企业总体中，每个零售商业企业是总体单位。如果统计目的是要研究某零售企业的基本情况时，这时这个零售企业就是总体，而这个企业内部所属的营业部（组或柜）就成为总体单位。

统计虽然研究总体现象，但必须从个体入手，从取得各个个体数据后再概括成能说明总体的综合资料，从而进行多方面的统计分析。当研究的是个体的数量特征时，我们把由此构成的总体叫作变量总体。例如，以某工厂500名职工为总体，研究其职工的工资收入，工资收入是数量特征，这时就把这个总体称为变量总体。当研究的是个体的属性特征时，我们把由此构成的总体叫作属性总体。例如，对于上述500名职工，研究其男女性别构成时，每一个职工要么属于男性职工，要么属于女性职工，我们把这种属性特征的总体称为属性总体。

二、标志与标志表现

（一）标志

总体各单位所具有的属性或特征称为标志。换句话说，标志是反映总体各单位属性和特征的名称。每个总体单位从不同方面考察都具有许多属性和特征。例如每个工人都具有性别、工种、文化程度、技术等级、年龄、工龄、工资等属性和特征，这些就是工人这个总体单位的标志。又如每个企业都具有所有制类型、所属行业、资产数量、职工人数、产品产量等属性和特征，这些就是企业这种总体单位的标志。由此可见所谓属性和特征可以是自然属性也可以是社会属性，而且都是总体中每个单位普遍具有的。如果只是个别单位具有的特殊属性和特征就不能作为统计总体的标志了。

总体是由单位构成的，而单位又是标志的承担者，统计研究就是从登记标志状况开始的，并通过对标志的综合，反映出总体的数量特征。所以标志是统计研究的基础。

标志分为品质标志和数量标志两种。品质标志表明单位属性方面的特征，例如工人的性别、设备的种类、企业的经济类型等等。数量标志表明单位数量方面的特征。例如工人的工龄、工资、企业生产设备的能力、职工人数、产品产值等等。

（二）标志表现

各种标志，无论是品质标志或数量标志，其表现出来的状况是不同的。品质标志表现出来的通常是用文字表示的，如工人的性别为“男性”或“女性”；如企业的性质表现为“全民所有制”、“集体所有制”、“中外合资”、“独资”等等。但也有用数字表示的品质标志，如产品的等级属性：“一级品”、“二级品”等。这些都是标志表现。数量标志都是由数值来加以说明的，如工龄表现出来的是具体的年限，工资表现出来的是具体的金额等。这些具体的数值，我们称之为标志值。

三、变异与变量

变异就是存在着的差别。要理解这些概念，必须先搞清什么是不变标志和可变标志。统计中反映总体单位特征的标志很多，如果按其具体表现是否有差异区分，可分为不变标志与可变标志。当某一标志的具体表现在各个总体单位上都相同时，则为不变标志。不变标志是使许多个别单位组合成为总体的前提，体现为总体的同质性。组成一个总体的各个总体单位必须至少有一个不变标志。例如，以全国国有大中型机械工业企业为总体，这里的各工业企业均具备所有制、企业规模、工业部门这三个不变标志。可变标志是指具体表现在总体各个单位上不尽相同的那些标志。一般来说，组成一个总体的各个总体单位具有许多可变标志。如，国有大型机械工业企业的各个工业企业的可变标志就有隶属关系、职工人数、资金额、生产能力、工业增加值、工业总产值、劳动生产率、平均工资、利税额等等。上述这些标志在各企业中的表现不尽相同，总是存在差别，这种差别就叫变异。

变异包含了质的变异和量的变异，也就是说，总体内的各个单位在质的方面表现出来有差异，在量的方面表现出来也有差异。存在着差异的数量标志叫变量，或者说，变量就是可变的数量标志。如上述的职工人数、资金额、工业增加值、工业总产值、劳动生产率、平均工资、利税额等在各企业中是不可能相同的，所以这些都是变量。变量的具体取值就叫变量值。

变量值按其是否连续可分为离散变量和连续变量两种。在一定区间内取值是有限的，其数值可一一列举的变量叫离散变量，其数值表现为断开的。例如，企业个数、职工人数、设备台数、学校数、医院数等，都只能按计量单位计数，这种变量的数值一般用计数方法取得。在一定区间内可任意取值的变量叫连续变量，其数值是连续不断的，即在一定区间内可取无限个数值，其数值不可一一列举。例如，机器零件的规格尺寸、人体的身高和体重、用价值指标反映的产品数量等等为连续变量。

四、总体的特征

在明确了以上一些基本概念之后，将它们联系起来观察，深入地认识总体，可以看出，统计总体具有同质性、大量性和差异性三个主要特点。

1. 同质性。是指总体中的各个单位必须具有某种共同的属性或特征。即各单位都具有某一不变标志，使得它们能组成一个整体。如国有企业总体中每个企业共同标志属性是国家所有。同质性是总体的根本特征，总体只有具备同质性，统计才有意义。

2. 大量性。是指总体中包括的总体单位必须有足够多的数量。总体是由许多个体在某一相同性质基础上结合起来的整体，个别或很少几个单位不能构成总体。总体的大量性，可使个别单位某些偶然因素的影响（表现在数量上的偏高、偏低的差异)相互抵消,从而显示出总体的本质和规律性。总体只有具备大量性,才真正属于统计。

3. 变异性。是指总体的各单位无论是在品质标志或数量标志上,表现出来都必须存在差异。例如,某领域的职工总体中各单位间有男、女的性别属性差异,有 20 岁、21 岁、22 岁等年龄标志的数值差异。变异是普遍存在的,是统计的前提条件,有变异才需要有统计,没有变异就没有统计的必要。

五、统计指标

(一) 统计指标的概念

统计指标是指反映现象总体综合数量特征的范畴和统计数值,是统计分析中反映现象总体数量特征的特有反映手段。例如,2009 年我国国内生产总值现价总量为 340507 亿元。在统计理论和统计实践中对于统计指标的理解通常有两种:一种是对于反复出现的具体经济现象的某种共同特征进行概括而形成的基本概念,人们把这类经济范畴当做统计指标。如总产值、国民收入、国内生产总值、劳动生产率、平均工资、成本、利润等等。这种理解是统计研究还处于统计设计阶段时,只有这些指标名称,所以是还没有带上数值的统计指标。另一种理解就是在上述的经济范畴中包含具体的统计数值。这些统计指标的数量表现,称为指标值,是经过统计工作的过程而得到的统计指标的具体数值表现,这正是我们统计调查活动所取得的最终成果。由于统计指标反映了客观事物在一定的时间、地点条件下的数量表现,所以,完整的统计指标应该具备时间限制、空间限制、指标名称、计算方法、统计数值和计量单位这六个构成要素。

(二) 统计指标的特点

1. 数量性。统计指标是反映客观现象量的特征的,所以,无论什么指标都用数字表示,都是可以计量的,不存在不能用数字表示的统计指标。

2. 综合性。统计指标是统计总体特征的数量表现,总体是由许多相同性质的个体事物构成的整体。总体的总量是其所包括的每个单位的标志值进行综合所得。如工资总额是每个职工的工资额加总计算而得的。此外，一切相对数和平均数也都是由有联系的两个指标值综合而成的。

3. 具体性。统计指标的具体性表明统计指标是一定时间、地点条件下的客观事实量的反映。统计指标不是抽象的，每个统计指标所反映的社会经济现象的量都具有其一定的经济意义，都是客观内容的具体反映，不存在脱离质的内容的统计指标。

（三）统计指标的种类

1. 统计指标按其表现形式可以分为总量指标、相对指标和平均指标。总量指标是反映社会经济现象总体规模水平大小、总量多少的指标，其数值表现为绝对数。相对指标是表明两个有联系的统计指标数值之比，是反映数量关系的指标，其数值表现为相对数。平均指标是同质总体内标志总量与总体单位数相除的结果，表明了总体各单位标志的一般水平。

2. 统计指标按其说明的总体现象的内容不同，可以分为数量指标和质量指标。凡是反映现象总规模、总水平和工作总量的统计指标称为数量指标，是说明总体广度的统计指标。例如人口总数、企业总数、职工总数、工资总额、国内生产总值、商品流转额、商品进出口总额等等，这些指标不论是从单位数或是标志值总和方面，都反映了现象或过程的总规模和总水平，所以数量指标也称为总量指标，用绝对数来表示。凡是反映现象相对水平和工作质量的统计指标称为质量指标，是说明总体深度的统计指标。例如粮食平均亩产量、职工平均工资、人口密度、出生率、死亡率、工人出勤率等等。质量指标是总量指标的派生指标，用相对数或平均数来表示，反映现象之间的内在联系和对比关系。

3. 统计指标按管理功能作用不同，可分为描述指标、评价指标和预警指标。描述指标主要是反映社会经济运行的状况、过程和结果，提供对社会经济总体现象的基本认识，是统计信息的主体。例如，反映社会经济条件的土地面积指标、自然资源拥有量指标、社会财富指标、劳动资源指标、科技力量指标，反映生产经营过程和结果的国民生产总值指标、工农业总产值指标、国民收入指标、固定资产指标、流动资金指标、利润指标，反映社会物质文化的娱乐设施指标、医疗床位数指标等等。评价指标是用于对社会经济运行的结果进行比较、评估和考核，以检查工作质量或其他定额指标的结合使用，包括国民经济评价指标和企业经济活动评价指标。预警指标一般是用于对宏观经济运行进行监测，对国民经济运行中即将发生的失衡、失控等进行预报、警示。通常选择国民经济运行中的关键性、敏感性经济现象，建立相应的监测指标体系。例如，针对经济增长、经济周期波动、失业、通货膨胀等，可以建立国民生产总值与国民收入增长率、社会消费率、积累率、失业率、物价水平、汇率、利率等预警指标。

六、统计指标体系

由于现象的复杂多样性，各种现象之间相互联系的性质，只用个别统计指标来反映是不够的，需要采用指标体系来进行描述。统计指标体系就是各种相互联系的统计指标所构成的一个有机整体，用来说明研究现象各个方面相互依存和相互制约的关系。统计指标体系因各种现象本身联系的多样性和统计研究的目的不同而分为不同的类别。

根据所研究问题的范围大小，可以建立宏观统计指标体系和微观统计指标体系。宏观统计指标体系就是反映整个现象大范围的统计指标体系，如反映整个国民经济和社会发展的统计指标体系。微观统计指标体系就是反映现象较小范围的统计指标体系，如反映企业或事业单位的统计指标体系。介于这两者之间的可以称为中观统计指标体系，如反映各地区或各部门的统计指标体系。

根据所反映现象的范围内容不同，统计指标体系可以分为综合性统计指标体系和专题性统计指标体系。综合性统计指标体系是较全面地反映总系统及其各个子系统的综合情况的统计指标体系，如国民经济和社会发展统计指标体系。专题性统计指标体系则是反映某一个方面或问题的统计指标体系，如经济效益指标体系就是专题性统计指标体系。

统计指标体系也可以指若干个统计指标之间的联系表现为一个方程关系。例如，工资总额＝平均工资×职工人数；商品销售额＝商品销售量×商品销售价格等等。统计指标体系对于统计分析和研究具有重要的意义。通过设计一个科学的统计指标体系,可以描述现象的全貌和发展的全过程,分析和研究现象总体存在的矛盾以及各种因素对现象总体变动结果的方向和程度,也可以对未来的指标进行计算和预测,对未来现象发展变化的趋势进行预测。

第二章 统计数据的搜集、整理和显示

统计是研究总体的，但又是从个体入手的。对个体进行观测登记所取得的数据，是零星分散的，必须通过整理才能使其成为反映总体的有用的资料——统计指标，以便以后的统计分析使用。本章介绍的是统计实践活动的基础工作内容，包括搜集资料、整理资料的方法和显示统计资料的统计表等；此外，统计中反映总体量的特有反映手段——统计指标，是社会经济统计中具有个性的分析方法。

第一节 统计调查

一、统计调查的意义

统计调查是根据统计研究预定的目的要求和任务，运用科学的调查方法，有计划、有组织地向客观实际搜集统计资料的工作过程。统计活动所涉及的资料通常有两种：一种是直接向调查单位搜集的未经加工整理的资料，称为原始资料，也叫初级资料；另一种是根据研究目的，搜集经过加工整理的，积累下来的，在一定程度上能够说明总体现象的资料，这种资料称为次级资料，或第二手资料。实际意义上的统计调查，是指搜集原始资料的活动过程。虽然利用与搜集第二手资料有其重要性，但这只能是资料搜集的一种方式，不属于实际意义上的统计调查。

客观现象是错综复杂的，人们要系统、准确地认识事物的发展变化规律，必须向客观实际去搜集资料，进行统计调查。统计调查在整个统计工作的过程中，担负着提供基础资料的任务，所有的统计分析和统计研究都是在原始资料搜集的基础上建立起来的，只有搞好统计调查，才能保证统计工作达到对于客观事物规律性的认识，并从而预测未来。因此，统计调查活动要求搜集来的统计资料，必须是准确、及时、全面的。可以想象，如果调查得来的资料不准确、不及时、不全面，就不可能客观反映情况和正确认识现象总体的本质特征，最终也就难以对所研究现象总体的规律性做出正确的判断，统计将失去其认识世界的作用，甚至还会导致错误的结论。

二、统计调查的种类

由于社会经济现象的复杂性，统计所研究的对象是千差万别的，加上统计研究任务的多样性，使得在组织统计调查时，应根据不同的调查对象和调查目的，相应地采用不同的调查方式方法。长期的统计调查实践活动为我们提供了丰富的调查类别。

（一）按调查的不同组织形式，分为统计报表和专门调查

统计报表是国家统计机关和各业务部门为了定期取得系统、全面的国民经济基本统计资料而采用的一种搜集资料的方式方法。目的在于掌握经常变动的、对国民经济有重大意义的指标资料。所以，它在社会主义统计工作中占据重要的地位，我国目前搜集国民经济基本统计资料采用的就是统计报表形式。专门调查是指为了了解某种情况或研究某项问题而专门组织的调查。由于社会经济现象错综复杂、千变万化，对于复杂多变的现象，如果都采用统计报表的形式搜集资料，就难以取得准确资料，甚至无法取得资料。例如人口资料，如果仅限于每年末由统计报表所统计的数据，则出入是很大的。所以，每间隔一段时间后就要组织人口普查。专门调查包括普查、重点调查、抽样调查和典型调查。统计报表和专门调查都是搜集统计信息

的重要方法。

（二）统计调查按调查对象所包括的范围不同，分为全面调查和非全面调查

全面调查是指对调查中的全部单位，无一例外都进行登记或观察。例如，要了解全国人口状况，就要对全国所有人口都进行调查登记，这就是全面调查。普查、全面统计报表，都属于全面调查。这种调查方式能掌握所有调查单位的全面情况，但它需要耗费较多的人力、物力和财力。全面调查只适用于有限总体，调查内容一般限于反映国情国力的重要的统计指标。非全面调查，只对调查对象总体中的一部分单位进行登记或观察。例如，为了了解工业企业的经济效益状况以及经营管理的新情况、新问题，可不必对全部工业企业一一进行调查，只要选择部分工业企业进行调查就可以。这种调查方式，调查单位少，可以用较少的人力、物力、财力和时间，调查较多的内容，搜集到较深入、细致的情况和资料。但它未包括全面资料，因此常常需要与全面调查结合起来应用。

（三）统计调查按调查登记时间是否有连续，可分为经常性调查和一次性调查

经常性调查又称连续调查，就是随着研究现象的不断发展变化，而不间断地进行登记或观察，其目的是为了取得事物在一定时期内全部发展过程的总量资料。例如要了解连续生产的工业产品产量、质量、原材料、燃料和动力消耗等方面经常变动的数字就要进行连续登记。经常性调查所搜集的量是一种流动的量，称为流量，属于时期指标，每次所搜集的资料可以累计可以相加就是经常性调查的显著特点。一次性调查又称间断调查，就是对被研究现象在某一时刻的状况进行一次性登记，其目的是为了取得事物在一定时点上的水平状态资料。例如，企业现有固定资产总额、生产设备数量、职工人数等。一次性调查所搜集的量是一种存在的量，库存的量，称为存量，属于时点指标，每次所取得的时点资料不能累计不能相加是一次性调查的特点。一般在一定时期变动不是很大，均可采用一次性调查。

(四)按取得资料的具体方法不同,可分为直接观察法、采访法、报告法、问卷调查法和卫星遥感法

1. 直接观察法。是指调查人员亲自到现场对调查单位的调查项目直接清点、测定、计量以取得数据资料的一种统计方法。如为了及时了解农作物产量而进行农产量抽样调查时,调查人员亲自参加抽选样本、实割实测、脱粒、晾晒、保管、过秤计量;为了解工业企业期末的在制品数量,调查人员深入到生产现场进行观察、计数、测量,等等。直接观察法所取得的资料,具有较高的准确性。但需要大量的人力、物力、财力和时间。因此,它的应用受到很大限制。

2. 采访法。是由调查人员直接向被调查者进行提问,根据被询问者的答复来搜集统计资料的一种调查方法。它又分为个别访问和开调查会两种。典型调查中,搜集材料多采用个别询问、开调查会等采访法。

3. 报告法。这是由报告单位根据一定的原始记录、统计台账,依据统计报表的格式和要求,按隶属关系,逐级向有关部门提供统计资料的一种调查方法。我国现在各企事业单位、各机关向上级填报统计报表,就是报告法。报告法的特点是有统一项目、统一表式、统一要求和统一上报程序,其资料来源于原始记录,可以同时进行大量的调查。如果报告制度健全,原始记录和核算工作完整,采用报告法就可以取得比较准确的资料。

4. 问卷调查法。问卷调查法是为特定目的,以问卷形式提问,发给被调查者,由被调查者自愿、自由回答的一种采集资料的方法。通常是在初步分析调查对象的基础上,从调查对象总体中随机地或有意识地选择若干调查单位,发出问卷,要求被调查者在规定时间内以不记名或不可记名方式反馈信息,经调查综合整理、分析,以形成对调查对象总体的认识,这种方法多用于对主观意识的调查。如果运用得恰当,可以较真实地了解民情民意。科学地进行问卷调查,必须精心设计,问题要简明扼要,填写答案不需花费多少时间、程序严密,保证做到为被调查者保密。在实施上,要尽量防止提出回答率或答案质量不高的问题。

5. 卫星遥感法。卫星遥感法是一种使用卫星高度分辨辐射计提供地

面资料的方法。这种方法的覆盖面较广，主要用来估计农作物产量。我国运用这种方法估计北方冬小麦产量已有十多年，取得了一定成绩。卫星遥感估产的时间要选择恰当，过早难以推算成熟前长时间内外界环境条件变化的影响；过晚则会失去农作物产量与叶绿素含量都最高的最佳时期，同时还会增加识别农作物与其他绿色植被的困难。卫星遥感所取得的资料要与地面其他资料相印证，以便作出综合分析。地面资料包括类型抽样定点所形成的大面积监测网络资料；还包括统计、农业、气象、农业科研等部门以其他调查方法取得的资料。卫星遥感法运用得好，可以达到投入少、速度快、准确度高的要求。

三、统计调查方案

无论采用什么调查方式搜集资料，都要事先根据需要和可能，对被研究对象进行定性分析，制订一个调查方案。统计调查方案是统计设计阶段的一项重要内容，是保证统计调查顺利进行的前提，也是准确、及时、系统、完整地取得调查资料的重要条件。一份完整的调查方案，应包括以下基本内容。

（一）确定调查目的和任务

统计调查总是为一定的研究任务服务的，制订调查方案的首要问题是明确调查目的和任务。不同的研究目的和任务，决定着不同的调查内容和范围。目的不明，任务不清，就无法确定向谁调查，调查什么，怎样调查。整个调查工作就会陷入盲目混乱，造成人力、物力和财力的浪费。调查目的和任务的确定，主要是根据实际需要，并结合调查对象的特点来确定的。

（二）确定调查对象和调查单位

确定调查对象和调查单位，是为了回答向谁调查，由谁来具体地提供统计资料的问题。调查对象，就是在某项调查中需要进行调查研究的社会现象的总体，简单地说就是被调查的统计总体。确定调查对象，首先要根据调查目的，对研究现象进行认真分析，掌握其主要特征，科学地规定调查对象的涵义;其次,明确规定调查对象总体的范围,划清它与其他社会现象的界限。只有调查对象的涵义确切、界限清楚,才能避免登记的重复或遗漏,保证统计资料的准确。调查单位,就是在某项调查中登记其具体特征的单位,即调查项目的标志承担者。调查单位的确定取决于调查目的和调查对象。例如,工业普查中,目的是了解工业企业的生产经营状况,调查单位就是每一个工业企业。这里就需要把工业企业与农业企业、建筑业企业、商业、运输业等其他企业区别开来,即划清总体界限,然后明确工业企业的涵义。如果调查目的在于了解城市职工家庭收支的基本情况,那么全部城市职工家庭就是调查对象,这就需要先划清城市职工与非城市职工的界限,然后明确职工家庭的涵义,而每一户城市职工家庭就是调查单位。明确调查单位还需要把它与报告单位相区别。报告单位也称填报单位,它是负责向上报告调查内容,提交统计资料的单位。报告单位一般是在行政上、经济上具有一定独立性的单位,而调查单位可以是人或企事业单位,也可以是物。根据调查目的,调查单位与报告单位有时一致,有时不一致。如工业企业普查,每个工业企业既是调查单位又是报告单位。而工业企业生产设备状况的普查,调查单位是工业企业的每台生产设备,而报告单位则是每个工业企业。

(三) 确定调查项目,拟定调查表

1. 确定调查项目

调查项目就是调查中所要登记的调查单位的特征,这些特征统计上又称标志。确定调查项目所要解决的问题是:向调查单位调查什么?反映调查单位特征的标志是多种多样的。在调查中确定哪些调查项目,应根据调查目的和调查单位的特点而定。要紧紧围绕调查目的,从现象之间的相互联系中,从现象的过去、现在和未来发展等方面出发,进行周密的考虑。具体说,确定调查项目要注意:

(1) 取得资料的必要性和可能性,即调查项目只应列出切实满足调查目的所需要的,而又可能得到答案的内容,应该实事求是。

(2) 对项目的解释应具统一性,即对调查项目的表述必须明确、易懂、统一,每个项目应有确定的答案,不能模棱两可,避免引起误解而造成登记

的差错。

(3) 项目间的衔接性,即调查项目之间彼此联系和衔接,以便相互核对,提高调查资料的质量。

(4) 时间上的可比性,即本次调查项目同过去同类项目在时间的长短上,应尽可能取得一致,以便进行动态对比。

2. 拟定调查表

将各个调查项目按照一定的逻辑关系安排在一定的表格上,就构成了调查表。调查表是调查方案的核心部分,是搜集原始资料的基本工具。利用调查表,不仅能够条理清楚地填写需要搜集的资料,还便以调查后对资料进行汇总整理。

调查表一般有两种形式,一种是一览表,另一种是单一表。一览表是把许多调查单位填写在一张表上。在调查项目不多时,采用该类表式,较为简便,它便于合计和核对数据。单一表是一个调查单位填写一张表。由于单一表仅限一个调查单位,所以它可容纳较多标志,一般用于调查项目较多的场合,统计调查要采用哪一种表式,是由调查目的、调查任务而定的。

(四) 确定调查时间

统计调查时间包括两种涵义,即调查时间和调查期限。调查时间是指调查资料所属的时间,在统计调查中,如果所调查的是时期现象,就要明确规定调查资料所反映的起止日期。例如调查 2010 年第一季度的钢铁产量,则调查时间是从 1 月 1 日起至 3 月 31 日止 3 个月。如果所要调查的是时点现象,调查时间就是规定的统一标准时点。如我国第六次人口普查调查时点是 2010 年 11 月 1 日零时。调查期限是进行调查工作的工作时限,包括搜集资料和报送资料的工作所需的时间,为了提高时效性,一般调查期限应尽可能缩短。

(五) 确定调查工作的组织实施计划

为了保证整个统计调查工作的顺利进行,在调查方案中还应该有一个考虑周密的组织实施计划,其主要内容应包括:调查工作的领导机构和办事机构；调查人员的组织；资料报送办法；调查前的准备工作，包括宣传教育、干部培训、调查文件的准备，调查经费的预算和开支办法、调查方案的传达布置、试点及其他工作等。

四、统计调查的方法体系

统计调查是整个统计工作的基础，只有科学地确定统计调查的组织形式，才能保证统计调查所获得的资料能较客观地反映实际。随着社会主义市场经济的建立和发展，面对多种经济成分、多种经济类型和经营方式等复杂多样的调查对象，国家统计局确立了以必要的周期性普查为基础，以经常性抽样调查为主体，重点调查、科学推算和必要的统计报表等为补充的多种方法综合运用的调查方法体系。《统计法》里明确规定："搜集、整理统计资料，应当以周期性普查为基础，以经常性抽样调查为主体，综合运用全面调查、重点调查等方法，并充分利用行政记录等资料。"①

（一）以周期性普查为基础，以经常性抽样调查为主体

1. 普查

普查是根据统计研究的特定目的和任务，专门组织的一次性全面调查。它主要用于收集某些不能够或不适宜采用定期全面填报的统计报表方法收集的统计资料。一般用来调查属于一定时点的社会经济现象的总量。目前，由于许多社会现象已难于用全面报表收集资料，所以，普查的运用将更广泛，它将成为调查方法的基础。例如，可借助普查系统地、全面地掌握一个国家（或地区）的人力资源、财力资源和物资资源的数量、分布及利用状况。

普查有两个主要特点：第一，它是一种不连续的调查，属间断调查。由于普查搜集的通常是时点资料，所以，普查总是要确定一个标准时点。第二，它是一种全面调查，调查范围通常较大，所以涉及面广、工作量大。它比

① 参见新修订后的《中华人民共和国统计法》，2010 年 1 月 1 日起施行。

任何一种调查形式更能掌握大量、详细、全面的统计资料。

普查的组织形式有两种，一种是通过组织普查机构，配备一定数量的普查人员，对调查单位直接进行登记，如我国人口普查就是采用这种形式。另一种是利用调查单位的原始记录和核算资料，结合清库盘点，由调查单位自行填报调查表格，如我国物资库存普查就是采用这种形式。

2. 抽样调查

抽样调查是按随机原则从调查对象中抽取一部分单位作为样本进行观察，然后根据所获得的样本数据，对调查对象总体特征作出具有一定可靠程度推算的非全面调查。

抽样调查有如下几个特点：第一，抽取样本单位采用随机原则抽取，排除了主观因素的影响。第二，根据部分调查的实际资料对调查对象总体的数量特征作出估计。根据数理统计原理证明，抽样调查中样本指标和相对应的总体指标之间存在着内在联系，而且两者的误差分布也是有规律可循的，因而提供了用实际调查所得的部分信息以推断总体数量特征的科学方法。第三，抽样误差可以事先计算并加以控制。以样本资料推算总体数量特征，不可避免地会产生误差。但这种误差与其他统计估算所产生的误差不同，它是可以根据有关资料事先加以计算，并且通过一定的途径来控制误差的范围，保证抽样推断结果达到预期的可靠程度。

抽样调查的适用范围主要有：第一，对一些不可能或不必要进行全面调查的社会现象，可采用抽样调查。例如对具有破坏性的产品质量检查，如电视显像管的耐用时数、轮胎的里程试验等，不可能毁去所有的产品而加以鉴定其质量，只能采用抽样调查。再如，居民家庭生活情况的调查，没必要对所有居民逐一观察、经常登记，只有按随机原则选定若干家庭加以调查以获取统计所需的资料。第二，对普查资料进行必要的修正。由于普查涉及面广，工作量大，容易产生登记误差，即出现重复登记或遗漏现象。因此通常在普查之后，作一次小规模的抽样调查，将抽样调查的结果同原来的普查资料进行核对，计算出差错（重复或遗漏）比率，然后以其作为修订系数，对普查资料进行必要的修正。

抽样调查的组织形式包括：纯随机抽样、机械抽样、类型抽样、整群抽样和多阶段抽样。

纯随机抽样也叫简单随机抽样。它是随机抽样中最基本、最简单的抽样组织方式。这种抽样方式不对总体各单位做任何排队或分组等处理，直接从总体中按随机原则抽取单位形成样本，然后以样本数据推算总体指标。显然，这种抽样方式理论上最符合随机原则。

机械抽样也叫等距抽样或系统抽样。它是事先将调查对象的所有单位按照一定标志进行排列，然后依固定顺序和间隔来抽选部分单位的一种抽样组织方式。用作排列顺序的标志与所要研究的问题，可以是无关标志也可以是有关标志。以无关标志排列，仍能遵循随机原则。如研究职工工资收入，按职工的姓氏笔画排列，姓氏笔画与工资收入无关。抽取的样本不含有主观因素，仍具随机性。以有关标志排列，即加入的标志与所研究问题有关，这时按一定间隔抽取的样本含有人为的主观因素，理论上说破坏了随机性，但是却提高了样本的代表性，说明所加入的因素是有利因素，是可行的。如研究职工的工资收入，按工龄排队，所抽取的样本中，收入高低都有一定的代表单位。实际上，等距抽样运用了类型抽样的一些特点。

类型抽样也叫分层抽样或分类抽样。它是先将总体各单位按有关标志分类分组，然后，再从各组中按一定比例随机地抽选样本单位进行调查的一种抽样组织方式。这种抽样方式是将统计分组和随机抽样两种科学的方法有机地结合在一起，保证了各组都有中选的机会，提高了样本的代表性，因此具有较好的抽样效果。

整群抽样。它是事先将总体各单位划分成若干群体或集团后，再根据随机原则抽取部分群体或集团，继而对被抽中的群体或集团中的所有单位都一一进行调查的抽样组织方式。整群抽样中的群体划分，通常是按地理位置、自然堆放或包装成箱的物品等所形成的集团。如按片抽查林业资源，按村落抽查农户的副业生产情况，按箱抽查产品质量等。

多阶段抽样。多阶段抽样是把抽取样本单位的过程分为几个阶段，再根据各阶段现象的特点分别采用相应的抽样方法，在最后阶段才具体抽选样本单位的一种抽样组织方式。这种抽样不是从总体中一次直接抽取样本单位，而是通过多阶段、多级别的抽选，所以又称多级抽样。如在全国范围内第一阶段抽省，再从被抽中的省份中第二阶段抽县等等。多阶段抽样具有很强的适用性，在复杂的社会经济现象中实际运用较广泛。它便于组织抽样工作，有利于设计出满足某一阶段对资料代表性要求的抽选方案，有利于从整体出发设计出效益较高的抽样方案。

（二）以必要的统计报表、重点调查、典型调查等为补充

1．统计报表

统计报表是我国搜集国民经济基本统计资料的主要方法，是依照国家有关法规制定的一种报告制度。统计报表制度是按国家统一规定的表格形式、指标内容、计算口径与方法、报送程序、提交周期，以一定的原始记录为依据，自下而上地逐级定期提供统计资料的一种调查方式。

统计报表的主要特点有：第一，报表资料的来源建立在基层单位的各种原始记录的基础上，所以能保证资料的相对可靠性。并且基层单位也可利用其资料对生产、经营活动进行监督管理。第二，由于统计报表是逐级上报和汇总的，各级领导部门能获得管辖范围内的报表资料，了解本地区、本部门的经济和社会发展情况。第三，由于统计报表通常是属于经常性调查，调查项目相对稳定，有利于积累资料，并进行动态对比分析。

全面统计报表的实施范围，是调查对象的全部单位均要填报。我国统计报表中也有非全面统计报表，非全面统计报表的实施范围只是调查对象中的部分单位填报。

2．重点调查

重点调查是指在调查对象中，只选择一部分重点单位进行观察登记的一种非全面调查。所谓重点单位，是着眼于现象的量的方面而言，尽管这些单位在全部单位中只是不多的一小部分，但它们的标志总量在所研究现象的标志总量中却占有绝大的比重，在总体中具有举足轻重的作用。因而，对这些单位的调查就能够从数量上反映整个总体在该标志总量方面的基本情况。重点单位的确定，是组织重点调查的一个重要问题，重点单位的选择始终着眼于它在所研究现象的标志总量中所占的比重的大小。重点单位可能是一些企业，也可能是一些地区、城市。重点调查由于选择的单位较少，因

此调查项目就允许多一些，所了解的情况也可以详细一些。一般地说，当调查任务只要求掌握基本情况，而部分单位又能比较集中地反映研究的项目，采用重点调查比较适宜。

4. 典型调查

典型调查是一种专门组织的非全面调查。它是根据调查的目的，在对所研究对象进行初步分析的基础上，有意识地选取若干具有代表性的单位进行调查和研究，借以认识事物发展变化的规律。典型调查大体可以分为两种：一种是对个别典型单位进行调查研究，称为解剖麻雀式的典型调查。另一种是对现象总体按与研究问题有关的标志划分类型，以减少类型组中各单位之间的差异，然后再从各类型组中选择典型单位进行调查，这种形式又称为划类选典式的典型调查。在典型调查中，科学地选择代表性较高的典型单位，利用各典型单位的典型资料来推算全面数据，能取得较理想的调查效果。

第二节　统计数据的整理

一、统计数据整理的意义与步骤

（一）统计整理的意义

统计数据整理简称统计整理，是根据统计研究的目的和任务要求，对统计调查所取得的各项原始资料进行科学的分组与汇总，或对已加工的资料进行再加工，使之系统化、条理化、科学化，以取得能够反映现象总体特征的综合资料的工作过程。

统计调查所取得的是关于总体各个单位的资料，是属于有关标志的具体表现，是零碎、分散、不系统的，不能说明被研究总体的实际情况。只有对这些资料进行加工整理，才能使之系统化、条理化，得出反映现象总体特征的数据资料。才能据以研究现象总体的各方面数量特征、数量表现。所以，统计整理是介于统计调查和统计分析之间的中间环节，是承上启下的必不可少的一个工作环节，属于统计工作的第三阶段。

作为相对独立的统计工作阶段来说，统计整理的对象应包括以下两个方面：一是对刚搜集到的原始资料的整理，这是属于对初始资料整理的内容；二是对以前积累下来的历史资料的整理，这是属于对次级资料整理的内容。

（二）统计整理的步骤

1. 设计统计整理方案

正确制订统计整理方案，是保证统计整理有计划、有组织地进行的首要步骤，是统计设计在统计整理阶段的具体化。统计整理方案的主要内容包括：选择整理组织形式，确定分组和分类目录，选定统计资料的审核办法，制订整理表式等，并对整理工作各环节做出有关规定，保证统计整理工作的顺利进行。

2. 汇总前进行审核

在统计资料汇总之前，必须对调查来的资料进行认真的全面检查，以保证统计汇总的质量。统计资料的审核主要是检查资料的准确性、完整性和及时性。其中，资料准确性是审核的重点。

对统计资料准确性的审查，主要采用逻辑检查和计算检查两种方法。逻辑检查主要是检查调查资料的内容是否合理，是否符合逻辑，项目之间有无矛盾；计算检查是检查计算表或报表中各项数字在指标口径、计算方法和计算结果上有无差错，计量单位是否符合要求等。

对统计资料完整性的审查，就是检查所有被调查单位的调查资料是否齐全、是否按规定项目和内容上报。

对统计资料及时性的审查，就是检查所有填报单位的资料是否及时报送，检查未按时报送的原因。

3. 对原始资料进行分组汇总和计算

根据所设计的统计整理方案要求，按事先确定的汇总组织形式和汇总的具体方法,将调查资料进行分组汇总,计算各组的单位数和总体的单位总数,计算各组的指标数值和总体的综合指标。在统计整理阶段,大量的、具体的、主要的工作,就是对原始资料进行分组汇总和计算。

4. 编制统计图表

这里说的统计表已不是整理表,而是指正式提供的综合表。在对汇总整理得出的综合数据,经审核无误后就可按编表要求进行正式填表、打印或绘制统计图。通过统计表予以显示、表达出来。

5. 统计资料的积累和保管。

二、统计分组

(一)统计分组的意义

根据统计研究的目的和客观现象的内在特点,将总体各单位按一定标志区分为若干不同类型、不同性质的各个方面,称为统计分组。统计分组的对象是总体。统计分组的标志可以是品质标志,也可以是数量标志。

从分组的性质来看,分组兼有分和合双重含义。对于现象总体而言,是"分",即把总体分为性质相异的若干部分;而对于单位而言,又是"合",即把性质相同的许多单位结合为一组。对于分组标志而言,是"分",即按分组标志将不同的标志表现分为若干组;而对于其他标志而言,是"合",即在一个组内的各单位即使其他标志表现不相同也只能结合在一组。由此可见,选择一种分组方法,突出了一种差异,显示了一种矛盾,必然同时掩盖了其他差异,忽略了其他矛盾。不同的分组方法,可能得出不同的结论。缺乏科学根据的分组,不但无法显示事物的本质特征,甚至会把不同性质的事物混淆在一起,歪曲社会经济现象的本质。因此,统计分组必须先对所研究现象本质做全面地、深刻的分析,确定所研究现象类型的属性及其内部差别,而后才能选择反映事物本质的正确的分组标志。

(二)统计分组的原则

统计分组必须遵循两个原则:互斥原则和穷尽原则。即不重不漏原则。

所谓互斥原则，即不能重复原则，就是在特定的分组标志下，总体中的任何一个单位只能归属于某一组，而不能同时或可能归属于几个组。例如，某商场把服装分为男装、女装、童装三类，这不符合互斥原则，因为童装也有男装、女装之分。若先把服装分为成年与儿童两类，然后每类再分为男、女两组，这就符合互斥原则了。所谓穷尽原则，即不能遗漏原则，就是使总体中的每一个单位都应有组可归，或者说各分组的空间足以容纳总体所有的单位。例如，从业人员按文化程度分组，分为小学毕业、中学毕业（含中专）和大学毕业三组，那么，那些文盲或识字不多的以及大学以上的学历者则无组可归。如果将分组适当调整为：文盲及识字不多、小学程度、中学程度、大学及大学以上，这样分组，就可以包括全部从业人员的各种不同层次的文化程度，符合了分组的穷尽原则。

（三）统计分组的作用

1. 区分现象内部质的差别

统计分组可以将复杂的社会经济现象按照统计认识的要求区分为各个性质不同的组成部分。从一定意义上说，一个统计总体之所以能区别于其他统计总体，是因为有着可以确定这一统计总体性质和范围的标准和界限，也是一种统计的定性分类。统计分组对统计总体所划分的各个性质不同的组成部分，实际上是一个个不同性质的范围更小的统计总体。

在区分事物性质的分组中，划分经济类型具有重要意义。划分经济类型，指的是直接反映社会生产关系的各种类型的划分。例如，我国的企业可以划分为国有及国有控股企业、集体企业、个体企业、股份制企业、外商及港澳台商投资企业等类型。

2. 反映现象总体的内部构成

在将总体划分成若干不同性质、不同类型的基础上，计算出各组成部分在总体总量中所占的比重，从而反映现象总体的内部结构比例，达到深刻认识总体的目的。例如，2004—2009 年某省按不同产业分类的从业人员构成变化情况，如表 2－1 所示

表 2-1 某省按产业分类的从业人员构成情况 单位(%)

年份 产业	2004	2005	2006	2007	2008	2009
第一产业	54.3	52.2	50.5	49.9	49.8	50.1
第二产业	22.7	23.0	23.5	23.7	23.5	23.0
第三产业	23.0	24.8	26.0	26.4	26.7	26.9
合 计	100.0	100.0	100.0	100.0	100.0	100.0

表 2-1 表明,2004—2009 年某省第一产业从业人员的比重逐年下降,第二、第三产业的从业人员有逐年上升趋势,表中的结构比例数据可以看出某省三个不同产业的从业人员,在此期间的消长变化过程。

3. 表明现象之间的相互依存关系

客观现象是一个复杂的整体,各种现象之间虽然千差万别,但它们之间普遍地存在着相互联系、相互制约的依存关系,许多的这种依存关系,都可以通过统计分组予以清楚地表达。例如,工业企业的工人劳动生产率与单位产品成本之间、商业企业中商品销售额与流通费用率之间、农作物施肥量与平均亩产量之间等,都存在密切的相互依存关系。分析研究现象间这种关系的统计方法很多,有因素分析法、相关与回归分析法、分组分析法等。其中统计分组分析法是最基本的方法,是其他分析方法的基础。

(四) 统计分组的关键问题

统计分组的关键在于正确选择分组标志和正确划分分组界限。

由于统计分组能将分组标志内的差异区分开来,揭示这方面的矛盾,同时又将分组标志以外的其他标志间的差异掩盖了,即忽略了其他方面的矛盾。所以,选择不同的分组标志会得出不同的结果,标志选择不当,分组结果就不能正确地反映总体的性质和特征。因此,正确地选择分组标志,是科学分组的前提,也是统计整理活动的关键,是统计分组的核心问题。划分各组界限,要以能够正确地区分各个不同性质的组别为划分原则。就是要在分组标志的变异范围内,划定各个相邻组之间的性质界限和数量界限。分组标志的选择和各组界限的划分，不但将直接影响统计分组的科学性和统计整理的准确性，并且将最终影响统计分析结果的真实性。任何事物都有许多标志，标志选择不当，分组结果必然不能正确反映总体的性质特征。任何标志下又都包含着许多变异，都可任意从中划定各组界限，如果划分不当，必将混淆各组的性质差别。这就要求我们根据统计研究的目的，在众多的标志中，认真挑选能够反映总体性质特征的标志，在广大的变异范围内，正确划定确实能区分各组性质差别的界限。

（五）统计分组的种类

1．按分组标志的性质不同，可分为品质标志分组（或称属性分组）和数量标志分组（或称变量分组）。

按品质标志分组就是指选择反映事物性质差异的标志作为分组标志，用于将总体划分为性质不同的组成部分。例如，职工按性别分组；企业按经济类型分组；工业产品按其质量等级分组等。由于品质标志反映的是事物质的特征，事物质的表现一般相对稳定，所以，一旦选择了一个品质标志作为分组标志，其组别也就相应地确定。至于一些较复杂的品质分组或分类，国家也制定有统一的分类目录和标准。如国民经济行业分类、产品分类、人口职业分类等。

按数量标志分组就是指选择反映事物数量差异的标志作为分组标志，并在数量标志的变异范围内划定各组界限，将总体划分为类型不同、性质不同的各组成部分。例如，区分企业规模，可按企业的固定资产价值分组，也可按职工人数分组；人口按年龄分组；居民家庭按人均收入分组等。由于数量标志的变异性体现其自身不断变动的数量上，而数量要体现质的差别，关键就是要正确地确定量变到质变的数量界限，使分组的数量界限能够区分现象内部性质上的差别。

2．按选择的分组标志多少不同分，可分为简单分组和复合分组。

简单分组就是对研究现象按一个标志进行分组，它只能从某一方面说明和反映事物的分布状况和内部结构。例如，工业企业将生产规模分为大型、中型和小型三个组；人口按性别分为男性人口和女性人口两个组；为了了解企业职工基本情况，可以选择年龄、工龄、文化程度等标志进行简单分组等。简单分组是分组体系中最基本的分组形式。

复合分组就是对被研究总体采用两个或两个以上的标志同时进行分组，这种分组能够较深入地反映总体的内部构成，能较概括地了解总体的各方面情况。例如，工业企业按经济类型分组后，再按企业规模分组；人口按性别分组后，再按年龄分组等。复合分组的分组体系有平行排列和层叠排列两种。例如，对某班40名学生的有关性别、年龄、学习状况等三个标志进行分组，其平行排列情况如表2－2所示。此外，如果要深入地研究文理科学生的各方面差异，则学科与其他三个标志可交叉层叠排列。仍见表2－2。

表2－2　某班40名学生的有关基本情况分组表

学科	性　别		年　龄(岁)			学习成绩等级			
	男	女	18	19	20	不及格	及格	良	优
文科	11	9	14	4	2	1	8	10	1
理科	14	6	13	6	1	3	7	8	2
合计	25	15	27	10	3	4	15	18	3

(六) 统计分组的方法

1. 单项式分组

各组的组值由一个变量值表示分组形式。单项式分组一般适用于离散型变量且变量的变动范围不大的场合。例如居民家庭按人口数分组、企业工人按操作机器设备台数分组等。

2. 组距式分组

各组的组值由两个说明了一定变动范围的变量值表示分组形式。组距式分组适用于连续变量以及变动幅度较大的离散变量。由于连续变量的数值充满整个取值的区间范围，通常情况下用单项分组无法将所有的变量值予以充分体现，所以，对于连续变量一般都采用组距式分组。而对于变动幅度较大的离散变量来说，也应采用组距式分组，用一个个说明一定范围的区间来反映所有变量值的分布情况。

(1) 组限。在组距分组中，各组的两头界限叫组限，小值为下限，即各组的起点值；大值为上限，即各组的终点值。在组距分组中，相邻组的组限可以重叠也可以不重叠，对于离散变量来说，组限不重叠即不违背互斥原则，也不违背穷尽原则。例如，某工厂一生产班组 50 名工人的日产零件数分组资料如下：

表 2-3 某生产班组 50 名工人的日产零件数分组

日产零件数分组(件)	工人数(人)	工人数比重(%)
300 以下	4	8
301—400	11	22
401—500	18	36
501—600	15	30
601—800	2	4
合　计	50	100

而对于连续变量，一般来说组限应该重叠，否则将违背穷尽原则。例如对学生的成绩分组，若采用 59 分以下、60—69、70—79、80—89 以及 90 以上分为五组，就有可能某个学生的成绩为 79.5 分时无组可归。但如果采用组限重叠分组，即 60 分以下、60—70、70—80、80—90 以及 90 以上分为五组，虽然解决了违背穷尽原则问题，却又违背了互斥原则。就是说，当某同学的成绩为 80 分时，应将其分在 70—80 这组，还是分在 80—90 这组？为解决这问题，统计中有这样一个规定：分组时，若某单位的标志值正好是相邻组的上下限重叠数值，一般把此标志值归并到属于下限的组，即所谓的上限不算原则，或称“上限不在内”原则。据此上述 80 分的同学就应分在 80—90 这组。根据这个规定，对于离散变量而言，为简便起见，其分组也可采用组限重叠的办法，可省去很多麻烦。

合理地确定上下限的具体数值，关系到整理的资料能否反映实际情况，必需加以注意。应该在分组之前，对标志值的大小、分布情况进行仔细审查，在分布比较集中的标志值中确定组距的中心位置，然后再根据组距的大小定出上下限，做到最小组下限应低于最小标志值，最大组上限应高于最大标志值,并尽可能使各单位的标志值在组内分布比较均匀。

此外,有上限没下限的组称为向下开口组;有下限没上限的组称为向上开口组。在组距分组中,之所以采用开口组,是因为存在着极端数值。若存在着极端大的数值,则采用向上开口将其包含在该组中,如“90 分以上”;若存在着极端小的数值,则采用向下开口,如“60 分以下”。

(2) 组距。就是各组的两头距离。当组限的重叠问题解决后,各组的组距就等于上限减下限。

按数量标志进行组距式分组,还可分为等距分组和不等距(或称异距)分组。等距分组就是各组的组距都相等的分组,即各组的标志值变动都限于相同的范围。凡是在标志值变动比较均匀的情况下,都可采用等距分组。例如,工人的年龄、工龄、工资的分组;零件尺寸的误差、加工时间的分组;单位面积产量、单位产品成本的分组,等等。等距分组有很多好处,它便于绘制统计图,也便于进行各类运算。不等距分组就是各组的组距不相等(只要其中有一组的组距与其他组的组距不相等)的分组。采用等距或不等距分组,应根据现象的本质特征和统计研究的目的任务来确定,在下列情况下,一般应考虑采用异距分组:第一,标志值分布很不均匀的场合。这种场合若等距式分组,则无法显示出分布的规律性,会使得较密集的数值区域段分布的信息损失过大。合理的做法是,在分布比较密集的区间内使用较短的组距,在分布比较稀少的其余部分使用较长的组距,形成各组的组距不相等的异距分组。第二,不同标志值区域段具有不同意义的场合。例如,人口年龄按 3 岁以下、3—6、6—12、12—16、16—18、18—35 等分组,各年龄段都具有不同的年龄特征,有其各自的意义。第三,标志值按一定比例发展变化的场合。例如,大城市的百货商店营业额差别是很大的,比如营业额从 5 万元至 5000 万元,可采取公比为 10 的不等距分组:5 万—50 万元、50 万—500 万元、500 万—5000 万元。若用等距分组,即使组距为 100 万元,也得分为 50 组,显然是不合适的。

对于异距分组方法的运用,没有固定模式可供依循,全凭统计人员在实践中不断探索,关键在于对所研究现象的内在联系必须十分熟悉,才能很好运用异距分组来揭示事物的本质。

（3）组数。统计分组中形成的各自的组别数。组距的大小与组数的多少，有着十分密切的关系，两者互为制约，组数越多，组距越小；组数越少，组距越大。进行组距式分组，对于全体变量值应该划分多少组才恰当，这是值得重视的问题。我们知道，通过组距分组以后把性质相同的单位归并在一起，把各组内部各单位的次要差异抽象去了，而把各组之间的差异突出出来，这样，各组分配的规律性可以更容易显示出来。根据这个道理，缩小组距，增加组数，往往会产生相反的效果，即分组过细则容易将属于同类的单位划分到不同的组，因而显示不出现象类型的特点。但也不应该不适当地扩大组距，减少组数，把不同性质的单位归并在一组中，失去区别事物的界限，达不到正确反映客观事实的目的。所以进行组距式分组，组数应选择多少、组距大小如何确定才算适中，并无规则可言，必须凭借经验和所研究问题的性质作出判断，根据实际情况而定。

（4）组中值。各组上下限之间的中点数值称为组中值，可作为组内变量值的代表值，代表了组的一般水平，起着平均数的作用。在组距分组中，各单位的具体数值已看不见了，这时候在每一组区间范围内的数值差异均已被抽象化，这对于研究总体的规律性是必要的。但是，仅仅大概地了解这些变量值的变化区间是不够的，在许多情况下，还必须要有一个能代表各组一般水平的数值，这就是组中值。组中值在统计分析中得到广泛的使用。组中值的计算公式如下：

闭口组：

$$组中值=\frac{上限+下限}{2} \tag{2-1}$$

对于开口组组中值的确定，是假定其组距与相邻组的组距相等再确定组中值。公式如下：

向上开口组：

$$组中值=下限+\frac{相邻组组距}{2} \tag{2-2}$$

向下开口组：

$$组中值=上限-\frac{相邻组组距}{2} \tag{2-3}$$

第三节　综合指标

一、总量指标

总量指标是反映社会经济现象发展的规模大小、总量多少的统计指标。它是对统计调查来的原始资料经过分组和汇总得到的各项总计数字，是统计整理阶段的直接成果，为统计研究进入统计分析阶段提供可靠的基础。总量指标是最基本的综合指标。

总量指标又称统计绝对数，它的数值随统计范围的大小而增加或减少。总量指标属于数量指标。

（一）总量指标的作用

社会经济统计中，总量指标有着重要作用。总量指标是对社会经济现象总体认识的起点。这是因为社会经济现象基本情况往往首先表现为总量。例如：对一个国家的国情、国力，一个地区、一个单位人力、物力状况最基本的了解都是通过总量指标来完成的。如我国土地面积 960 万平方公里，2000 年 11 月 1 日 0 时，我国第五次人口普查人口总数为 129533 万人，这两个绝对数表现了我国幅员辽阔、人口众多的基本特点。另外，国民经济发展情况也往往直观地表现为总量指标。例如从 2009 年我国国民经济和社会发展统计公报中看出：全年国内生产总值 335353 亿元，比上年增长 8.7%；年末全国就业人员 77995 万人，比上年末增加 515 万人；全年财政收入 68477 亿元，比上年增加 7147 亿元；全年货物进出口总额 22072 亿美元等。总量指标是编制计划、实行经营管理的主要依据。国民经济计划的基本指标常以总量指标的形式规定。因此，与计划指标相对应的统计指标，就成为检查计划完成的依据。此外，总量指标是计算相对指标和平均指标的基础，相对指标和平均指标都是在总量指标的基础上派生出来的。总量指标的计算结果正确与否，直接影响到相对指标和平均指标的计算结果。可以说，总量指标是最基本的统计指标。

（二）总量指标的种类

1. 按其所反映的现象总体内容不同，分为总体单位总量和总体标志总量。

总体单位总量简称为单位总量，指的是总体内所有单位的总数，这是反映总体规模大小的总量指标。总体标志总量简称标志总量，它是反映总体中各单位某一标志的标志值的总和的总量指标。例如，在研究某城市的工业生产情况时，则该城市的所有工业企业的总数就是单位总量。而该市工业企业的职工总人数、工业总产值和利润总额等就是标志总量。一个特定的总体内，只能存在一个单位总量，而可以同时并存多个标志总量，从而构成一个总量指标体系。

一个总量指标究竟属于单位总量还是属于标志总量，并不是一成不变的，而是随着研究目的的不同和研究对象的变化而变化。当以工业企业为总体时，工业企业的职工总人数是标志总量。而如果统计目的是为了了解工业企业职工的有关基本情况时，工业企业的职工总人数就是单位总量指标。

分清楚单位总量指标和标志总量指标，对于以后学习平均数的基本计算方法有着很重要的意义。

2. 按其所反映的时间状况不同，分为时期指标和时点指标。

时期指标是反映现象在一段时期内发展变化过程的累计总数量，其数值的大小随时间的延长而不断增加。例如，产品产量、商品销售额、固定资产投资额、国内生产总值等指标。时期指标是经常性调查所搜集的资料，并经整理后的结果，是一种流量指标。时点指标是反映现象在某一时刻上所处的水平状态总量，其数值的大小不随时间的长短而变化。例如，人口总数、国土面积、库存物资总额、固定资产价值等指标。时点指标是一次性调查所搜集的资料经整理后的结果，是一种存量指标。

3. 按其所采用的计量单位不同，分为实物量指标、价值量指标和劳动量指标。

实物量指标是根据事物的自然属性和特点，采用自然物理计量单位进行计量的指标。例如，人口数、粮食产量、汽车产量，电视机产量分别以“人”、“吨”、“辆”、“台”等为计量单位。实物量指标的最大特点就是它直接反映了产品的使用价值量或现象的具体内容，因而能够表明具体事物的规模与水平。但缺乏综合性能和概括能力是实物量指标的另一重要特点。

价值量指标是根据事物的社会属性，采用货币单位作为价值尺度对社会物质财富或劳动成果进行计量的指标。例如，国民生产总值、工农业总产值、基本建设投资额、商品销售额、工资制度、成本、利润等都是价值指标。价值量指标的最大特点就在于它代表一定的社会必要劳动量，抽象了事物的具体内容，强调了事物的价值量，因此它具有最广泛的综合性和概括能力，是表示社会经济现象的总规模、总水平不可缺少的指标。价值指标所使用的价格有现行价格和不变价格两种。使用现行价格可以正确反映当前的价值水平，但如果要进行长期的动态分析，则还必须消除价格变动因素。而使用不变价格则便于进行长期的动态分析，但又难于反映当前的价值水平。所以，实际统计中，通常两种价格都要同时使用。

实物指标虽然具体但难于综合，而价值指标虽然具有高度的综合性，但它又脱离了物质内容，是抽象的。因此，实际统计中，两种指标一般都要同时统计，结合使用，相互补充。

劳动量指标是采用劳动时间作为计量单位，是企业用于统计劳动力资源常用的指标。其计量单位通常是工时、工日等。劳动指标主要是在企业内部使用，是企业从事经营管理活动、编制计划和检查计划的重要依据。不同类型、不同经营水平的企业，其劳动指标不能直接对比。

二、相对指标

（一）相对指标的概念和表现形式

相对指标是说明现象之间数量对比关系的指标，由两个有联系的指标数值对比而求得，其结果表现为相对数，故也将相对指标称为统计相对数。

相对数的重要特点就是将两个具体的数值概括为一个抽象的数，要做到这一点，就必须将作为比较基础的母数抽象为一定的标准。

相对数有无名数和有名数两种表现形式。在相对指标中，大多数是以无名数表示的。无名数是一种抽象化的数值，常以系数、倍数、百分数、千分数、翻番数、成数、百分点等表示。系数和倍数是将对比的基数抽象化为1而计算的相对数。两个指标对比，分子和分母指标数值相差不大时常用系数，子项较母项大得多时常用倍数；成数是将对比的基数抽象化为10而计算的相对数；百分数是将对比的基数抽象化为100而计算的相对数；千分数是将对比的基数定为1000而计算的相对数，当对比的分子数值比分母小得多的时候，宜用千分数表示。翻番数是指两个相比较的数值中，若子项为母项的"2"倍时为翻一番，则 m 是番数。有名数主要是用来表现强度相对指标的数值，它是以相对指标中分子与分母指标数值的双重计量单位来表示的。如人口密度用"人/平方公里"表示，城市人口拥有公共汽车用"辆/万人"或"客位/万人"表示等。

（二）相对指标的作用

1. 运用相对指标能将现象的具体绝对量抽象化，使得由于总体范围不同、经济内容不同或计量单位不同而造成的不可比问题得到了解决。不同的企业因其生产规模、生产条件、生产产品的不同，是无法直接将总产量、总能耗等绝对数用于比较说明的。但是将这些指标计算成相对指标，如计划完成相对指标、万元产值综合能耗等进行对比，就可以对其生产经营结果作出科学的评价。

2. 相对指标可以综合说明现象之间的相互关系，反映事物之间的比例、结构、速度、强度等关系，能够说明总量指标所不能充分说明的问题，为分析事物的性质提供了依据。如国民经济发展速度、各部门的经营成果、在国民经济中所占比重等指标，对分析一个国家或一个地区的经济状况均起着重要的作用。

3. 相对指标是对国民经济进行宏观调控和微观管理中考核企业经济效益的重要工具。在各级政府对国民经济运行中进行宏观控制、监督、检查,企业对经营活动情况进行考核时,都广泛地运用相对指标。

(三) 相对指标的种类及其计算

1. 结构相对指标

结构相对指标是表明总体内部的各个组成部分在总体中所占比重的相对指标,也叫结构比重指标。计算公式为:

$$结构相对数=\frac{总体内各部分数值}{总体总量数值} \qquad (2-4)$$

结构相对数一般用百分数或系数表示,其计算公式的分子和分母既可以是单位总量指标,也可以是标志总量指标。例见表 2-1。计算结构相对指标事先要将总体进行分类、分组,然后再由各组数据与总体数据对比计算出各结构相对数。

结构相对数的特点是:第一,各组的结构相对数大于 0,小于 1(100%);第二,各组结构相对之和等于 1(100%)。

2. 比例相对指标

比例相对指标是反映总体内部各个组成部分之间的数量对比关系的相对指标。计算公式为:

$$比例相对数=\frac{总体内某一部分数值}{总体内另一部分数值} \qquad (2-5)$$

例如,根据第五次全国人口普查的快速汇总结果,祖国大陆 31 个省、自治区、直辖市和现役军人的人口中,男性为 65355 万人,占总人口的 51.63%;女性为 61228 万人,占总人口的 48.37%。性别比(以女性为 100,男性对女性的比例)为 106.74。[①]

比例相对指标能够反映事物内部各部分之间的数量联系程度和比例关系。社会经济现象中的许多重大比例关系,诸如人口性别比、积累与消费的比、农轻重之比例关系等,都可以通过计算比例相对指标予以反映,有助于发现并研究社会经济的发展变化规律。

---

① 资料来源:www.people.con.cn 人民网——我国男女性别比。

3. 比较相对指标

比较相对指标是同类现象在不同地区、部门、单位之间的对比，用以表现同类事物在不同空间条件下的数量对比关系。计算公式为：

$$比较相对数=\frac{甲总体指标数值}{乙总体同类指标数值} \qquad (2-6)$$

例如，某地区工业企业中，甲企业的劳动生产率最高，为42000元/人，乙企业最低，为16000元/人。全地区工业企业劳动生产率平均为24000元/人，则甲企业的劳动生产率是全地区平均水平的1.75倍，是乙企业的2.625倍，这说明甲企业的劳动生产率指标远远高于乙企业和全地区平均水平。

比较相对指标所对比的指标可以是总量指标，也可以是相对指标或平均指标。它既可用于不同国家、地区、单位之间的比较，也可用于先进与落后的比较，还可用于和标准水平或平均水平的比较。通过对比可以揭示同类现象之间的差异程度、先进与落后的差异程度。根据分析说明的目的和方式不同，比较相对指标的子项与母项可以互换位置。

4. 强度相对指标

强度相对指标是两个性质不同、但有一定联系的总量指标数值之比。计算公式为：

$$强度相对数=\frac{某一总量指标数值}{另一性质不同但有联系的总量指标数值} \qquad (2-7)$$

强度相对指标数值的表现形式一般为复合单位，它由分子指标和分母指标原有的计量单位组成。如人均国内生产总值用“万元/人”，人口密度用“人/平方公里”来表示等。当母项与子项的计量单位相同时，也可以用无名数表示，即系数、倍数、百分数或千分数表示等。货币流通速度用货币流通次数表示，流通费用率用百分数表示，人口出生率用千分数表示等。

有些强度相对指标分子、分母可以互换。这时有正指标和逆指标两种形式。强度相对指标的数值大小与现象的发展程度或密度成正向变化称正指标；强度相对指标的数值大小与现象的发展程度或密度成反向变化称逆指标。一般来说，正指标越大越好，逆指标越小越好。例如百元流动资金提供的产值是正指标，百元产值占用的流动资金是逆指标。再如：

$$商业网点密度=\frac{全国(地区)零售商店数(个)}{全国(地区)人口总数(千人)}\quad(正指标)$$

$$商业网点密度=\frac{全国(地区)人口总数(千人)}{全国(地区)零售商店数(个)}\quad(逆指标)$$

5. 动态相对指标

动态相对指标是某现象在不同时间的两个指标数值之比。用来反映现象在不同时间的发展变化情况。动态相对指标又称为发展速度，计算公式为：

$$动态相对数=\frac{报告期水平}{基期水平}\tag{2-8}$$

报告期是指统计研究中所要分析计算的时期，亦称计算期。基期，就是作为对比的基础时期。根据统计研究的任务和需要，基期可以是前期、上年同期或者是某个具有历史意义的固定时期。

动态相对指标将在时间序列分析一章中详细阐述。

6. 计划完成相对指标

计划完成相对指标是计划管理的特有指标，它是用来检查、监督计划执行情况的相对指标。计划完成相对指标是现象的实际完成数与其计划任务数之比，基本计算公式为：

$$计划完成相对数=\frac{实际完成数}{计划任务数}\tag{2-9}$$

计划完成相对指标通常用百分数表示，其分子是计划执行结果的实际数值，分母则是下达的计划任务指标数。因此，要求分子、分母在指标涵义、计算方法、计量单位以及时间长度等方面完全相应。同时，由于计划任务数是作为衡量计划完成情况的标准，分子、分母不可互换。

由于所下达的计划任务数可以是绝对数，也可以是平均数或相对数，因此计划完成相对指标在计算形式上有所不同。

(1) 计划数为绝对数时，计划完成相对指标的计算公式为：

$$计划完成相对数=\frac{实际完成的绝对数}{计划任务的绝对数}$$

适用于考核社会经济现象的规模或水平的计划完成情况。

（2）计划数为平均数时，计划完成相对指标的计算公式为：

$$计划完成相对数=\frac{实际完成的平均水平}{计划任务的平均水平}$$

适用于考核以平均水平表示的技术经济指标的计划完成情况。

3. 计划数为相对数时，计划完成相对指标的计算公式为：

$$计划完成相对数=\frac{实际完成百分数}{计划任务百分数}$$

例 2－1 某企业计划规定 2010 年的劳动生产率要比 2009 年提高 4％，实际执行结果提高了 5％，试检查该企业的计划执行情况。

最直接的方法就是减法，5％－4％＝1％，说明该企业实际比计划多提高 1 个百分点。这种方法最简单明了，实际中应用广泛，但不太符合理论要求，这是因为 5％和 4％都是在上期实际的基础上提高的百分数，其对比基础为上期实际数，并非本期的计划数。

如果用除法，该企业劳动生产率计划完成情况为：

$$计划完成相对数=\frac{100\%+5\%}{100\%+4\%}=100.96\%$$

计算结果比计划多提高了 0.96 个百分点，与减法的比较相差 0.04％，其原因是对比的基数不同所产生的差异，这里的对比基础为本期的计划数，这才是符合理论要求的。

三、平均指标

（一）平均指标的意义

平均指标又称统计平均数，它是社会经济统计中最常用的一种综合指标，用以反映社会经济现象总体各单位某一数量标志在一定时间、地点条件下所达到的一般水平。

统计平均数最本质的内涵就是探索数据内在规律和特征。我们知道，在同样的条件下对某种客观现象进行重复的计量观察，会得到一系列不相等，但性质相同的数据，这些观测结果作为客观事物的数量表现，体现了客观事物本身必然性与偶然性的对立统一。偶然性使得同样条件下同一事物的多次观测值具有差异,而必然性即同质性则隐含在这种差异之中。统计平均数是通过平均过程消除偶然因素形成的差异,从而揭示其内在的规律。例如产品质量控制中,无论机器设备多么精密,同一台设备生产出的产品的质量指标值仍可能不同,在各种条件不变的情况下,不一致的指标值可能是种种偶然因素作用的结果,通过计算平均,对各个观测值求平均值可得到对产品质量指标的一个较好的估计。这就是在一定的约束条件下,统计平均数探索现象数量规律性的哲学意义。

(二) 平均指标的特点

平均指标是一个综合指标,它的第一个特点就是将总体各单位的数量差异抽象化,它异于各个单位的具体水平,但又是反映这些单位的一般水平。平均指标这一重要特征,在马克思主义经典著作中有过深刻的阐述。由于平均数将总体内各单位的数值差异给抽象化了,具体体现了总体内在的、本质的规律性东西。因此,平均数能代表总体所达到的一般水平,这是它的第二个特点。

(三) 平均指标的作用

1. 平均指标可以反映现象总体的综合特征。总体各单位的数量大小受许多因素影响,有些是必然影响因素,起决定作用;有些是偶然影响因素,使各单位数量上存在差异。通过平均,可以消除偶然因素造成的差异,显示出由于必然因素影响达到的一般水平。

2. 平均指标经常用来进行同类现象在不同空间、不同时间条件下的对比分析。平均指标是代表值,它不仅使个别单位的数值差异相互抵消,而且不受总体单位数多少的影响,因而,在不同时间上或在不同总体范围之间都具有一定的比较作用。

3. 利用平均指标,可以分析现象之间的依存关系。在对现象总体进行分组分类的基础上,应用平均指标可以观察现象之间存在的相互联系、相互制约的关系。如将耕地按自然条件、耕作深度或施肥状况等标志进行分组,计算单位面积产量,则可反映自然条件优劣、耕作深度和施肥多少对单位面积产量的影响。

4. 平均指标可作为某些科学预测、决策和某些推算的依据。如企业的劳动定额、生产定额、物资消耗定额等都要依据相应的平均指标为参考数据来加以确定;抽样推断中则依抽样平均数来推断总体平均数进而推断总体相应的总量指标。

(四) 平均指标的种类

平均指标是对同质总体各单位某一数量标志值的平均,用以反映总体的一般水平。根据统计分析研究的需要和所掌握的借以计算平均指标的数据资料不同,平均指标可分为两大类:数值平均数和位置平均数。数值平均数又有算术平均数、调和平均数、几何平均数;而位置平均数则包含众数、中位数。这些平均指标的具体计算方法将在第四章介绍。

第四节　统计数据显示

通过统计整理,得到了一系列反映现象总体的数据。要把这些数据予以显示、表达,统计表就是一种特有的形式。

一、统计表的意义

把整理后的统计数据按一定的顺序排列在表格上,这个表格就是统计表。广义的统计表包括统计工作各个阶段中所用的一切表格。包含调查表、整理表以及统计报表等。狭义的统计表专指分析表和容纳各种反映总体数据资料的表格,也就是通常所说的统计表。统计表能清楚地、有条理地显示统计资料,直观地反映统计分布特征,是统计分析的一种重要工具。

二、统计表的结构

统计表的结构,可以从表式和内容两个方面来认识。

（一）从表的形式上看，统计表是由纵横交叉的线条组成的一种表格，其表格形式包括总标题、横行标题、纵栏标题和指标数值四个部分。总标题是统计表的名称，它扼要地说明该表的基本内容，并指明时间和范围。置于统计表格外的上方正中央。横行标题是横行的名称，一般放在表格的左方。纵栏标题是纵栏的名称，一般放在表格内的上方。横行标题和纵栏标题共同说明填入表格中的统计数字所指的内容。指标数值列在横行和纵栏的交叉处，说明总体及其组成部分数量特征的具体内容，是统计表格的核心部分。具体的表格形式见表 2-4 所示。

（二）从表的内容上看，统计表由主词栏和宾词栏两个部分组成。主词栏是统计表所要说明的总体及其组成部分，主词栏是说明总体的；宾词栏是统计表用来说明总体数量特征的各个统计指标数值，而宾词栏是说明主词的。如表 2-4 所示，主词一般列在表的左方，宾词一般列在表的右方。

三、统计表的分类

（一）按统计表的用途不同分类，广义的统计表可分为调查表、整理表和分析表

表 2-4　2010 年某省税收收入及其构成表

按税种分组	收入(亿元)	比重(%)
增值税和消费税	7321.96	43.06
营业税	2467.63	14.51
个人所得税	1211.07	7.12
关税	1891.70	11.13
其他	4111.22	24.18
合计	17003.58	100.00

1. 调查表，即在统计调查中用于登记调查项目的表格。

2. 整理表或汇总表，即在统计整理汇总过程中使用的表格和用于表现统计汇总或整理结果的表格。

3. 分析表，即用于统计分析的表格。这类表往往与整理表结合在一起，成为整理表的延续。

(二) 按主词的结构分类，根据主词是否分组和分组的程度，分为简单表、分组表和复合表

1. 简单表：主词未经任何分组的统计表称为简单表，也称一览表。主词直接罗列了各单位的名称。如表 2－5 所示。

2. 分组表：主词只按一个标志进行分组的统计表，也称简单分组表，如表 2－4 所示。简单分组表的应用十分广泛，对比简单表，它有如下作用：区分事物的类型，研究总体结构，分析现象之间的依存关系。

表 2－5　第五次人口普查京津沪人口情况[①]

城　市	人口数(万人)	占比重(%)
北京市	1381.9	34.1
天津市	1000.9	24.7
上海市	1673.8	41.2
合　计	4056.6	100.0

表 2－6　某市某年末人口资料

按城乡和性别分组	人口数(万人)	比重(%)
全市总人口	3826.58	100.00
一、城　镇	2783.21	72.73
男　性	1419.08	37.08
女　性	1364.13	35.65
二、农　村	1043.37	27.27
男　性	532.13	13.91
女　性	511.24	13.36

① 资料来源：http://www.stats.gov.cn/tjgb/rkpcgb/index.htm 国家统计局地方人口普查公报。

3. 复合表:主词按两个或两个以上标志进行分组的统计表,称复合分组表。在复合分组表中设计横行标题时,应在第一次分组的各组组别下退一、二字填第二次分组的组别,此时第一次分组的组别就成为第二次分组的各组小计。若需再进行第三、四次分组,均可按此类推。如表 2-6,某城市人口按城乡进行第一次分组,分为城镇和农村。然后在各组中再按性别又进行第二次分组,分为男性人口和女性人口。

(三) 按统计数列的性质不同,分为空间数列表、时间数列表和时空数列结合表

1. 空间数列表。它是反映在同一时间条件下,不同空间范围的统计数列的表格,用以说明静态条件下社会经济现象在不同空间的数量分布,又称静态表。如表 2-5 就是空间数列表。

表 2-7 某省 1999—2009 年生产总值情况表 单位:亿元

年 份	生 产 总 值(按当年价格计算)			
	总 计	第一产业	第二产业	第三产业
1999	21617.8	5288.6	9102.2	7227.0
2000	26638.1	5800.0	11699.5	9138.6
2001	34634.4	6882.1	16428.5	11323.8
2002	46759.4	9457.2	22372.2	14930.0
2003	58478.1	11993.0	28537.9	17947.2
2004	67884.6	13844.2	33612.9	20427.5
2005	74462.6	14211.2	37222.7	23028.7
2006	78345.2	14552.4	38619.3	25173.5
2007	82067.5	14472.0	40557.8	27037.7
2008	89442.2	14628.2	44935.3	29878.7
2009	95933.3	14609.9	49069.1	32254.3

2. 时间数列表。它是反映在同一空间条件下,不同时间的统计数列的表格,用以说明在空间范围不变时社会经济现象在不同时间上的数量变动,

又称动态表。表 2－7 是年份与总计等构成的时间数列表。

3. 时空数列结合表。它是同时反映时间、空间两方面内容的统计表。既说明社会经济现象在不同空间的数量分布，也说明现象在不同时间上的数量变动。如表 2－8。

四、编制统计表应注意的问题

1. 统计表是由纵横交叉线条组成的长方形表格，长与宽之间应保持适当的比例。设计统计表时要求简练、明确、实用、美观，以便比较。

2. 线条的绘制。表的上下端应以粗线绘制，表内纵横线以细线绘制。表格的左右两端一般不画线，采用“开口式”。纵栏标题的数字资料之间要有纵线隔开，而横行标题的数字资料之间不再有横线隔开。

表 2－8　我国五次人口普查华东地区六省一市人口资料①

省市名称	第一次(人)	第二次(人)	第三次(人)	第四次(人)	第五次(万人)
上海市	6204417	10816458	11859748	13341896	1674
江苏省	41252192	44504608	60521114	67056519	7438
浙江省	22865747	28318573	38884603	41445930	4677
安徽省	30343637	31241657	49665724	56180813	5986
福建省	13142721	16757223	25931106	30097274	3471
江西省	16772865	21068019	33184827	37710281	4140
山东省	48876548	55519038	74419054	84392827	9079

注：福建省第一、二、五次不含金门、马祖等岛屿人口数。

3. 统计表的总标题，横栏、纵栏标题应简明扼要，以简练而又准确的文字表述统计资料的内容、资料所属的空间和时间范围。

4. 统计表一般是先局部后整体，这时各纵列的数据之和应等于最后一行的合计数。若统计表的目的仅仅是为了显示总体的部分主要内容，则应

① 资料来源：http://www.stats.gov.cn/tjgb/rkpcgb/index.htm 国家统计局地方人口普查公报。

安排先整体后局部，总计数可列在横行标题的第一行，列局部内容时写明其中即可，这时的局部数据之和可不等于总计。

5．如果栏数较多，应当按顺序编号，习惯上主词栏部分分别编以“甲、乙、丙、丁……”为序号，宾词栏编以(1)、(2)、(3)、(4)……为序号，并且栏与栏之间的关系，可用数字符号表示，如 4＝2＋1 表示第四栏的数据是由第一和第二栏的数据相加所得。

6．表中数字应该填写整齐，对准位数。当数字因小可略去不计时，可写上“0”；当缺某项数字资料时，可用符号“…”表示；不应有数字时用符号“—”表示。

7．统计表必须注明数字资料的计量单位。当全表只有一种计量单位时，可以把它写在表的右上方。如果表中各行的指标数值有各自的计量单位，可在横行标题后添一列计量单位。如果表中各列的指标数值有各自的计量单位，可在纵栏标题下标明计量单位。

8．为保证统计资料的科学性与严肃性，在统计表下，应注明资料来源，以便查考。必要时，在统计表下应加注解或说明。

第三章 统计分布

统计所研究的现象总体，客观上都存在着一定的统计分布，充分地了解这种分布，是揭示现象规律性问题的关键所在。为此，本章围绕统计分布问题介绍了随机事件、随机变量、频率和概率等基本概念；阐述了频率分布和各种概率分布的内容和方法。需要说明的是，社会经济统计运用数理统计方法，其目的是为了用数理统计方法来解决客观现实中的实际问题，而并非为了研究它的方法。所以，有关概率、各种分布等应由数理统计讨论的内容，本章仅就其概念进行介绍，略去了繁琐的概率计算和各种分布函数的由来。

第一节 次数分布

一、频数分布与频率分布

在统计分组的基础上，把总体的所有单位按组归并排列，形成总体各个单位在各组间的分布，称为统计分布。统计分布的实质是，把总体的全部单位按某标志所分的组进行分配所形成的数列，所以又称分配数列或分布数列。在统计分组的基础上，总体各单位按其本身数值大小，一个一个单位对应地分配到各组中，各组分配到的次数就是各组的单位数，所以分配数列又称次数分布。分配数列明显包括两个要素：

第一，总体按某标志所分的组，包含各组的名称及其组的表现；

第二，总体单位数在各组的分配状况。可用绝对数反映。称为频数；也可用相对数反映，称为频率。

例 3－1 设某生活小区有 8000 户居民家庭，其人均收入情况如表 3－1所示。

表中甲栏为分配数列的第一要素；1 栏是频数，2 栏是频率，都是分配数列的第二要素。第 1 栏表示各组中实际分配到的次数（单位数），第 2 栏表示相对于总体来说，各组分配到的单位数在总体中所占的比重。1 栏更直接，很直观地表达了各组的实际分配状况；2 栏则是抽象的，但它便于不同总体、不同数列之间的比较。

表 3－1 某生活小区的 8000 户居民家庭人均收入分组

人均月收入（元）	组中值（元）	家庭数（户）	比重（%）	频率÷组距
甲	乙	频数（1）	频率（2）	频率密度（3）
400 以下	300	320	4.0	0.02
400—600	500	1120	14.0	0.07
600—800	700	2560	32.0	0.16
800—1000	900	1760	22.0	0.11
1000—1200	1100	1440	18.0	0.09
1200—1400	1300	640	8.0	0.04
1400 以上	1500	160	2.0	0.01
合 计	—	8000	100.0	—

分配数列除了可用上述的表格形式反映外，也可用坐标图图形反映，横坐标表示第一要素；纵坐标反映第二要素。

图 3－1 是由（1）栏家庭数即频数（纵坐标的家庭户数），与甲栏共同构成的频数分布图。

同样的，在图 3－1 中，由（2）栏家庭数比重即频率（纵坐标括号内的频率），与甲栏共同构成的是频率分布图。

由于无论用绝对数表示，或用相对数表示分布的第二要素，均未改变总体分布的实际结构。所以，频数分布图与频率分布图是一样的。

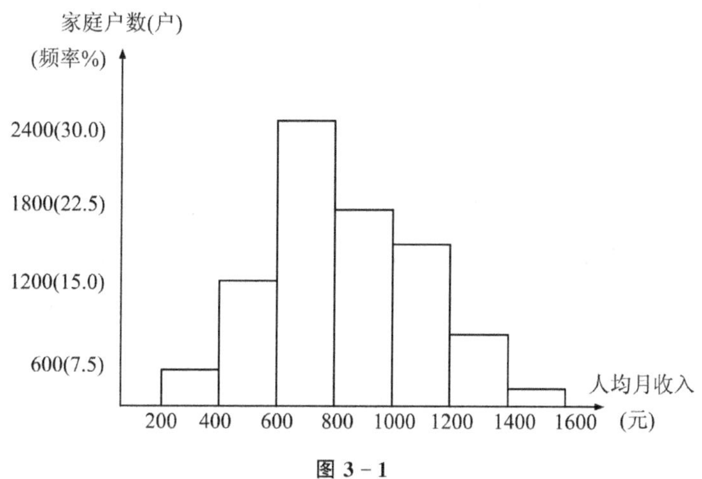

图 3－1

统计分布形式十分简单，但在统计研究中有着重要的意义。统计分布是统计整理结果的一种重要的表现形式，也是统计分析的基础和重要方法之一。它可以表明总体单位分布特征、结构状况，并可借此进一步研究标志的构成、平均水平及变动规律等。

根据分组标志的不同，分配数列分为品质分配数列和变量分配数列。按品质标志分组所编制的分配数列叫品质分配数列，简称品质数列。按数量标志分组所编制的分配数列叫变量分配数列，简称变量数列。变量数列又有单项式数列和组距式数列之分，这与变量分组中，单项式分组和组距式分组是一致的。

二、累计频数与累计频率

累计频数（或频率）可以是向上累计频数（或频率），也可以是向下累计频数（或频率）。向上累计频数（或频率）分布，就是由标志值低的组向标志值高的组依次累计频数（或频率）。某组向上累计频数表明该组上限以下的各组单位数之和是多少，某组向上累计频率表明该组上限以下的各组单位数之和占总体单位数的比重。向下累计频数(或频率)分布,就是由标志值高的组向标志值低的组依次累计频数(或频率)。某组向下累计频数表明该组下限以上的各组单位数之和是多少,某组向下累计频率表明该组下限以上的各组单位数之和占总体单位数的比重。累计频数与累计频率方法简单,读者可试着就表 3-1 资料计算向上和向下的累计频数与累计频率。

三、统计分布图

(一) 直方图。利用直方形的高度和宽度分别表示次数分布的两要素内容。宽度一般表示总体分组的各组组距,高度则表示总体单位数在各组的分布情况。图 3-1 就是反映了某生活小区 8000 户居民家庭人均收入总体分布直方图。

如果对于次数分布引进一个新的概念——频率密度(表 3-1 的第 3 栏数据),并定义为:

$$频率密度=\frac{频率}{组距} \quad (3-1)$$

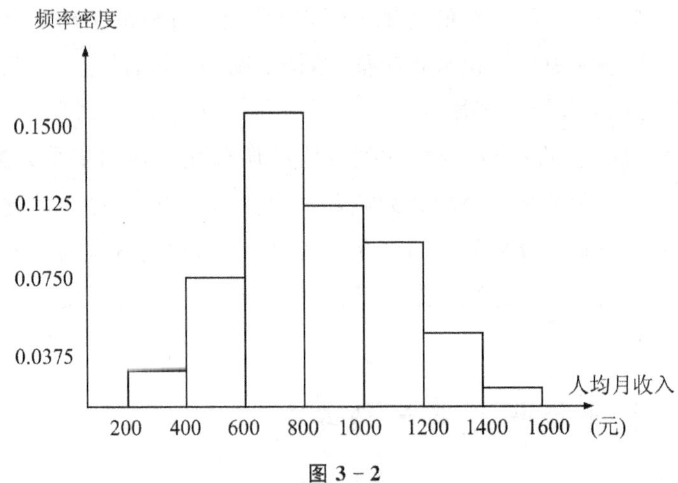

图 3-2

可见,由甲栏与(3)栏共同构成的频率密度分布直方图 3-2,仍与图 3-1 相同。这时图 3-2 的高度为频率密度,则所有直方图的面积之和等于 1(100%)。即:

直方图面积＝组距×频率密度＝频率

$$\sum(\text{直方图面积}) = \sum(\text{组距} \times \text{频率密度})$$
$$= \sum \text{频率} = 1(100\%)$$

（二）折线图。在直方图的基础上，取各组组中值的次数高度的点，并将各点连接，就形成折线图。图 3－3 就是反映了某生活小区 8000 户居民家庭人均收入总体分布折线图。

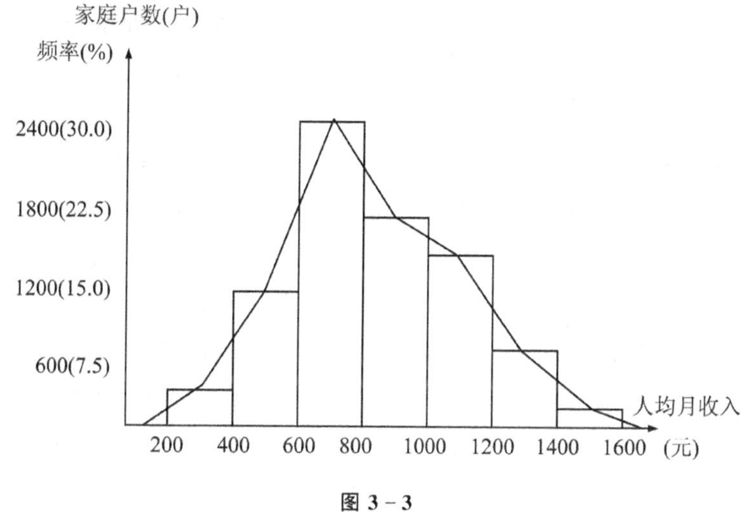

图 3－3

应该注意到，折线图与横轴所围面积与所有直方图面积之和是相等的，说明折线图所围面积也是等于 1(100％)。

（三）曲线图。如果将特殊例子抽象为一般，亦即当组距越来越小，使得横轴 x 值的增量 $\Delta x \to 0$，而总体的单位数越来越多，则这时图 3－3 的折线将成为一条平滑的曲线图 3－4，这就是总体分布曲线图，并且曲线下的面积等于 1(100％)。

次数分配是统计分析的一种重要方法。由于社会经济现象性质不同，各种统计总体各有不同的次数分配，形成各种不同类型的分布特征。其分布的类型，概括起来，大致有三种：钟形分布、U 形分布和 J 形分布。

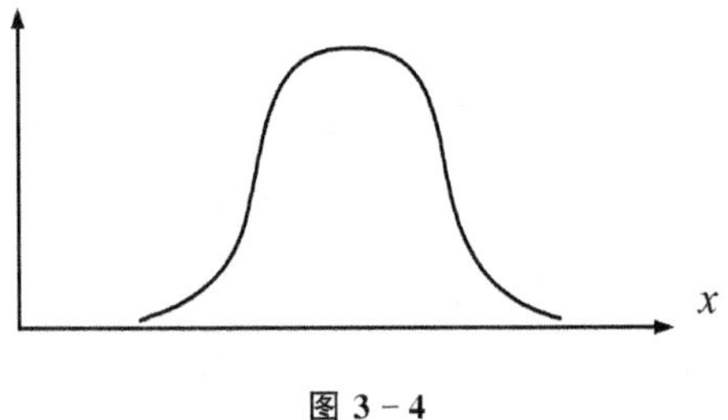

图 3－4

1. 钟形分布

钟形分布的特征是“中间大，两头小”，即靠近中间的变量值分布的次数多，靠近两边的变量值分布的次数少，其曲线图宛如一口古钟，如图 3－5 所示。

钟形分布是社会经济现象中最具普遍性的一种分布特征，大部分现象正常情况下都属于这种分布。钟形分布有对称和不对称两种情况，如图 3－5 甲为对称分布，其分布特征是以标志变量中心为对称轴，左右两侧对称，两侧变量值分布的次数随着与中间变量值距离的增大而渐次减少。图 3－5 中的乙、丙为非对称分布，它们各有不同方向的偏态。图乙曲线是右偏分布，图丙曲线是左偏分布。客观实际中，许多社会现象统计总体的分布都趋于对称分布中的正态分布。例如，农作物平均产量的分布、零件公差的分布、商品市场价格的分布等。正态分布是描述统计中的一种主要分布，它在社会经济统计分析中具有重要的意义。

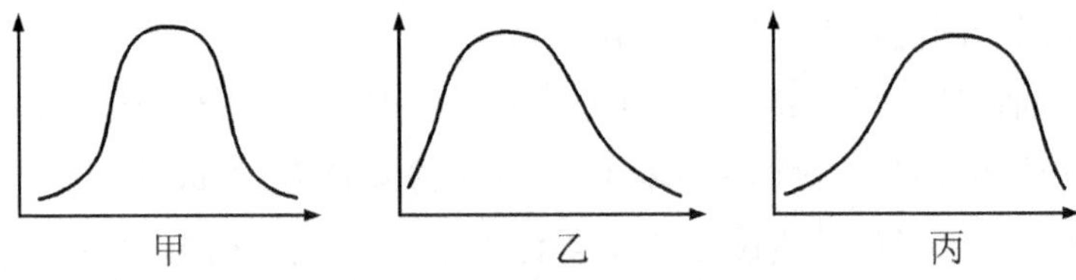

图 3－5　钟形分布的三种不同形态图

由于统计所研究的对象是客观现象总体，其分布是确定的，客观存在的，而确定的频率分布实际上就是为我们提供了从中抽取样本的一种概率可能，所以总体分布也叫概率分布。可见，在一定概率分布条件下，尽管总体各单位数值的出现都有其一定的随机性，但却有着一定的规律。不过，在统计中，用来描述总体的总体分布通常是未知的，因此确定总体分布就是统计所要研究的一个重要问题。

2. U形分布

U形分布的形状与钟形分布正好相反，靠近中间的变量值分布次数少，靠近两端的变量值分布次数多，形成“中间小，两头大”的U形分布特征。最典型的例子就是人口死亡率分布，人口总体中，幼儿和老年人死亡率高，而中青年死亡率低。图3-6甲是U形分布图。

3. J形分布

J形分布有两种类型，一种是次数随着变量的增大而增多，称其为正J形分布，如图3-6乙，投资按利润率大小分布。另一种呈反J形分布，即次数随着变量增大而减少，如图3-6丙，随着产品产量的增加，产品的单位成本逐步下降。

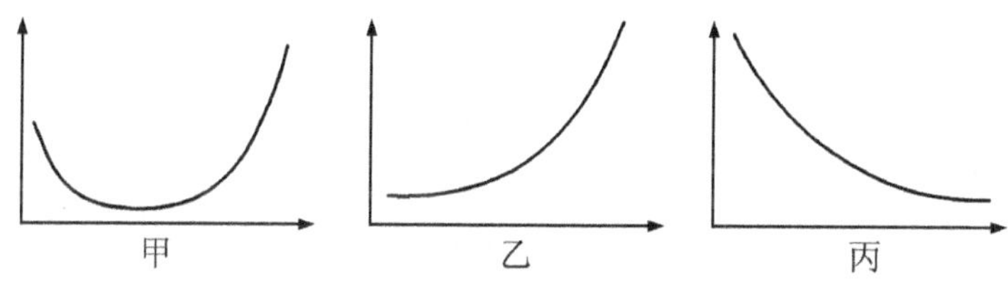

图3-6 U形分布与J形分布图

四、洛伦茨曲线与基尼系数

(一) 洛伦茨曲线

洛伦茨分布曲线是美国统计学家洛伦茨(Dr. M. O. Lorenz)提出来的，专门用以测定社会收入分配的平等程度。

洛伦茨分布曲线运作的条件：1.居民或家庭按收入水平分组，计算各组居民或家庭的比重；2.计算各组收入的比重。从统计学概念上说，前者就是频率，即各组单位数占总体单位数的比重；后者就是各组标志总量占总体标志总量的比重。这是一般统计整理都能得到的资料。其基本绘制方法如下：

（1）将研究对象的单位数与标志值的数据均化成结构相对数并进行向上累计。

（2）纵轴和横轴均为百分比尺度，纵轴自下而上，用以测定标志值的累计频率（如一国的财富、土地或收入等）；横轴由左向右用以测定单位数的累计频率（如一国的人口）。

（3）根据计算所得的累计百分数，在图中标出相应的绘示点，连接各点并使之平滑化，所得曲线即所要求的洛伦茨曲线。

例 3-2 设某国家某年家庭收入资料如表 3-2 所示，以此资料说明洛伦茨曲线的绘制。

根据表 3-2 资料，要绘制的是洛伦茨分配曲线。绘制时先将人口、收入的数量（即第 1、4 栏）计算成为结构相对数（第 2、5 栏），再求出累计百分比（第 3、6 栏），然后在制好的比率曲线图格上依累计百分比标出绘示点，连接各点即为分配曲线，见图 3-7。

表 3-2 某国收入所得的分配情况

收入水平分组	人口			收入所得				
						累计百分数(%)		
	人口数（万人）	结构（%）	累计（%）	月收入（亿美元）	结构（%）	实际情况	绝对平等	绝对不平等
甲	1	2	3	4	5	6	7	8
最低	128.5	12.85	12.85	1.57	5	5	12.85	0
中下	348.0	34.80	47.65	4.08	13	18	47.65	0
中等	466.9	46.69	94.34	16.33	52	70	94.34	0
较高	45.6	4.56	98.90	7.54	24	94	98.90	0
高等	11.0	1.10	100.0	1.88	6	100	100.0	100
	1000.0	100.0	—	31.40	100	—	—	—

图中曲线为实际收入分配曲线（表 6 栏资料），对角线为绝对平等线（表 7 栏资料）。根据实际收入分配线与绝对平等线或绝对不平等线（表中第 8 栏资料）进行对比，可衡量其不平等程度。离绝对平等线越远分配越不平等；反之，越靠近绝对平等线分配越平等。

洛伦茨曲线拓展运用于一般社会经济现象，可借以反映总体单位标志分布的集中状况，包括集中的存在和集中的程度，所以也叫集中曲线，或标志曲线。如测定城市人口的地域集中状况；地区或部门工业企业中各种指标的构成与分布情况；电力系统中发电量和燃料消耗量是否都集中到大型发电站中去等等，都可以考虑运用洛伦茨曲线的原理来绘制曲线，进行分析。

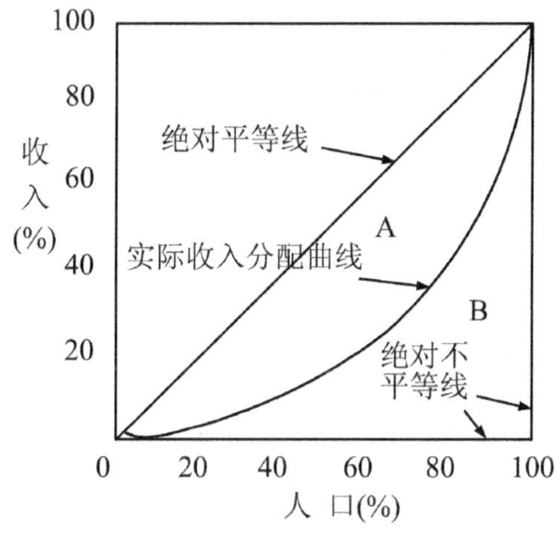

图 3－7　洛伦茨曲线示意图

（二）基尼系数

20 世纪初意大利经济学家基尼，根据洛伦茨曲线找出了判断分配平等程度的指标。如图 3－7，设实际收入分配曲线和收入分配绝对平等曲线之间的面积为 A，实际收入分配曲线右下方的面积为 B，并以 A 除以 A＋B 的商表示不平等程度，这个数值被称为基尼系数或称洛伦茨系数。如果 A 为零，基尼系数为零，表示收入分配完全平等；如果 B 为零则系数为 1，收入分配绝对不平等。可见，基尼系数是在 0 和 1 之间取任何值的指标。收入分配越是趋向平等，洛伦茨曲线的弧度越小，A 的面积越小，基尼系数也越小；反之，收入分配越是趋向不平等，洛伦茨曲线的弧度越大，A 的面积越大，那么基尼系数也越大。如果个人所得税能使收入均等化，那么，基尼系数即会变小。

联合国有关组织规定：

1. 基尼系数若低于 0.2，表示收入绝对平均；

2. 基尼系数在 0.2—0.3，表示比较平均；

3. 基尼系数在 0.3—0.4，表示相对合理；

4. 基尼系数在 0.4—0.5，表示收入差距较大；

5. 基尼系数在 0.6 以上，表示收入差距悬殊。

第二节　随机事件及其概率

一、随机试验与随机事件

（一）随机试验

试验就是在某种确定条件下观察发生什么结果。为了理解这个概念，首先我们考虑以下一些情况：

1. 掷一枚六面的点数都为 1 的骰子（条件），观察其出现 1 点（结果）；

2. 掷一枚六面分别为 1、2、3、4、5、6 点的骰子（条件），观察其出现 7 点（结果）；

3. 抛一枚质地均匀硬币（条件），观察其出现正面或反面的情况（结果）；

4. 从一批产品中随机地抽取一个，检验其是正品还是次品；

5. 从我校新入学的男生中随机抽出一人测量其身高（条件），结果可能大于 1.65 米，也可能小于 1.65 米，还有可能大于 1.8 米（结果），等等。

比较以上各例可以看出，第 1 例和第 2 例所观察的试验结果被试验条件所唯一决定，这种条件完全决定结果的试验叫做决定性试验；而对于第 3 例，在抛掷硬币之前，我们虽然不知道这枚硬币将会出现在哪一面，但是我们知道，它只有两种可能的结果，要么出现正面，要么出现反面，这个试验可以在相同的情况下重复地进行；同样的，对于第 4 例，其可能结果要么是正品、要么是次品；在第 5 例中，所抽取到的学生的身高可能高于 1.65 米，也可能低于 1.65 米，等等。显然，第 3、4 和 5 例所观察的试验结果不被试验条件唯一决定，可能试验结果多于一个，在每次试验中出现什么结果要受随机因素（许多偶然因素）的影响。所以，这种条件不能完全决定结果，并且在不含有人们主观因素的条件下可反复进行的试验过程称为随机试验。

随机试验都具有以下共同的特点：

1. 是一种不含有人们主观因素的试验；

2. 可以在相同条件下重复地进行；

3. 每次试验的可能结果可以不止一个，并且这些结果在试验之前是确切知道的；

4. 在每一次试验过程中，不能确定这次试验的确切结果，可能出现这种结果，也可能出现另一种结果。

（二）随机事件

观察我们周围的世界，不难发现，自然界中有两类现象：一类为确定性现象，即在一定的条件下，其结果是确定的、必然的、已知的。如上述第 1 和第 2 例，所观察的试验结果被试验条件所唯一决定；这种条件完全决定结果的试验叫做决定性试验。一定会发生的事件叫做必然事件，如在一定的大气压条件下，把水加热到 100℃时，水一定会沸腾；再如上述第 1 例也是必然事件。一定不会发生的事件叫不可能事件，如水流向上（不可能）以及上述第 2 例都是不可能事件。另一类为不确定性现象或随机现象，即在一定的条件下，出现的结果具有一定的偶然性，而不是发生某一确定的结果。这种可能发生也可能不发生的结果称为随机事件，或简称事件。例如在上述的第 3、4 和 5 例中，硬币可能出现正面，也可能出现反面；抽到的产品可能是正品，也可能是次品；学生的身高有高有矮。再如，晴雨不定、赢利有高有低等，这些都是随机现象，其结果就是随机事件。不难看出，随机试验产生随机现象。对于随机现象，我们不能掌握对它产生影响的全部因素，因而不能准确推测其将会导致的结果。但是人们可以经过反复实践、观察或科学试验，以达到对影响因素的广泛、深刻的认识，从而提高推测随机现象结果的可靠性。也就是说，一次随机试验产生的结果呈现一定的偶然性，但是大量随机试验所产生的结果呈现一定的规律性。统计学就是要利用概率论来揭示所研究现象的规律性，以到达对其的认识。

容易发现，在决定性试验中只有必然事件和不可能事件两种，没有随机事件。而对于随机试验来说，其结果是随机事件，也可能有必然事件或不可能事件。例如上述第 4 例中，若事件是“取到的是正品或次品”是必然事件，“取到的既不是正品也不是次品”是不可能事件；第 5 例中测得身高“大于 0 米”是必然事件，“小于 0 米”是不可能事件。所以在随机试验中，既有随机事件，也有必然事件和不可能事件，三者统称事件。

二、频率与概率

(一) 事件可能性的大小

一个随机事件在一次试验中可能发生，也可能不发生。我们希望知道这些事件在一次试验中发生的可能性大小。例如，优秀射手打靶一次，“命中十环”是随机事件；初学者打靶一次，“命中十环”也是随机事件。这两个随机事件发生的可能性大不相同. 前者是十拿九稳，即可能性很大；后者是十有九失，即可能性很小。这里“可能性”大小的确切意思是：如果让射击者多次重复射击，比如每人射击 100 次，则优秀射手往往能命中 90 次以上，初学者则往往命中 10 次以下。说明优秀射手“命中十环”的可能性为 90%以上，而初学者“命中十环”的可能性为 10%以下。再如在股市上奋斗的股民们往往希望知道股市在今后的一个月中呈现牛市的可能性有多大；推销一种新产品，获利的可能性有多大，等等。

人们从实践中得到的这种关于随机事件可能性大小的认识，正是频率和概率概念的经验来源。

概率是对随机事件发生可能性大小的数量度量。为了理解概率，我们首先介绍频率，它是事件发生频繁程度的度量，然后过渡到对事件发生的概率的讨论。

（一）频率稳定性和统计规律性

如果用大写字母 A、B、C……表示事件。设 A 是某随机试验下的一个试验，将此试验独立地重复进行 N 次，在这 N 次试验中，事件 A 发生了 N_A 次，则 N_A 称为事件 A 发生的频数。比值 N_A/N 称为事件 A 发生的频率（用 p 表示）。所以频率就是在多次的试验或观测过程中，某变量值频频出现的次数在总次数中所占的比率（$p=N_A/N$）。

例如，某一射击手射击 100 次，命中靶心 72 次，即 $N=100$，$N_A=72$，则 $p=0.72$。再如一枚硬币的 10 次抛掷中，出现 4 次正面，6 次反面，若记出现正面为 1，出现反面为 0，则变量值 1 出现（即出现正面的事件）的频率为 40%（即 4÷10），变量值 0 出现（即不出现正面事件或出现反面事件）的频率为 60%（即 6÷10）。

在社会经济统计中，我们经常把搜集到的总体单位的数据进行分组，这种情况下，频率就是反映各组单位数在总体单位中所占比重的度量值，是一种结构相对数。则

$$p_i = \frac{f_i}{\sum f_i} \quad i = (1、2\cdots n, n\ \text{为组数})$$

所以，它具有结构相对数的两个特点，即

1. $0<p_i<1$

2. $\sum_{i=1}^{n} p_i = 1$

如上述[例 3-1]里，表 3-1 中的第二栏资料就是频率。

例 3-3 历史上有许多人做过“抛硬币”的试验，其中包括德摩根、蒲丰、皮尔逊等人，他们试验的结果如下表所示：

表 3-3　历史上名人抛掷硬币正反面结果试验表

试验人	抛掷总次数(N)	正面朝上次数(N_A)	频率 $p=N_A/N$
德摩根	2048	1061	0.5181
蒲　丰	4040	2048	0.5069
卡皮尔逊	12000	6019	0.5016
卡皮尔逊	24000	12012	0.5005

例 3-4　“从 0、1、2、3、4、5、6、7、8、9 这十个数字中随机取一个”。重复进行此试验，将每次取得的数字依次记录下来，就得到一个“随机数表”(许多统计书后都附有此表)。观察一个随机数表可以发现，每个数字出现的频率基本上都接近 0.1。

例 3-5　假设对某工厂的大批产品作检验，分别抽取 5 件、10 件、60 件、150 件、600 件、900 件、1200 件、1800 件等，检验合格率结果如表 3-4 所示：

表 3-4　产品合格率试验情况登记表

抽取件数 N	5	10	60	150	600	900	1200	1800
合格品数 N_A	5	7	53	131	542	820	1091	1631
合格频率 p	1	0.7	0.883	0.873	0.913	0.911	0.909	0.906

由表可见，合格频率稳定在 0.91 附近，说明该批产品的合格率应该在 91%左右。

显然，在 N 次试验中，事件 A 发生了 N_A次，当$\frac{N_A}{N}$越大，表明事件 A 发生越频繁，也就意味着，在一次试验中，事件 A 发生的可能性越大。事实上，随着 N 的增大，$\frac{N_A}{N}$将围绕某一常数 p 上下波动，并且其波动的幅度一般来说将随 N 的增大而减小。这就是频率的稳定性，即我们所说的统计规律性。

类似的例子很多，这种频率稳定性是客观存在的，不管谁进行试验，只要试验条件相同，观察到的频率稳定性就基本上一致。这说明随机事件在大量试验中存在着一种客观规律性。而频率稳定性正是这种规律性的表现。频率稳定性是通过统计的大量试验、大量观察得来的，所以也叫“统计规律性”。

（三）概率的统计定义

一个事件具有频率稳定性，表明客观上存在着一个常数，这常数就是该事件频率的稳定中心，它也就是该事件出现的可能性大小的一个指标。由此可得到“概率”概念的统计定义如下：

若事件 A 在 N 次试验中发生 N_A次，对于频率$\frac{N_A}{N}$，当 N 充分大时呈现稳定性，则把作为频率$\frac{N_A}{N}$稳定中心的常数 p 称作事件 A 的概率，记为：

$$P(A)=p \quad 且 \quad 0<p<1$$

这里把概率定义为“频率稳定中心”，而频率由统计而得，故称之为“概率的统计定义”。概率的统计定义很有实用价值，它肯定了概率的存在并给出了一个近似计算概率的方法：当试验次数 N 充分大时，可以把频率作为概率的近似值。例如对[例 3－1]的掷硬币问题，我们可以近似算出“出现正面”的概率为 $p=0.5$；又如对[例 3－3]的产品检验问题，可近似地算出“产品合格”的概率为 $p=0.91$，等等。

概率是客观事物内在的、固有的，要将其揭示出来，需进行大量试验、大量观察，以趋于稳定的频率作为概率的估计值。所以，频率是概率的试验值或估计值；概率是频率的理论值或期望值。

从概率理论的发展来说，概率可从三个不同的角度来理解，即古典概率、试验概率和主观概率。

1. 古典概率

古典概率的方法假定研究对象中所有可能发生的事件及其发生的次数都可以由演绎或外推得知，因此无需经过任何统计试验即可计算出各个事件的概率。

古典概率的理论假设随机现象所有可能发生的事件是有限的，互不相容的，而且每个基本事件发生的可能性相等。

例如，某夫妇生了一对双胞胎，观察老大和老二的性别。这是一个古典概率问题，因为所有可能出现的事件是可以直接演绎得到，共有四种可能，即：男男、男女、女男、女女。这是本例中所有可能出现的基本事件，而且每个基本事件是互不相容的、出现的概率是相等的，都是 1/4。

例 3-6 随机安排 A、B、C 三个表演节目，问 A 和 B 安排在一起，连续演出的概率是多少？

三个节目所有可能安排的顺序罗列如下：

$\underline{AB}C$ ACB $\underline{BA}C$ BCA $C\underline{AB}$ $C\underline{BA}$

除此之外，别无选择。对于上述三个节目的六种安排顺序，每一种安排的可能性都是六分之一，是等概率的。这六种安排都是随机的基本事件，在这六种安排中，A 和 B 排在一起的有四个（即有下画线的），在所有六种可能中，A、B 安排在一起的有四种可能，所以其概率为：

$$P(\text{A、}B\text{ 相连})=\frac{4}{6}=\frac{2}{3}$$

古典概率有以下两个特点：

(1) 试验可能结果只有有限个；

(2) 各个试验的可能结果都具等可能性。

2. 试验概率

古典概率是以基本事件出现的可能性相等为前提的，并且假定所有可能的基本事件都能外推出来，这样的概率可以用逻辑推理引出结论，不必经过实际试验。所以，在出现事件可能性相等且可以得到其全部可能的基本事件的模式中，可由较简单地应用古典理论来计算事件的概率。但是在实际生活中，我们很难想象一种随机现象所能出现的基本事件的可能性会是绝对相等的，许多情况下是需要通过实践才能确定其出现的可能性。这种需要通过试验才能得到其概率的理论称为相对概率论，也叫试验概率。

相对概率论认为，一个事件出现的概率只能通过在相同条件下反复试验才能确定。例如抛掷一个硬币一次，它只能出现正面或反面，显然我们不能凭一两次抛掷就能断定出现正面的概率是 0.5。但是如果我们抛掷 100

次，其中 54 次出现正面，我们就可以用 54/100 作为抛掷这个硬币出现正面的概率的一个估计值，这就是利用试验的频率作为概率的估计值。它只能是一个估计值，因为我们只能指望如果这个硬币是完全匀称的话，则试验的次数越多，出现正面次数对试验次数的比例就越来越接近 50%。一般说来，如果在反复试验次数 n 中，事件 B 出现的次数为 m，则当 n 接近∞时，比例$\frac{m}{n}$就可以视为事件 B 的概率，记为

$$P(B)=\frac{m}{n}$$

正是由于一个随机事件的大量观察会趋于一个稳定的相对频率即概率，使我们能运用统计推断的方法，通过样本来推断一般，解决很多在实际工作中的重大问题。从实践的观点看，以相对频率为基础的概率是统计规律的反映，也是我们进行统计分析的主要依据。在许多的社会经济现象中，一次、两次的试验观察往往具有很大的偶然性，其结果很难是一样的。而事件的概率又不能事先测定，因而大量观察便成为测定概率的基本方法。

3. 主观概率

古典概率和通过相对频率而测定的试验概率都是按客观条件确定的概率。前者是按推理的前提条件确定的，后者是按客观事件的大量观察确定的。但是在实际工作中，我们常常会面临一些随机事件，它们出现的概率既不能以古典模型作为规范，也未能进行反复观察试验来确定，而又必须作出某种决策。在这种情况下，如果决策人（或集体）凭过去的经验对所面临情况进行分析，对事件出现的可能性作主观判断，这种凭主观判断的概率，称为主观概率。例如推销一种新产品的成功率有六成把握；购置一种新式设备之前，估计有八成把握能使用 20 年以上不被淘汰等，都会有很大的主观因素，往往代表决策人对事件出现的信心程度，不同的人还会有不同的估计。主观概率与古典概率和试验频率并不矛盾，它并不否定观察试验的重要性。只是在客观条件不具备或情况了解不透时，凭不完全的信息和经验来估算某种概率，这种方法仍然可以进行数理分析，作出较合理的决策，总是优于盲目确定的决策。这种理论是第二次世界大战以后在西方国家发展

起来的，对近年来在经济管理中的有关统计决策理论有明显影响。

第三节　概率分布

为了更好地理解随机试验的客观统计规律性，深入研究不同随机试验的特性，本节介绍随机变量的概念、常用的随机变量及其分布。

一、随机变量及其概率分布的直观描述

随机变量是统计学中的一个重要概念，是指取值具有一定的随机性，其结果事先不能确定的变量。对于极广泛的一类随机现象，其试验结果可用数值表示。也就是说，每一个基本试验的结果都可对应有一个数值。试验观察的对象若是数量标志的问题，如新入学男生的身高，射击手中靶环数等，其结果都是用数值表示。如果试验观察的对象是品质标志的问题，如观察产品的合格不合格或抛掷硬币出现正面还是反面等，则可以对其数值化，即合格(或正面)用 1 表示，不合格(或反面)用 0 表示。这样，随机现象可用一个依试验结果而变的变数来描写，这种变数叫随机变量。统计中一般用 X、Y、Z……表示随机变量。

例 3－7　抛一枚均匀硬币。这个试验的可能结果只有两个，即“出现正面”和“出现反面”。我们取符号 X 表示出现的结果，并且令 $X=1$ 代表“出现正面”，令 $X=0$ 代表“出现反面”。当我们讨论试验结果时，说 $X=1$ 就知道是出现正面，$X=0$ 就是反面。这里的 X 就是一个变量，虽然它的取值随着试验结果的不同而不同，但应该注意的是，X 取 1 或 0 是有一定概率的，其概率分别是 0.5。

例 3－8　一批产品的废品率为 p，从中随机地抽取一个，检验它是废品还是合格品。这个试验的可能结果也只有两个，即“抽中的是废品”和“抽中的是合格品”。我们可以令 $Y=1$ 代表事件“抽中的是废品”，$Y=0$ 代表事件“抽中的是合格品”，则 $Y=1$ 的概率是 p，$Y=0$ 的概率是 $1-p$。

例 3－9 顾客在某超级市场购买某种商品的件数，购买的件数可能有 0 件的，也可能有 1 件或 2 件的等等。显然购买的件数是随机的，但总的来说购买几件的可能性最大，购买几件的可能性最小？这也是受着随机变量所固有的概率所支配的。

例 3－10 对于某学校的新入学男生，身高是随机变量，其取值可能是 1.68 米，也可能是 1.72 米等等。这些具体数值的出现，虽然是随机的，但也是有其所对应的概率的。就是说，在新入学的男生这个总体中，某种身高的男生在全部男生中所占的比率（频率）是确定的，尽管我们可能并不知道这个比率，但这毕竟是客观存在的事实。

上述这些例子告诉我们，虽然随机变量是随机取值的变量，但其取值有着一定的规律性，就是说随机变量在一定的范围内取什么值都有其相应的概率。只要我们掌握了被研究总体的分布，也就能够知道随机变量在一定的范围内取什么值的可能性有多大。

随机变量同样也有离散的和连续的两种，与第一章的变量分类相同。[例 3－7]、[例 3－8]的取值 1 和 0，[例 3－9]中购买的商品件数都是离散随机变量；[例 3－10]中男生身高为连续变量。

二、随机变量的概率分布

随机变量可能取值的范围以及取这些数值的相应概率，就叫做概率分布。即概率分布是由随机变量的取值（X）及其相应的概率 $P(X)$ 构成。即，随机变量 X 的取值 X_i（$i=1,2,\cdots,N$），对应其相应的概率排成序列，就形成随机变量的概率分布。

1. 离散型随机变量的概率分布

因离散变量的取值可一一列举，所以其分布形式如下：

表 3－5 离散型随机变量的概率分布

X	X_1	X_2	…	X_N
P	P_1	P_2	…	P_N

其中 X 为随机变量，P 表示概率。也可表示为

$$P(X=X_i)=P_i \quad (i=1,2,\cdots,N) \tag{3-2}$$

概率分布具有以下性质：

(1) 随机变量 X 取值的概率都是非负的，即

$$0 \leqslant P_i < 1 \tag{3-3}$$

(2) 随机变量 X 所有取值的概率之和等于 1，即

$$\sum_{i=1}^{N} P_i = 1 \tag{3-4}$$

例 3-11 某旅游公司汽车队根据过去的记录，每天出租汽车辆数的概率如下：

表 3-6 某旅游公司汽车队出租汽车辆数的概率表

出租汽车辆数(x)	3	4	5	6	7	8	合计
概率 $P(x)$	0.08	0.20	0.30	0.22	0.14	0.06	1.00

表中出租汽车辆数是随机变量，并且有其相应的概率。

例 3-12 连续投掷两次硬币，求正面朝上的次数的概率分布。

记正面朝上为 A，朝下为 B。连续投掷两次硬币，正面朝上的次数可能是 AA、AB、BA、BB 四种情况。

表 3-7 连投两次硬币，出现的基本结果列表

基 本 结 果	AA	AB	BA	BB
正面朝上次数(即 X)	2	1	1	0

可见 X 是四个基本结果上的一个实值函数，并且只取三个数值 0、1、2，所以 X 是随机变量。其概率分别为

$P(X=0)=P(BB)=0.5\times0.5=0.25$

$P(X=1)=P(AB)+P(BA)=0.5\times0.5+0.5\times0.5=0.5$

$P(X=2)=P(AA)=0.5\times0.5=0.25$

表 3-8 连投两次硬币，正面朝上的次数的概率分布表

X	0	1	2
P	0.25	0.5	0.25

例 3-13 某商场有两种热水器：一种是电热水器（记为 A），一种是燃气热水器（记为 B）。若根据以往市场调查，喜欢电热水器的占 60%，喜欢燃气热水器的占 40%。有三位顾客各想购买一台热水器。试求共购买电热水器台数 X 的概率分布。

表 3-9 购买热水器基本结果列表

基本结果	AAA	AAB	ABA	BAA	ABB	BAB	BBA	BBB
X 取值	3	2	2	2	1	1	1	0

可见 X 取值为 0、1、2、3 三种，其概率分别计算如下：

$P(X=0)=0.4^3=0.064$

$P(X=1)=3\times0.6\times0.4^2=0.288$

$P(X=2)=3\times0.6^2\times0.4=0.432$

$P(X=3)=0.6^3=0.216$

表 3-10 购买电热水器的概率分布

X	0	1	2	3
P	0.064	0.288	0.432	0.216

2. 连续型随机变量的概率分布

由于连续型随机变量 X 的取值充满一个区间，不能一一列出，所以只能用分布函数 $F(x)=P(X<x)$ 来描述总体的概率分布情况。其积分形式为：

$$F(x)=\int_{-\infty}^{x}f(x)dx \tag{3-5}$$

式中 $f(x)$ 为 x 的概率密度函数，其性质为

(1) $f(x)\geqslant0$，即密度函数 $f(x)$ 为非负函数；

(2) $\int_{-\infty}^{+\infty}f(x)dx=1$，即曲线 $f(x)$ 与 x 轴所包围的全部面积等于1（这正是我们在第一节里所说明的问题）。

显然

$$P(x_1\leqslant X<x_2)=\int_{x_1}^{x_2}f(x)dx \tag{3-6}$$

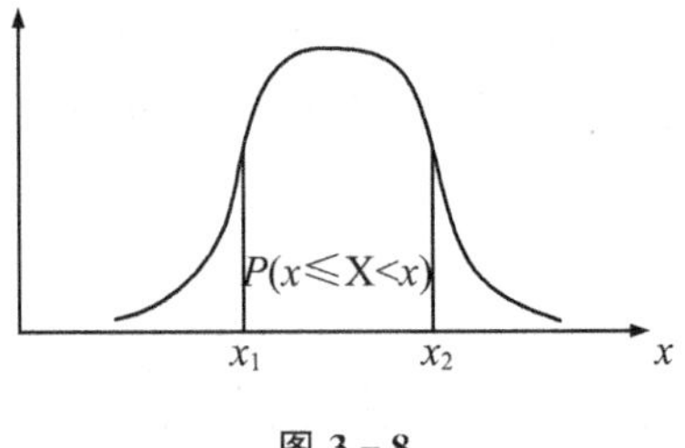

图 3－8

由于 x 是一个具有连续分布的随机变量，它的分布函数 $F(x)$ 存在导数，而且 $F'(x)=f(x)$。根据导数的定义有：

$$f(x)=\lim_{\Delta x\to 0}\frac{F(x+\Delta x)-F(x)}{\Delta x}=\lim_{\Delta x\to 0}\frac{P(x\leqslant X\langle x+\Delta x)}{\Delta x} \quad (3-7)$$

由此可见，$f(x)$ 是随机变量 X 在点 x 上的概率密度，所以称为密度函数。

三、随机变量的典型概率分布

上述内容已表明，随机变量是表示试验过程中随机事件可能出现的数值。这个数值在取得结果后是确定的，但在试验前是不确定的；随机变量的不同数值有不同概率，形成概率分布。有些概率分布是从实际调查或记录整理得来的，如旅行汽车出租辆数的概率分布[例 3－11]；也有些是按数学或逻辑推理而成的，如投掷两次硬币所得正反面的概率分布。

对一个具体抽样数据进行统计分析时，当然最好能明确有关总体的特殊概率分布。但是如果对每一个问题都要明确有关总体的独特概率分布就不胜其烦。实际上在统计推断或决策的应用上，有大量情况可以利用一些典型的概率分布作为分析的基础。一个随机试验并不都是自成独特的概率分布体系的，它所具有的特点，一般可以归属于某种类型的概率模式（分布），从而可以应用适合于该类型的方法来进行分析。这些典型概率分布是数学推理得来的公式，并且经过反复随机试验证明具有典型意义的。因此了解这些典型的概念分布对于统计分析和决策具有它的重要意义。在统计分析中，若能充分利用典型的概率分布，概率计算就可大大简化，因为通常可以用查表的办法得出结果。限于篇幅，我们将阐述两种应用最广的典型概率分布,即二项分布和正态分布。二项分布属离散型概率分布,正态分布则是连续型的。应当指出,作为统计分析的应用,数学公式推导的理解固然重要,但具有直接重要性的是要能区别不同概率分布的基本性质,能判别哪一种典型分布最适用于解决所面临的实际问题。所以,本书在阐述有关概率分布时,避开繁琐的数学推导,而着重在现成统计概率表的应用上。

(一) 二项分布

二项分布是离散型随机变量概率分布中的一个重要典型。在许多自然和社会随机现象中,涉及到正反两种可能结果的试验都可以应用二项分布作统计处理。例如抛掷一个硬币有正反面两种结果,若出现正面,我们称其为成功,出现反面为失败(反之也行)。抽取一件产品可能是正品(成功),也可能是次品(失败)等等,就是二项分布问题。

现在先举一个熟悉的例子来说明二项分布的形成,然后再看看它在经济统计分析中如何应用。设想在一个盒子里有 5 个小球,其中三个是红的,两个是白的。现在把随机抽取一个球称作一次试验,试验后把抽得的球放回盒子里。并视抽得红球为"成功",抽得白球视为"失败"。这样,每次试验只能出现红球或白球这两种互相排斥的结果,而且每次抽得红球或白球的概率是固定不变的,即分别为 0.6 和 0.4。如果连续进行三次试验,则出现红球和白球的概率见下表所示。

从表 3-11 可以看出,三次试验共有 $2^3=8$ 种不同结果,其中出现 0、1、2、3 个红球的结果分别有 1、3、3、1 种。我们把红球出现的四种结果看作是四种不同的事件:

成功 0 次只有一种可能(即:白白白),其概率为 0.064;

成功一次的有三种可能(即:红白白、白红白、白白红),其概率为 $3\times 0.096=0.288$;

成功二次的有三种可能(即:红红白、红白红、白红红),其概率为 $3\times 0.144=0.432$;

表 3-11 三次抽取红白球概率示意表

依次试验			结果	概率
第一次	第二次	第三次		
红	红	红	红红红	0.6×0.6×0.6=0.216
		白	红红白	0.6×0.6×0.4=0.144
	白	红	红白红	0.6×0.4×0.6=0.144
		白	红白白	0.6×0.4×0.4=0.096
白	红	红	白红红	0.4×0.6×0.6=0.144
		白	白红白	0.4×0.6×0.4=0.096
	白	红	白白红	0.4×0.4×0.6=0.096
		白	白白白	0.4×0.4×0.4=0.064

成功三次只有一种可能(即:红红红),其概率为 0.216。

(若以上结果列成概率分布表,与表 3-10 的完全一样)

把上述结果的概率相加,表述如下:

$$C_3^0(0.6)^0(0.4)^3+C_3^1(0.6)^1(0.4)^2+C_3^2(0.6)^2(0.4)^1+C_3^3(0.6)^3(0.4)^0$$

显然,这是一个二项展开式,如果用 p 和 q 分别表示成功和失败的概率,那么 n 次试验中有 k 次成功的二项式就是:

$$C_n^k p^k q^{n-k} \tag{3-8}$$

所以此分布被称为二项分布。

例 3-14 假设试制新设计产品的成功概率为 0.3。现在有 5 种新设计产品正在进行试验,问(1)试验结果由两种成功的概率是多少?(2)试验成功最多不超过两种的概率是多少?

解:设 x 为五种试验的成功数(即 $x=1、2、3、4、5$),

$n=5, p=0.3, q=(1-p)=0.7$

(1) 成功数为 2 的概率

$$P(x=2)=C_5^2p^2q^3=\frac{5\times4}{2\times1}\times0.3^2\times0.7^3=0.3087$$

(2) 成功数不超过 2 的概率

$$P(x\leqslant2)=C_5^0p^0q^5+C_5^1p^1q^4+C_5^2p^2q^3$$

$=1\times0.3^0\times0.7^5+5\times0.3^1\times0.7^4+10\times0.3^2\times0.7^3$

$=0.1681+0.3602+0.3087=0.8369$

二项分布随着 n 和 p 值的变动而形成一个概率函数族。[例 3－14]的 n 是 5，p 是 0.3。如果我们把每个样本的试验次数固定为 5 次，则成功的结果仍是 6 种(即 0 至 5 次成功)。但出现不同结果的概率就要看 p 值的大小而有差异。p 值大时，成功概率就高，p 值小时，成功概率就低。现在我们不妨把 p 值分别定为 0.1，0.3，0.5，0.7，0.9，将出现 0 至 5 次成功的概率表列如下：

表 3－12　按 p 值区别，$n=5$ 的二项概率分布表

x	$p=0.1$	$p=0.3$	$p=0.5$	$p=0.7$	$p=0.9$
0	0.59049	0.16807	0.03125	0.00243	0.00001
1	0.32805	0.36015	0.15625	0.02835	0.00045
2	0.07290	0.30870	0.31250	0.13230	0.00810
3	0.00810	0.13230	0.31250	0.30870	0.07290
4	0.00045	0.02835	0.15625	0.36015	0.32805
5	0.00001	0.00243	0.03125	0.16807	0.59049

表中的数据说明，当 $p=0.5$ 时，分布是对称的；而当 $p=0.1$ 与 $p=0.9$ 时，分布分别为正偏斜和负偏斜。

另一方面，如果我们保持 p 固定不变，则不同的 n 也有不同的二项分布。例如，取 $p=0.3$，而取 n 分别为 5、20、100 时，二项分布的比较见图

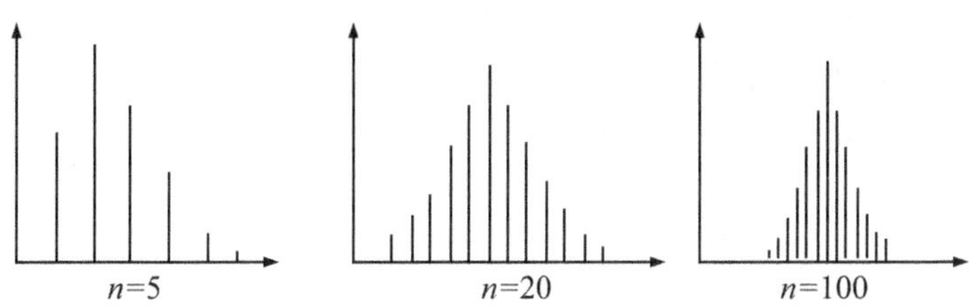

图 3－9　按 $p=0.3$，不同 n 的二项概率分布情况

可见，随着 n 的增大，概率密度也增大，而且即便 p 不等于 0.5，分布也趋于对称。实际上除了 $p=0$ 或 1 的极端条件外，只要 n 不断增大，二

项分布的终极结果是逼近正态概率分布的。

二项分布的期望值为 np，方差为 $np(1-p)$。

(二) 正态分布

1. 正态分布是一种连续型变量的分布，是统计理论中最重要最常用的分布，这是因为

(1) 许多随机现象可以用正态分布描述或近似描述，例如

①测量误差是个随机变量，测量时，误差时大时小，时正时负。不过误差大的机会少，误差小的机会大，而且正误差与负误差正常情况下是相等的。所以测量误差总被认为是正态变量。

②产品在自动包装线上的实际包装重量与要求的标准重量总是会有误差，这种误差与测量误差类似，也是正态变量。

一个正态变量与一个常量的和仍然是正态变量，所以大批的产品包装重量本身就是正态变量。

③制造大批的同一产品的尺寸：长度、宽度、高度、直径等分别都是正态分布的随机变量。

④同龄人的身高、体重也都服从正态分布。

⑤居民家庭的人均收入也可近似地用正态分布来描述。

…… ……

(2) 在一定条件下，许多随机变量的叠加都可用正态分布近似地表示。

(3) 从正态分布可导出其他一些有用分布，如统计中常用的三大分布：x^2 分布、t 分布、F 分布都是从正态分布导出的。

2. 正态分布的概率密度函数

$$f(x) = \frac{1}{\sigma\sqrt{2\pi}} e^{\frac{-(x-\overline{X})^2}{2\sigma^2}} \qquad (3-9)$$

式中$\overline{X}$为随机变量 x 的期望值，σ 是它的标准差。这两个参数(就是第四章所要介绍的两个重要的特征值)决定了正态分布的形状，通常记为 $X \sim N(\overline{X},\sigma^2)$，其图形见图 3-10。因此已知期望与方差，就可以确定一个正态分布。

一般来说，正态分布的密度曲线是以$\overline{X}$为中心，两边对称的形状。方差越大，密度曲线的峰度越低；方差越小，密度曲线的峰度越高，如图 3－10。而期望的大小并不影响正态分布曲线的形状，只是中心位置平移而已。

3. 标准正态分布

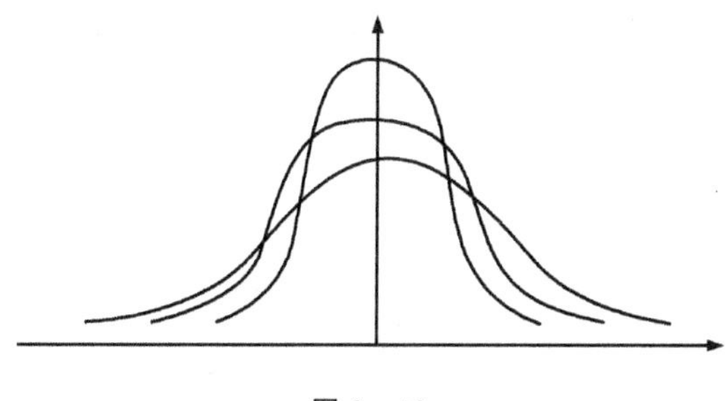

图 3－10

不同总体的随机变量的正态分布有着不同均值与方差，这使得曲线形式（峰度与水平位置）也就不相同。标准正态分布概率密度函数是用均值为 0，方差为 1 的正态分布形式来表示其曲线形态的。对于任意的正态分布，都可以用随机变量 z 作如下变换将其转化为标准正态分布：

$$z=\frac{x-\overline{X}}{\sigma_x} \tag{3-10}$$

标准正态分布的概率密度函数

$$f(z)=\frac{1}{\sqrt{2\pi}}e^{-\frac{z^2}{2}} \tag{3-11}$$

用符号 $Z \sim N(0,1)$ 表示变量 z 服从标准正态分布。

4. 标准正态分布概率表的应用

在统计推断中，常常需要求解变量 Z 离中心$[E(Z)=0] \pm z$ 之间的概率，即变量落在$(-z,+z)$区间的概率，考虑到正态分布的对称性，则这一区间的概率积分为：

$$F(Z)=P(-z \leqslant Z \leqslant z)=P(|Z| \leqslant z) \tag{3-12}$$

$$=\int_{-z}^{z}\frac{1}{\sqrt{2\pi}}e^{-\frac{z^2}{2}}dz=\frac{2}{\sqrt{2\pi}}\int_{0}^{z}e^{-\frac{z^2}{2}}dz \tag{3-13}$$

这是标准正态分布概率积分的标准式，即在以 $E(z)$为中心的两边任意

对称 z 值的横轴与标准正态分布曲线所夹面积就是变量在此区间出现的概率,记为 $F(z)$。为了方便而不必计算正态分布的概率积分,人们编制了标准正态分布的概率表。如果所研究的变量服从标准正态分布,则可以直接查用概率表,从给定的 z 值查对应的概率,或从给定的概率反查相应的 z 值。如取 $z=1$,则 $F(z)=68.27\%$(如图 3-10);或 $F(z)=95.45\%$,则 $z=2$,其含义分别为,在任意正态分布条件下,由变量的期望值加减 1 个标准差范围内的概率为 68.27%;而如果变量以 $E(z)$ 对称地构成区间的概率为 95.45%,其区间临界值由 $E(z)$ 加减 2 个标准差来构成。

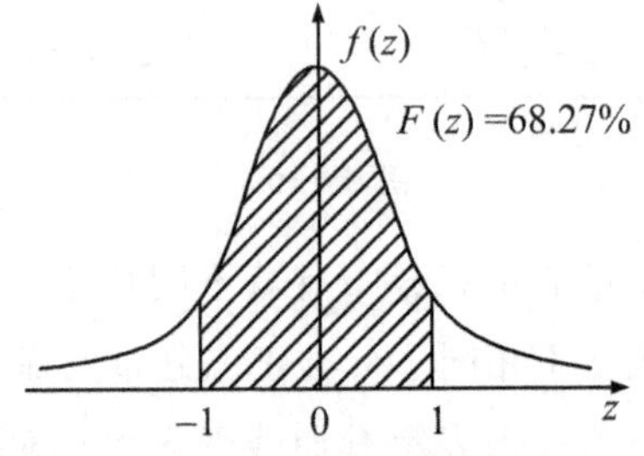

图 3-11　标准正态分布图

常用的概率度与概率有以下几个:

表 3-13　常用的概率度与概率

概率度 z	1.00	1.50	1.64	1.96	2.00	3.00
概率 $F(z)$	0.6827	0.8664	0.9000	0.9500	0.9545	0.9973

第四章 统计分布的数值特征

只知道什么是统计分布是不够的，还必须学会对其进行量化描述。描述统计分布的重要的特征值有两个，一个是说明其集中趋势的平均指标，另一个是说明其离散程度的变异指标。这一对矛盾的指标分别从不同角度反映了统计分布的分布特点，它们相辅相成，相互补充，缺一不可。本章着重就这两个指标展开讨论，介绍了它们的理论、方法与应用，充分理解掌握本章的内容，对于以后各章节的学习尤为重要。

第一节 分布的集中趋势（1）——数值平均数

一、统计平均数

平均数是统计分析和一般经济分析中广泛运用的指标形式，在统计学中占有重要的地位。统计平均数的作用主要表现在，它可以概括地表述各种统计数列的基本数值特征，显示数列的一般水平以及总体分布的集中趋势，借以进行各种分析。

统计数列是由一系列标志值或指标值所组成的数列。从性质上讲，统计数列主要有以下几类：一类是反映总体各单位分布状况的分布数列（频数分布或频率分布），以及其他反映总体内部结构状况的数列；另一类是反映现象在不同时间上的变化过程或轨迹的时间数列。相对而言，前一类统计数列是"静态的"，而后一类统计数列则是"动态的"。由于这些数列中的各项水平存在差异，为了说明整个数列的一般水平，就需要对其计算平均数。从这个意义上说，只要是有统计数列的地方，就必然会有相应的统计平均数。

必须指出，平均数与强度相对数很相似，运用中很容易混淆。两者的区别主要是各自的子项与母项的关系是不一样的。平均数是同一总体内的标志总量与单位总量之比，分母中的每个单位都有一个标志值在分子的标志总量中；而强度相对数没有这种关系，它是两个有联系的总量指标的比，作为分子的总量指标数值的大小，并不随作为分母的总量指标数值大小的影响。

二、算术平均数

（一）算术平均数的一般计算内容

$$算术平均数=\frac{总体标志总量}{总体单位总量}$$

算术平均数（用$\bar{x}_A$表示）是所有平均指标中最重要、最常用的平均数，所以，当没有下标 A 的$\bar{x}$，一般指的也就是算术平均数。

（二）简单算术平均数

$$\bar{x}_A=\frac{x_1+x_2+\cdots+x_n}{n}=\frac{\sum_{i=1}^{n}x_i}{n}$$

可简写为

$$\bar{x}_A=\frac{\sum x}{n} \tag{4-1}$$

式中：

$\bar{x}_A$ 为算术平均数，x_i 为变量值，n 是总体单位数，$\sum$是总和符号。

例 4－1 某生产班组有 8 个工人，生产某零件，其日产量分别是：12、14、15、15、16、17、19、20。则平均日产量为：

$$\bar{x}_A = \frac{\sum x}{n} = \frac{12+14+15+15+16+17+19+20}{8} = 16(\text{件})$$

（三）加权算术平均数

当资料已经分组，形成变量数列后，就不能再采用简单算术平均数的方法计算，则应采用加权算术平均数的方法。权数就是起着权衡轻重作用的数，权数可以是绝对数，也可以是相对数。

1．用绝对数作权数

$$\bar{x}_A = \frac{x_1 f_1 + x_2 f_2 + \cdots + x_n f_n}{f_1 + f_2 + \cdots + f_n} = \frac{\sum xf}{\sum f} \qquad (4-2)$$

式中的 f 是各组中的次数，其余符号与简单算术平均数的相同。

例 4－2 假设某公司有 50 名员工，他们的月工资分组资料如下：

表 4－1 某公司员工月工资资料

月工资分组(元)	组中值(x)	员工数(f)	人数比重(%) $\frac{f}{\sum f}$	工资总额 xf	工资水平 $x\frac{f}{\sum f}$
1000—1500	1250	8	16	10000	200
1500—2000	1750	12	24	21000	420
2000—2500	2250	20	40	45000	900
2500—3000	2750	8	16	22000	440
3000 以上	3250	2	4	6500	130
合 计	—	50	100	104500	2090

平均工资为：

$$\bar{x}_A = \frac{\sum xf}{\sum f} = \frac{104500}{50} = 2090(\text{元})$$

从表 4－1 中可以看出，工资水平为 2250 元的员工数最多，其次是 1750 元的员工数，致使计算出来的平均工资就在 1750 元与 2250 元之间。可见，员工数的分布对平均工资的大小起着权衡轻重的作用，所以，在这里员工数就是权数。

2. 用相对数作权数

$$\overline{x}_A = x_1 \frac{f_1}{\sum_{i=1}^{n} f_i} + x_2 \frac{f_2}{\sum_{i=1}^{n} f_i} + \cdots + x_n \frac{f_n}{\sum_{i=1}^{n} f_i} = \sum x \frac{f}{\sum f} \quad (4-3)$$

对于[例 4－2]的资料，如果我们采用的权数是相对数，即员工比重为权数，计算出来的结果是一样的。

$$\overline{x}_A = \sum x \frac{f}{\sum f} = 2090(\text{元}) \quad (\text{表 } 4-1 \text{ 最后一栏数据})$$

实际上，用绝对数加权的计算过程是先乘后除，先乘出总体的标志总量（工资总额），再除以单位总量（员工人数）。而用相对数作权数则是先除后乘，即先除出每一组的人数比重，然后再乘以各组变量值，从而得到最后的平均工资。

权数的权衡轻重作用，具体体现在各组单位数在总体单位数中所占比重的大小上，如果各组次数的变动并没有引起结构比重的变动，平均数就不会发生变化。可见，用比重权数计算的加权算术平均数更能明确地显示权数的实质。

在计算加权算术平均数过程中，经常会遇到权数选择问题。一般来说，在分配数列条件下次数就是权数。但也有次数不合适作权数的情况，如由相对数或平均数计算平均数时权数的选择就应根据指标间的关系，考虑其加权结果要有实际的经济意义。

例 4－3　某公司所属 15 个企业生产计划完成情况资料如表 4－2 所示。

本例中，为了计算整个公司生产计划的平均完成程度，是以企业数为权数，还是计划产值为权数？企业数虽是完成销售计划不同程度的次数但并不是合适的权数．因为各企业生产规模不同。其生产成果也有差别，正确计算生产计划平均完成百分比，需用计划产值加权。再说，指标是说明总体的，要计算公司这个总体的平均计划完成百分数，也应该用公司的实际产值比公司的计划产值。

表 4－2　某公司所属 15 个企业生产计划完成情况

计划完成程度（%）	组中值（x）	企业数	计划产值（万元）（f）	实际产值（万元）（xf）
100 以下	95	2	800	760
100—110	105	8	2000	2100
110—120	115	5	1200	1380
合　计	—	15	4000	4240

计算如下：

$$\bar{x}_A = \frac{\sum xf}{\sum f} = \frac{4240}{4000} = 106\%$$

（四）算术平均数的数学性质

1. 算术平均数与总体单位数的乘积等于各变量值总和。

①简单式

$$\bar{x} \cdot n = \sum x \tag{4-4}$$

②加权式

$$\bar{x} \cdot \sum f = \sum xf \tag{4-5}$$

这个性质说明，平均数是所有变量值的代表值，根据平均数与次数可以推算出标志总量。此外，也可以检验算术平均数计算结果以及所使用的计算方法的正确与否。

2. 各变量值与其算术平均数的离差之和等于 0。

①简单式

$$\sum (x - \bar{x}) = 0 \tag{4-6}$$

②加权式

$$\sum (x-\bar{x})f=0 \tag{4-7}$$

可见,算术平均数必然介于所有的变量值之间,一部分变量值大于算术平均数,一部分变量值则小于算术平均数,并且大小正好相互抵消。

3. 各变量值与其算术平均数离差的平方之和为最小值。

①简单式

$$\sum (x-\bar{x})^2 \text{ 为最小} \tag{4-8}$$

②加权式

$$\sum (x-\bar{x})^2 f \text{ 为最小} \tag{4-9}$$

这是一个重要的数学性质,是统计学中基本的最小平方问题,只要是各变量值减去的不是其自身的算术平均数,则其离差平方和必然要大于以算术平均数为中心计算的离差平方和。可见,用算术平均数为中心点来反映变量值之间的离差程度,其灵敏度是很高的。所以,掌握这个性质对于理解后面将要学到的方差有着重要的意义。

4. 各变量值加减一任意数 A,算术平均数也加减这一任意数 A。

①简单式

$$\frac{\sum (x\pm A)}{n}=\bar{x}\pm A \tag{4-10}$$

②加权式

$$\frac{\sum (x\pm A)f}{\sum f}=\bar{x}\pm A \tag{4-11}$$

5. 各变量值乘除以一任意数 d,算术平均数也乘除以 d。

①简单式

$$\frac{\sum x\cdot d}{n}=\bar{x}\cdot d \tag{4-12}$$

②加权式

$$\frac{\sum x\cdot d\cdot f}{\sum f}=\bar{x}\cdot d \tag{4-13}$$

第 4 与第 5 的数学性质表明，对被平均的变量施加某种线性变换，新变量的算术平均数就等于对原变量的算术平均数施加同样线性变换的结果。即

$$\overline{a+bx}=a+b\bar{x} \tag{4-14}$$

另外，利用这两个数学性质，还可以对较复杂的变量值进行简化处理，使得计算过程简捷化。根据这两个性质，算术平均数的简捷计算公式可以列出多个，最好用也是最常用的是下面这个。

算术平均数的简捷计算公式：

$$\bar{x}=\frac{\sum(\frac{x\pm A}{d})f}{\sum f}\cdot d\mp A \tag{4-15}$$

6. 两个独立变量和的平均数，等于这两个独立变量平均数的和。即

$$\overline{x+y}=\bar{x}+\bar{y} \tag{4-16}$$

这一结论还可以推广到任意多个变量。

三、调和平均数

从数学的角度说，调和平均数（用$\bar{x}_H$ 表示）是各变量值倒数的算术平均数的倒数，故也称倒数平均数。即

$$\bar{x}_H=\frac{n}{\frac{1}{x_1}+\frac{1}{x_2}\cdots+\frac{1}{x_n}}=\frac{n}{\sum\frac{1}{x}} \tag{4-17}$$

从统计的角度说，统计所研究的对象都是具有一定经济意义的客观事物，所计算的数据都有其相应的经济内容，并非数学中抽象的数字。在统计分析中，无论是用算术平均数方法或用调和平均数方法计算，其结论都应该是一致的。也就是说，利用调和平均数方法计算，仍然应该保证标志总量与单位总量的比。在计算算术平均数时，通常所掌握的资料是变量值以及与其对应的单位数。如果所掌握的资料是变量值和与其对应的标志总量时，显然已不能直接采用算术平均数的方法，必须另寻计算途径，恰好调和平均

数计算公式为我们提供了解决这个问题的方法。所以，统计学中的调和平均数，其计算内容与计算结果都与算术平均数的相同，故许多教材都把调和平均数说成是算术平均数的变形，就是这个原因。

调和平均数有简单调和平均数和加权调和平均数两种。

（一）简单调和平均数

例 4-4 假设某市场某种蔬菜价格资料如下：

表 4-3 某种蔬菜价格各买一元的资料

	价格（元/500 克） x	购买金额 （元）	购买数量（500 克） $1/x$
早 市	0.50	1	2.0
午 市	0.40	1	2.5
晚 市	0.25	1	4.0
合 计	—	3	8.5

根据平均价格的计算内容：总金额÷总重量，显然，花了 3 元钱，购买了 8.5 斤重量的蔬菜，平均价格为 3÷8.5=0.353（元/500 克）。即

$$\bar{x}_H = \frac{n}{\sum \frac{1}{x}} = \frac{3}{8.5} = 0.353（元/500克）$$

可见，上式的子项 n 已不再是单位总量（总重量），而是每 500 克蔬菜的价格总和（总金额），虽然用的是调和平均数的计算公式，但是，它的计算内容仍然与算术平均数的完全相同，即总金额÷总重量。

（二）加权调和平均数

当各种价格所购买的金额不是 1 元，而是 m_i 元，这时计算平均价格就应采用加权调和平均数的方法。例见表 4-4 假设资料。

例 4-5 假设某快餐店在某市场购买某种蔬菜资料如下：

表 4－4　某种蔬菜价格各买 m_i 元的资料

	价格(元/500 克) x	购买金额(元) m	购买数量(500 克) m/x
早　市	0.50	13	26.0
午　市	0.40	20	50.0
晚　市	0.25	6	24.0
合　计	—	39	100.0

同样的，根据平均价格的计算内容：总金额÷总重量，显然，所掌握的资料是子项——购买金额，而母项则需通过金额除以价格计算得到，所以，平均价格为

$$\bar{x}_H = \frac{\sum m}{\sum \frac{1}{x}m} = \frac{39}{100} = 0.39(\text{元}/500\text{克})$$

此外，在计算相对指标的平均数时，应该注意其计算过程与结果仍然应与相对指标形式一致。当掌握相对指标的母项，而缺乏子项时或掌握子项而缺乏母项时，可分别采用算术或调和方法计算。

例 4－6　某公司下属 60 个企业的有关产值利润率资料如下：

表 4－5　某公司产值利润情况

产值利润率(%)	组中值 x	第一季度		第二季度	
		企业数	总产值(万元)	企业数	利润额(万元)
10 以下	5	15	400	22	30
10—20	15	35	5200	30	900
20—30	25	10	2400	8	850
合　计	—	60	8000	60	1780

根据上述资料计算该公司 60 个企业第一和第二季度的平均产值利润率。

表中给出的是按产值利润率分组的企业数以及总产值、利润额资料。要计算 60 个企业的平均产值利润率，实际上就是计算该公司的产值利润

率。根据产值利润率的基本公式：

$$产值利润率=\frac{利润额}{产值数}$$

显然，第一季度有总产值数（母项），而缺利润额（子项）。则应以产值数（分母）为权数，采用算术平均数的方法计算。即

$$\begin{aligned}\begin{matrix}一季度平均\\产值利润率\end{matrix}&=\frac{0.05\times400+0.15\times5200+0.25\times2400}{400+5200+2400}\\&=17.5\%\end{aligned}$$

而第二季度正好与第一季度的相反，所掌握的是利润额（子项），而缺产值数（母项）。这时则应以利润额（分子）为权数，采用的是调和平均数的方法。即

$$\begin{aligned}\begin{matrix}二季度平均\\产值利润率\end{matrix}&=\frac{30+900+850}{\frac{30}{0.05}+\frac{900}{0.15}+\frac{850}{0.25}}\\&=17.8\%\end{aligned}$$

在[例 4－3]中，如果所掌握的是实际产值（子项），而非计划产值（母项）时，也应该用调和平均的方法计算。

四、几何平均数

与算术平均数和调和平均数不同，几何平均数（用$\bar{x}_G$表示）通常不是用于计算静态的单位标志平均数的，而是用于计算在时间上相互衔接的比率的平均数。算术平均数和调和平均数，由个体的量综合到总体的量是相加的过程，而几何平均数则是相乘的过程。几何平均数也有简单的和加权的两种形式。

（一）简单几何平均数

$$\bar{x}_G=\sqrt[n]{x_1\cdot x_2\cdots x_n}=\sqrt[n]{\prod x} \qquad (4-18)$$

例 4－7 某机械厂有毛坯、粗加工、细加工和装配四个连续作业的生产车间。某批产品经这四个车间进行加工生产，其合格率分别为：毛坯车间

95%、粗加工车间92%、细加工车间94%、装配车间98%，求四个车间的平均合格率。

由于后续车间的合格率是在前一车间的合格品数量的基础上计算的，所以各车间的合格率总和不等于全厂的总合格率。就是说，它们之间的关系不是相加关系，而是乘积关系，因此应该用几何平均数的方法计算。

平均合格率为：

$$\bar{x}_G=\sqrt[n]{x_1\cdot x_2\cdots x_n}=\sqrt[4]{0.95\times0.92\times0.94\times0.98}=94.73\%$$

(二) 加权几何平均数

当各变量值出现的次数不相同时，则应该用加权几何平均数。不过，由于计算几何平均数的变量值通常是时间上相互衔接的比率，而这个比率不断出现多次的情况比较少见，所以加权几何平均数实际中用得不多，较多情况是在计算平均利率(而且还必须是复利情况下)时使用。

$$\bar{x}_G=\sqrt[f_1+f_2+\cdots+f_n]{x_1^{f_1}\cdot x_2^{f_2}\cdots x_n^{f_n}}=\sqrt[\sum f]{\prod x^f} \tag{4-19}$$

例4-8 设某笔为期20年的投资按复利计算收益，前6年年利率为8%，中间10年的年利率为7%，最后4年的年利率为5%，则20年后的本利率(本利和与本金的比)为：

$$1.08^6\times1.07^{10}\times1.05^4=3.7944$$

从而，整个投资期内的平均年利率为：

$$\sqrt[20]{1.08^6\times1.07^{10}\times1.05^4}-1=1.0689-1=0.0689=6.89\%$$

五、幂平均数及其性质

统计上常用的各种数值平均数一般都可以概括为幂平均形式，借此，进一步考察其相互关系。

对于给定的一组变量值：$x=(x_1,x_2,\cdots,x_n)$，它们的"k阶幂平均数(用M_k表示)"就定义为：

1. 简单式

$$M_k = \left[\frac{\sum x^k}{n}\right]^{\frac{1}{k}} \tag{4-20}$$

2. 加权式

$$M_k = \left[\frac{\sum x^k f}{\sum f}\right]^{\frac{1}{k}} \tag{4-21}$$

其中：$x_i>0$，k 为任意整数。

幂平均数的阶数 k 是一个重要的“型参数”。当它取不同的整数值时，幂平均公式就给出各种不同的数值平均数形式。即

当 $k=1$ 时，　则 M_1 就是算术平均数 $\bar{x}_A$；

当 $k=-1$ 时，　M_{-1} 就是调和平均数 $\bar{x}_H$；

当 $k=2$ 时，　M_2 就是平方平均数的平方根 S；

当 $k=0$ 时，　M_0 的极限就给出几何平均数 $\bar{x}_G$。

幂平均数还具有一个重要的数学性质：M_k 是型参数 k 的单调不减函数，即

当　$k_1<k_2$ 时，必有 $M_1<M_2$

作为该性质的一个简单推论，可以得到各种常用数值平均数的一般数量关系：

$$S\geqslant\bar{x}_A\geqslant\bar{x}_G\geqslant\bar{x}_H \tag{4-22}$$

需要指出的是，(1)上面的结论要成立，必须符合一个基本条件，这就是：用于比较的各种数值平均数都应该是依据同样的变量值资料计算的。(2)如果用于计算的数据资料是一组变量值，则式(4-22)无等号；只有当这组数据不存在差异时(即资料为常数)，才包含等号。

第二节　分布的集中趋势(2)——位置平均数

与前述的“数值平均数”不同，位置平均数并不是统计数列中所有变量值平均的结果，而是以处于某种特殊位置上的或者是普遍出现的标志值作

为总体一般水平的代表值。因此，统计总体或统计数列中某些数据的变动，不一定会使位置平均数的大小受到影响，尽管如此，位置平均数对于整个总体仍然具有非常直观的代表性。常用的位置平均数有众数和中位数等。

一、众数

众数（用 m_o 表示）是被研究总体中出现次数最多的变量值，它是总体中最常遇到的变量值，是最普遍、最一般的，因而，可以用来说明社会经济现象的一般水平。在实际工作中，众数被广泛运用。例如，说明消费者需要的鞋、袜、帽等最普遍的尺码，集市贸易市场某种商品最普遍的价格水平，企业工人中最普遍的工资，等等，常用它来说明总体各单位某一数量标志值的一般水平。但必须指出，众数只有在总体内单位充分多时才有意义。

由于众数是普遍出现的变量值，在未分组的资料中，难于看出哪个变量值出现次数最多，所以，众数的确定通常仅对分组资料。

（一）单项式分配数列确定众数

在单项数列中确定众数，比较简单，只需要观察找出次数最多的那个变量值即为众数。

例 4－9 根据某班学生的年龄资料求众数。

表 4－6 某班学生的年龄分组资料

年龄分组（岁）	18	19	20	21	合 计
学生人数（人）	5	24	10	1	40

表中可见，19 岁的学生人数最多，有 24 人，19 岁就是众数。

（二）组距式分配数列确定众数

根据组距式数列确定众数，则需按公式计算近似值。众数的计算有下限公式和上限公式两种：

1. 下限公式

$$m_o = L + \frac{f_{m_0} - f_{m_0-1}}{(f_{m_0} - f_{m_0-1}) + (f_{m_0} - f_{m_0+1})} \cdot d \qquad (4-23)$$

2. 上限公式

$$m_o = U - \frac{f_{m_0} - f_{m_0+1}}{(f_{m_0} - f_{m_0-1}) + (f_{m_0} - f_{m_0+1})} \cdot d \qquad (4-24)$$

上述两式中：

L 与 U 分别表示众数所在组的下限和上限；

d 为众数所在组的组距；

f_{m_0}、f_{m_0-1} 和 f_{m_0+1} 分别为众数所在组、前一组和后一组的次数。

例 4－10 仍以[例 4－2]，某公司员工月工资分组资料如下：

表 4－7 某公司员工月工资资料

月工资分组(元)	组中值(x)	员工数(f)
1000—1500	1250	8
1500—2000	1750	12
2000—2500	2250	20
2500—3000	2750	8
3000 以上	3250	2
合　计	—	50

按下限公式计算其众数：

$$m_o = L + \frac{f_{m_0} - f_{m_0-1}}{(f_{m_0} - f_{m_0-1}) + (f_{m_0} - f_{m_0+1})} \cdot d$$

$$= 2000 + \frac{20-12}{(20-12)+(20-8)} \times 500$$

$$= 2200(\text{元})$$

即该公司 50 名员工的月工资众数为 2200 元。

计算和应用众数的条件是总体单位数较多而且有明显的集中趋势，如果总体单位数很少或无明显的集中趋势，求众数没有什么意义。如果各标志值的次数相同，则众数不存在；当有两个标志值的次数都很多时，可以认为存在两个众数，但多了就不能体现总体的集中趋势，不过，这时众数的代表性比加权算术平均数要差。

二、中位数

将总体中各单位标志值按大小顺序排列，处于中间位置的那个标志值就是中位数（用 m_e 表示）。显然，在总体的所有标志值中，一半大于中位数，一半小于中位数，用这样一个中等水平的标志值来表示总体的一般水平，同样是具有非常直观的代表性意义的。

根据所掌握的资料不同，中位数的确定有三种不同的情况。

（一）资料未经分组时中位数的确定

其确定方法是将各单位的标志值按大小顺序排列，处于中间位置的标志值（变量值）就是中位数。也就是先将总体各单位的标志值按大小顺序排列，然后再确定中位数所在位置，无论数列项数是奇数或偶数，中位数的位置均为

$$\text{中位数所在位置}=\frac{n+1}{2}$$

处于这个位置上的标志值就是中位数。

（二）资料按单项分组时中位数的确定

由于资料已经单项分组，其大小顺序已在分组数列中予以体现，所以只要在单项分组数列中，计算累计频数，然后再确定中位数所在位置，为

$$\text{中位数所在位置}=\frac{\sum f+1}{2}$$

处在这个位置上所对应的标志值就是中位数。

（三）资料按组距分组时中位数的确定

对于组距式变量数列，首先必须计算累计频数，再从累计频数这一栏中由总频数的一半$\left(\frac{\sum f}{2}\right)$找到中位数所在组，根据该组的上、下限得到中位

数的可能取值范围，进而利用公式计算中位数。计算中位数同样有下限公式和上限公式两种：

1. 下限公式

$$m_e = L + \frac{\frac{\sum f}{2} - S_{m_e-1}}{f_{m_e}} \cdot d \tag{4-25}$$

2. 上限公式

$$m_e = U - \frac{\frac{\sum f}{2} - S_{m_e+1}}{f_{m_e}} \cdot d \tag{4-26}$$

上述两式中：

L 与 U 分别表示中位数所在组的下限和上限；

d 为中位数所在组的组距；

S_{m_e-1} 和 S_{m_e+1} 分别表示中位数所在组前面各组的累计次数和中位数所在组后面各组的累计次数；

f_{m_e} 则是中位数所在组的次数。

例 4-11 仍以[例 4-2]为例，某公司员工的月工资分组以及员工人数的累计资料如下：

表 4-8 某公司员工月工资资料

月工资分组(元)	员工数(f)	向上累计人数	向下累计人数
1000—1500	8	8	50
1500—2000	12	20	42
2000—2500	20	40	30
2500—3000	8	48	10
3000 以上	2	50	2
合 计	50	—	—

按下限公式计算其中位数：

$$m_e = L + \frac{\frac{\sum f}{2} - S_{m_e-1}}{f_{m_e}} \cdot d$$

$$= 2000 + \frac{\frac{50}{2} - 20}{20} \times 500$$

$$= 2125(\text{元})$$

按下限公式计算其中位数：

$$m_e = U - \frac{\frac{\sum f}{2} - S_{m_e+1}}{f_{m_e}} \cdot d$$

$$= 2500 - \frac{\frac{50}{2} - 10}{20} \times 500$$

$$= 2125(\text{元})$$

由于中位数是处于最中间位置的标志值，它不受两头极端值的影响，所以有时比算术平均数更具代表性。

从以上关于众数和中位数的计算说明，它不像算术平均数那样，把总体各个单位标志值差异抵消，因而应该把它们看成为对现象总体一般水平描述的重要补充指标。

众数和中位数也是平均指标之一，也能代表总体所达到的一般水平，经常与算术平均数同时使用。当现象总体包含有极大或极小标志值，尤其适合于计算众数和中位数，因为这些极大或极小标志值对于总体不太有代表性，但却极大地影响了算术平均数的数值，而对众数和中位数却不造成影响，所以众数与中位数也就成为非常有价值的统计分析指标。

三、其他分位数

上面的中位数作为分布数列中处于中等水平的代表值，能够将全部总体单位按标志值的大小等分为两个部分，因此，中位数也称为“1/2 分位数”或“二分位数”。类似地，我们还可以定义出其他的分位数，如四分位数、八分位数、十分位数和百分位数，等等。

一般地，称能够将全部总体单位按标志值大小等分为 A 个部分的数值为“A 分位数”。显然，这样的 A 分位数共有 A－1 个。确定各种分位数旨在进一步把握总体的分布范围和内部结构。与中位数和众数一样，这些分位数也反映了总体分布的位置特征。尽管它们一般并不表明分布的集中趋势（也即本身不属于位置平均数），但却可以作为考察分布的集中趋势和变异状况的有效工具，尤其是在强调“稳健性”和“耐抗性”的现代探索性数据分析中，分位数这一工具获得了许多重要运用。较为常用的分位数有：

（一）四分位数

将总体各单位的所有标志值按大小顺序排列后，再将其等分成四个部分，介于四部分之间的三个数值就是四分位数。这三个四分位数分别记为 Q_1、Q_2 和 Q_3。第一个四分位数 Q_1 也叫做“1/4 分位数”或“下四分位数”；第二个四分位数 Q_2 就是中位数；第三个四分位数 Q_3 也叫做“3/4 分位数”或“上四分位数”。

在总体所有 n 个单位的标志值都已经按大小顺序排列的情况下，三个四分位数的位次分别为：

Q_1 的位次$=\dfrac{n+1}{4}$

Q_2 的位次$=\dfrac{2(n+1)}{4}=\dfrac{n+1}{2}$（即为中位数位置）

Q_3 的位次$=\dfrac{3(n+1)}{4}$

如果$(n+1)$恰好为 4 的倍数，则按上面公式计算出来的位次都是整数，这时，各个位次上的标志值就是相应的四分位数。

如果$(n+1)$不是 4 的倍数，按上面公式计算出来的四分位数的位次就可能带有小数（也即是一个带分数），这时，有关的四分位数就应该是与该带分数相邻的两个整数位次上的标志值的某种加权算术平均数，权数的大小则取决于两个整数位次与四分位数值次（带分数）距离的远近，距离越近权数越大，距离越远权数越小。

当给定的总体单位数为 50，容易确定：

Q_1 的位次$=51\div4=12.75$

Q_2 的位次$=51\div2=25.5$

Q_3的位次$=3\times 51\div 4=38.25$

这时三个四分位数就是：

$Q_1=0.25x_{12}+0.75x_{13}=x_{12}+0.75(x_{13}-x_{12})$

$Q_2=0.50x_{25}+0.50x_{26}=x_{25}+0.50(x_{26}-x_{25})$

$Q_3=0.75x_{38}+0.25x_{39}=x_{38}+0.25(x_{39}-x_{38})$

以上的方法适用于总体未分组的资料和单项式变量数列。对于组距式变量数列，计算四分位数的基本原理与中位数相类似。

从变量数列的累计频数栏中找出位次分别为$\frac{\sum f}{4}$、$\frac{\sum f}{2}$和$\frac{3\sum f}{4}$的组，即三个四分位数所在的组，这些组的上、下限分别规定了三个四分位数的可能取值范围；并假定在三个四分位数所在组中，有关标志值的分布是均匀的，则可利用下面的公式计算四分位数的近似值（为简单计，这里仅给出下限公式）：

$$Q_1=L_{Q_1}+\frac{\frac{\sum f}{4}-S_{Q_1-1}}{f_{Q_1}}\cdot d_{Q_1} \tag{4-27}$$

$$Q_2=L_{Q_2}+\frac{\frac{\sum f}{2}-S_{Q_2-1}}{f_{Q_2}}\cdot d_{Q_2}=m_e \tag{4-28}$$

$$Q_3=L_{Q_3}+\frac{\frac{3\sum f}{4}-S_{Q_3-1}}{f_{Q_3}}\cdot d_{Q_3} \tag{4-29}$$

式中，$S_{Q_i-1}(i=1、2、3)$是到第i个四分位数所在组的前面一组为止的向上累计频数，d_{Q_i}是第i个四分位数所在组的组距。

在四分位数的基础上，逐次地对半等分总体的各个部分，就得到八分位数、十六分位数、三十二分位数，等等。

（二）十分位数

十分位数是能够将总体中的全部标志值按大小等分为十个部分的九个数值，分别记为$D_1, D_2, \cdots, D_9$。第一个十分位数D_1也叫做“1/10 分位数”

或“下十分位数”；第二个十分位数 D_2 也叫做“2/10 分位数”，第五个十分位数 D_5 就是中位数；第九个十分位数 D_9 也叫做“9/10 分位数”或“上十分位数”。

在掌握了四分位数的确定方法后，十分位数的确定方法可以依此类推。显然，当总体所有 n 个单位的标志值都已经按大小顺序排列的情况下，九个十分位数的位次应该分别为：

$$D_1\text{的位次}=\frac{n+1}{10}$$

$$D_2\text{的位次}=\frac{2(n+1)}{10}$$

$$D_3\text{的位次}=\frac{3(n+1)}{10}$$

……

$$D_9\text{的位次}=\frac{9(n+1)}{10}$$

如果$(n+1)$恰好为 10 的倍数，则按上面公式计算出来的位次都是整数，这时，各个位次上的标志值就是相应的十分位数；如果$(n+1)$不是 10 的倍数，按上面公式计算出来的位次就可能是带分数，这时，有关的十分位数同样应该是与该带分数相邻的两个整数值次上的标志值的加权算术平均数，方法与四分位数的相同。至于组距式变量数列的十分位数计算方法，基本原理也与四分位数相同，可以仿照上面的有关程序进行，故此处从略。

在十分位数的基础上，逐次地对半等分总体的各个部分，还可以得到二十分位数、四十分位数、八十分位数，等等。除此之外，统计学上有时还用到百分位数等，其计算原理是共通的。

应该注意的是，在实际运用分位数时，分位的程度越高、分位数的个数越多，它所要求的资料项数也越多。对于少数几项资料运用较高程度的分位数是没有什么实际分析意义的。例如，当总体只有十来个单位时，计算四分位数、八分位数甚至十分位数，显然作用不大；而当资料很多时，这种计算的必要性才会体现出来。

四、算术平均数($\overline{X}_A$)与众数(m_o)、中位数(m_e)的关系

根据算术平均数的数学性质可知,算术平均数对于整个总体或分布数列显然具有很强的代表性。而众数和中位数的代表性虽然不如算术平均数那么严格,但却非常直观,而且常常与人们对有关现象水平的实际感受相吻合。例如,在消费者的心目中,某种商品的一般价格水平在很大程度上取决于他日常购买时出现最多的价格,或者中等水平的价格,而不一定是按算术平均方式计算出来的价格。这说明它们在代表性方面各有特点,彼此之间是不能相互替代的。

算术平均数的数学性质还使它具有便于计算和分析的特点。例如,当我们对被平均变量施行某种线性变换后,新变量的算术平均数总是等于对原变量的算术平均数施行同样线性变换后的结果,即$\overline{a+bx}=a+b\overline{x}$。众数和中位数却不像算术平均数那样具有优越性,这主要表现在两个方面:

1. 已知两个变量各自的算术平均数,则容易推出这两个变量的代数和的算术平均数,即$\overline{x+y}=\overline{x}+\overline{y}$。对于多个变量类似的此性质也成立。例如,已知某校一年级小学生的语文平均成绩$\overline{x}$为 85 分,数学平均成绩$\overline{y}$为 88 分,则两门功课总成绩的平均数$\overline{x+y}$就是:85+88=173 分。而众数和中位数就没有这样的优点,也就是说,即使我们分别知道了两门功课考试成绩的众数或中位数,也无法由此推出两门功课总分的众数或中位数。

2. 已知两个总体各自的算术平均数和总体单位数,当我们将这两个总体合成一个新的更大总体时,则容易推出这个新总体的算术平均数为:

$$\overline{x}=\frac{\overline{x}_1 n_1+\overline{x}_2 n_2}{n_1+n_2} \tag{4-30}$$

对于多个总体此性质同样成立。例如,已知某市 60 万城镇居民的人均年收入为 9200 元,80 万农村居民的人均年收入为 3600 元,则全市 140 万城乡居民的人均年收入就是:

$$\overline{x}=\frac{9200\times 60+3600\times 80}{60+80}=6000(\text{元})$$

同样的众数和中位数没有这优点。例如,即使我们分别知道了城镇和

农村居民年收入的众数或中位数，也无法由此推出全市居民年收入的众数或中位数。

当总体分布属于具有明显集中趋势的钟形分布时，算术平均数、众数和中位数三者之间的数量关系存在这样几种情况。一般情形下，算术平均数、众数和中位数三者可以有不同的取值，但在对称钟形分布情形下，它们三者恰好是重合的（见图 4－1a），即：$\overline{x}=m_e=m_o$。

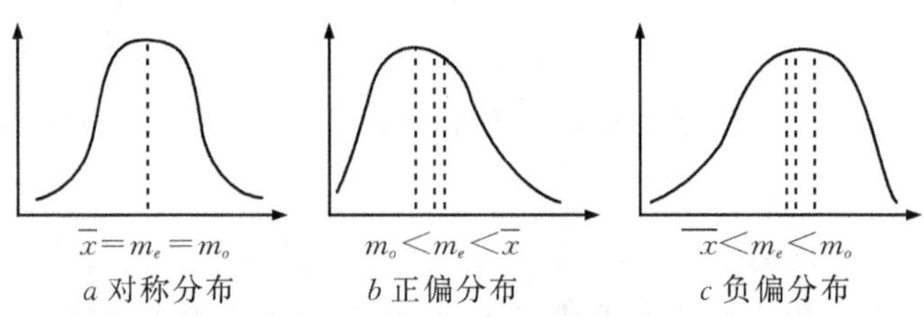

图 4－1　钟形分布时三种集中趋势的关系

然而，在分布呈现偏斜的情形下，三种集中趋势的数量水平通常存在差异，它们之间的大小关系可能出现各种不同的组合。不过，在一定条件下，经过著名统计学家卡尔·皮尔生（K. Pearson）的研究，得到如下的经验规则（即"皮尔生规则"）：在钟形分布只存在适度或轻微偏斜的情形下，中位数一般介于众数与算术平均数之间，并且，中位数与算术平均数的距离，大约只是中位数与众数之间距离的一半（见图 4－1b、c）。即

$$|m_e-m_o|\approx 2|\overline{x}-m_e| \tag{4-31}$$

由此可得

$$m_o\approx 3m_e-2\overline{x}\quad 或\quad \overline{x}\approx(3m_e-m_o)\div 2$$

皮尔生经验规则在分析上有两种用途：一是判别分布的偏斜方向和程度，二是进行三种集中趋势之间的相互推算。但作为一个经验规则，其作用毕竟是十分有限的，而且有着很严格的条件。通常，只有在总体单位数很多，形成轻微偏斜的钟形分布，且分布曲线十分光滑的情形下，才会近似地呈现出该规则所描述的各种关系。否则，完全有可能得出与该经验规则相悖的结果。实际上，皮尔生规则所反映的主要是一些连续型理论分布的近似关系，对于频数或频率分布则不一定适合。

第三节　分布的离散程度

一、变异指标概述

变异指标是用于反映总体标志离散程度的统计分析指标，也叫标志变动度。

与平均指标一样，变异指标也是统计分析和一般经济分析中广泛运用的指标形式，但两者的分析作用却互不相同。从统计分布数值特征的角度说，平均指标旨在反映总体的一般水平或分布的集中趋势，为了做到这一点，它必须将总体各单位的个别数值差异抽象化，着重体现总体分布的集中点。然而。总体内部各单位之间的数值差异或变异毕竟是客观存在的，它们是总体分布的一个重要特征，这种特征在统计研究中是不可忽视的，所以变异指标则着重体现总体分布的分散情况。

例如，给出三个总体的分布图形（见图 4－2），它们的集中趋势（平均数）相同，但这并不表明两者分布特征完全相同，因为它们的变异状况或离散程度存在明显的差别。甲的离散最小，乙的次之，而丙的离散最大。离散程度不同就意味着变量在平均数周围分布的密集程度不同，从而同样的平均数对于两个总体显然具有不同的代表性。可见，分布的集中趋势与离散程度是两个同样重要的特征，都必须通过适当的指标来加以测定和分析。

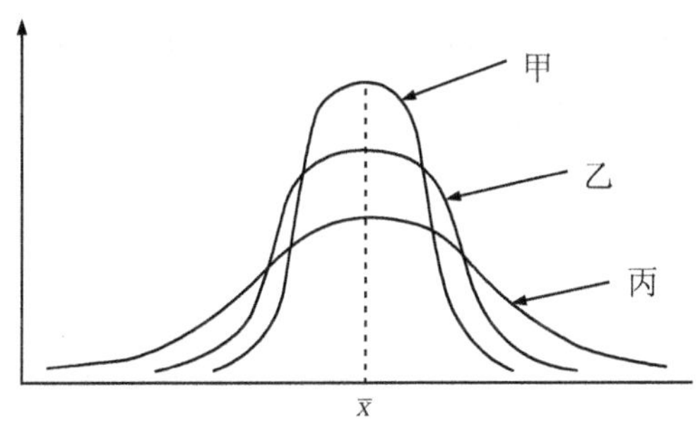

图 4－2　离散程度不同的分布

变异指标就是用来刻画总体分布的变异状况或离散程度的指标。通过变异指标还可以反映平均指标的代表性程度，说明现象或过程的均衡程度与稳定程度，等等。在统计分析中，变异指标与平均指标是相互补充的，常常需要结合起来加以运用。

分布的离散程度可以从不同角度，运用不同的变异指标进行考察。常见的变异指标有极差、分位差、平均差、标准差和方差，以及变异系数等等，其中标准差是最为重要的变异指标。

二、变异指标的种类及其计算方法

（一）变异全距

变异全距是总体所有的变量值中最大值与最小值之差，简称全距，又称极差，用 R 表示。其公式为：

$$R=x_{max}-x_{min} \tag{4-32}$$

对于未分组资料和单项变量数列资料，计算全距只要从所有的变量值当中找出最大值和最小值对减就行。而对于组距式变量数列，则是由最高组的上限减去最低组的下限来近似地表示。

全距的计算很简单，涵义直观，运用方便，能够反映总体分布的两极差异，实际中常用于控制产品的质量，使得产品的质量控制在两极范围内。全距存在的不足之处有：一是它仅仅取决于两个极端值的水平，不能反映其间的变量分布情况；二是它受极端值的影响过于显著，不符合稳健性和耐抗性的要求；三是对于组距式变量数列所确定的全距与实际的全距，闭口组时可能偏大，而开口组时又可能偏小，为此，还需运用其他的变异指标。

（二）平均差

平均差是总体各单位标志值对其算术平均数的绝对离差的算术平均数，也叫平均绝对偏差，用 $A.D$ 表示。其公式有简单式和加权式两种。即

1. 简单式：

$$A.D=\frac{\sum|x-\overline{x}|}{n} \tag{4-33}$$

2. 加权式：

$$A.D=\frac{\sum|x-\overline{x}|f}{\sum f} \tag{4-34}$$

平均差的基本思路是：由于总体各单位标志值与其平均数的离差总和恒等于零，为计算平均偏差，首先对其取绝对值，以消除正负抵消为零问题。从分析意义上说，该平均差概括反映了总体所有标志值变异状况，因而可作为刻画分布离散程度的一个综合性指标。

例 4-12 仍以[例 4-2]为例，列计算表如下：

表 4-9 某公司员工月工资资料

月工资分组(元)	组中值(x)	员工数(f)	$\|x-\overline{x}\|$	$\|x-\overline{x}\|f$
1000—1500	1250	8	840	6720
1500—2000	1750	12	340	4080
2000—2500	2250	20	160	3200
2500—3000	2750	8	660	5280
3000 以上	3250	2	1160	2320
合　计	—	50	—	21600

该公司员工的月工资平均差为：

$$A.D=\frac{\sum|x-\overline{x}|f}{\sum f}=\frac{21600}{50}=432(\text{元})$$

计算结果表明，50 名员工的月工资收入有高有低，若以算术平均数为中心点来计算，50 名员工的月工资收入平均相差 432 元。

平均差虽然分析意义完整，但因需要对离差取绝对值计算，这种处理方法带有主观因素，计算过程繁琐，数学性质也不十分理想，故在实际中较少运用，常用的变异指标是标准差或方差。

(三) 标准差和方差

标准差(也称均方差,用 σ 表示)是总体各单位标志值对其算术平均数的离差平方的平均数,再开平方的结果。

方差(用 σ^2 表示),标准差的平方就是方差,实际上就是总体各单位标志值对其算术平均数的离差平方的平均数。

标准差指标的分析意义与平均差的相类似,只是处理各变量值对算术平均数的正负离差相互抵消问题,不是采用取绝对值,而是采用平方的办法,这种办法在数学上又能满足最小平方的性质,其灵敏度高,数学性质理想,是统计分析中最常用,也是最重要的变异指标。以下分别就变量总体和属性总体介绍标准差的计算。

1. 关于变量总体的标准差(用 σ_x 或 $\sqrt{Var(X)}$ 表示)

(1) 标准差的计算公式:其公式有简单式和加权式两种。即

①简单式:

$$\sigma_x = \sqrt{\frac{\sum (x-\bar{x})^2}{n}} \tag{4-35}$$

②加权式:

$$\sigma_x = \sqrt{\frac{\sum (x-\bar{x})^2 f}{\sum f}} \tag{4-36}$$

例 4-13 仍以[例 4-2]为例,列计算表如下:

表 4-10 某公司员工月工资资料

月工资分组(元)	组中值(x)	员工数(f)	$(x-\bar{x})$	$(x-\bar{x})^2$	$(x-\bar{x})^2 f$
1000—1500	1250	8	−840	705600	5644800
1500—2000	1750	12	−340	115600	1387200
2000—2500	2250	20	160	25600	512000
2500—3000	2750	8	660	435600	3484800
3000 以上	3250	2	1160	1345600	2691200
合　计	—	50	—	—	13720000

该公司员工的月工资标准差为：

$$\sigma_x = \sqrt{\frac{\sum (x-\overline{x})^2 f}{\sum f}} = \sqrt{\frac{13720000}{50}} = 523.83(\text{元})$$

方差 $\sigma_x^2 = 274400$

（2）方差的数学性质

①如果 c 为常数，则

$$Var(c)=0 \tag{4-37}$$

即常数的方差为 0，这个性质说明，常数是不存在变异的。

②如果 c 为常数，则

$$Var(X \pm c)=Var(X) \tag{4-38}$$

说明各变量值加减一任意常数，方差不变，即所谓的平移不变；另外，还需说明的是，上面介绍的极差和平均差也具有这个性质，也是平移不变量。

③如果 c 为常数，则

$$Var(cX)=c^2 Var(X) \tag{4-39}$$

说明各变量值乘除以一任意数 c，方差将乘除以这个数的平方，而标准差也会乘除以 c；同样的极差和平均差也具有与标准差相同的这个性质。

④X、Y 为两个相互独立的随机变量，则

$$Var(X \pm Y)=Var(X)+Var(Y) \tag{4-40}$$

两个独立变量和或差的方差，等于这两个独立变量方差的和。

⑤$Var(X)=E(X^2)-[E(X)]^2$ (4-41)

也可以写成：$\sigma_x^2 = \overline{X^2} - (\overline{X})^2$，即变量方差是等于这个变量的平方平均数减去这个变量平均数的平方。

⑥对于同一变量分布，其标准差始终不会小于平均差。即

$$A.D_x \leqslant \sigma_x \tag{4-42}$$

如果将平均差与标准差进行比较，其比值统计上称为“基利比(*Geary's Ratio*)”，用 r_G 表示。即

$$r_G = \frac{A.D_x}{\sigma_x} \tag{4-43}$$

特别地，当总体服从正态分布时，基利比为

$$r_G = \frac{A.D_x}{\sigma_x} = \sqrt{\frac{2}{\pi}} = 0.798$$

反之 $$A.D_x = \sqrt{\frac{2}{\pi}}\sigma_x \approx 0.798\sigma_x \quad (4-44)$$

(3) 标准差的简捷计算

根据上述②、③与⑤的数学性质，可得标准差的简捷计算公式：

$$\sigma_x = d \cdot \sqrt{\frac{\sum\left(\frac{x \pm x_0}{d}\right)^2 f}{\sum f} - \left(\frac{\sum\left(\frac{x \pm x_0}{d}\right) f}{\sum f}\right)^2} \quad (4-45)$$

其中 x_0 与 d 是任意常数。

按公式(4-36)计算，由于要受到$\bar{x}$的限制，标准差的计算很麻烦，如[例4-13]中(见表4-10)，计算过程比较复杂，若遇到算术平均数除不尽，带有小数，则计算更为困难。要是按公式(4-45)计算，整个计算过程就变得很简单。列计算表如下(见表4-11)：

设 $x_0=2250, d=500$。

表 4-11　某公司员工月工资资料

月工资分组(元)	组中值 (x)	员工数 (f)	$\frac{x-x_0}{d}$	$\frac{x-x_0}{d}f$	$\left(\frac{x-x_0}{d}\right)^2 f$
1000—1500	1250	8	−2	−16	32
1500—2000	1750	12	−1	−12	12
2000—2500	2250	20	0	0	0
2500—3000	2750	8	1	8	8
3000 以上	3250	2	2	4	8
合　计	—	50	—	−16	60

将表中计算结果代入公式(4-45)，得

$$\sigma_x = d \cdot \sqrt{\frac{\sum\left(\frac{x - x_0}{d}\right)^2 f}{\sum f} - \left(\frac{\sum\left(\frac{x - x_0}{d}\right) f}{\sum f}\right)^2}$$

$$= 500 \times \sqrt{\frac{60}{50} - \left(\frac{16}{50}\right)^2} = 523.83(\text{元})$$

显然利用这种简捷计算方法的计算结果与一般方法的结果是一样的，但计算过程就要简便得多，所以，当所掌握的数据比较复杂时，可考虑采用简捷法计算。

2. 关于属性总体的标准差(用 σ_p 表示)

社会经济统计分析，经常要研究现象总体的所有单位中，具有某种属性的单位占有多少比重，而不具备这种属性的单位又占有多少比重。比如，研究一批产品的质量问题，一般可从两方面入手。一方面研究其平均使用寿命，以说明产品本身的质量；另一方面，则从这批产品中合格品数量占有多少比重，即计算合格率以说明这批产品生产过程中的工作质量。前者属于变量总体问题，而后者就是属性总体问题。对于后者，每一件产品要么就是合格品，要么就是不合格品。是合格品就不会是不合格品，是不合格品就不会是合格品。再如，研究人口的性别，每一个人要么就是男性，要么就是女性。是男性的就不会是女性，是女性的就不会是男性。这种用是和非表示的属性，社会经济统计中称其为是非标志或交替标志。

社会经济现象是错综复杂的，统计所涉及的问题经常也是复杂多样的。当统计研究的是现象的是与否、有与无、属于或不属于、具备或不具备等这些问题时，均可按属性总体的是非标志进行处理。所以，对于这方面问题的研究，也是统计分析中重要的不可缺少的一个部分。

是非标志既然用“是”、“否”或“有”、“无”等文字来回答，统计分析中，显然要对其进行量化。用 1 表示“是”、“有”等；而用 0 表示“否”、“无”等是极好的选择，当然，这种选择是具有相当的统计意义的，并且，统计上称这种变量 x 为 0—1 变量(其分布是离散随机变量的 0—1 分布，或叫两点分布)。在单位数为 N 的总体中，记具有某种属性(即取值为 1)的单位数为 N_1，其所占比重 $p=\frac{N_1}{N}$；记不具有某种属性(即取值为 0)的单位数为 N_0，其所占比重 $q=\frac{N_0}{N}$，p 与 q 称为成数，则 $p+q=1$。

量化后的是非标志，其算术平均数和标准差的计算成为可能。计算过程见表 4 - 12。

表 4 - 12　是非标志的平均数和标准差计算表

标志值（变量值）	单位比重（成数）		离　差（$\bar{x}=p$）	离差平方	加　权
x	$\frac{f}{\sum f}$	$x\frac{f}{\sum f}$	$x-\bar{x}$	$(x-\bar{x})^2$	$(x-\bar{x})^2\frac{f}{\sum f}$
1 0	p q	p 0	$1-p$ $0-p$	$(1-p)^2$ $(0-p)^2$	$(1-p)^2p$ $(0-p)^2q$
合　计	1	p	—	—	q^2p+p^2q

得是非标志的平均数为：

$$\bar{x}_p=\sum x\frac{f}{\sum f}=p \tag{4-46}$$

是非标志的标准差为：

$$\sigma_p=\sqrt{q^2p+p^2q}=\sqrt{pq(p+q)}=\sqrt{p(1-p)} \tag{4-47}$$

由上述公式可知，是非标志的平均数就是总体各单位所具有的 1 与 0 这两个变量值的平均数，也就是具有某种属性的单位数在总的单位数中所占的比重 p；是非标志的标准差则是具有某属性的成数 p 与不具有这个属性的成数 q 的乘积平方根，也就是以这两个成数为变量值的几何平均数，而且，当 $p=q=0.5$ 时，0—1 变量分布的方差达到最大的可能值，即 0.25。这是该种分布所特有的一个重要性质。

实际上，这就是二点分布（0—1 分布）的问题。变量 x 取值为 1 和 0，其相应的概率为 p 和 q，并且期望值 $E(x)=p$，方差 $Var(x)=p(1-p)$。而且，这也是在一次试验情况下的二项分布。

3. 总方差和组内方差、组间方差

前面[例 4 - 12]中计算方差的数字依据是各组的组中值，而组中值本身是假定了组内变量值均匀分布后，作为该组一般水平的代表值，具有平均数的作用。显然组内各变量值的差异通过组中值已被完全掩盖，所以，利用组中值计算的方差，并非反映总体各单位标志差异的真正方差，而仅仅是反映了组与组之间组中值差异的方差。在此，组内各变量值的差异已被忽视。所以，在组距分组情况下，变量的实际总方差总是由组间方差和组内方差构成。

(1) 总方差。反映总体各单位标志值的真正差异程度的方差,其公式如下:

$$\sigma_{总}^2 = \frac{\sum_{j=1}^{f_i}\sum_{i=1}^{n}(x_{ij}-\overline{x})^2}{\sum_{i=1}^{n}f_i} \tag{4-48}$$

(2) 组内方差。组距数列中,反映各组内部变量值变异程度的方差就是组内方差。其公式为:

$$\sigma_i^2 = \frac{\sum_{j=1}^{f_i}(x_{ij}-\overline{x}_i)^2}{f_i} \tag{4-49}$$

(3) 组间方差。组间方差就是各组平均数与总平均数离差平方的算术平均数,它反映了组与组之间的差异程度。其公式为:

$$\sigma_{间}^2 = \frac{\sum_{i=1}^{n}(\overline{x_i}-\overline{x})^2 f_i}{\sum_{i=1}^{n}f_i} \tag{4-50}$$

上述三式中,i 为组数,$i=1,2,\cdots,n$;j 为各组内的单位数,$j=1,2,\cdots,f$。

则有总方差等于组内方差平均数加组间方差,即

$$\sigma_{总}^2 = \overline{\sigma_{内}^2} + \sigma_{间}^2 \tag{4-51}$$

通常将(4-51)式称为组距分组情况下的"方差加法定理"。其实践意义在于:对于一个给定的总体,其方差固然是一个不变的参数,但是,通过以不同的方式对总体进行分组,就可以改变总方差在组间方差和组内方差平均数的分配,从而达到一定的分析目的。比如,在抽样调查中,就可以利用此定理,通过适当的方式改善抽样推断效果。

(四) 变异系数

在上面介绍的各种变异指标中,极差具有绝对数形式,标准差和平均差具有离差变量平均数的形式,方差则是离差变量平方的算术平均数。这些

变异指标的一个共同特点就是:它们一般都有具体的计量单位(有量纲),因而都会受到对现象所采用的计量单位不同或计量单位变化的影响。计量单位对变异指标的影响,常常会给不同总体之间的对比分析带来极大的不便。譬如,两种场合的测量误差(标准差等)若分别用厘米和英寸来计量,则两者之间的变异程度不能直接比较,必须首先就计量单位进行换算。又如,两个国家的收入水平标准差若分别用美元和英镑计量,则两国的收入变异也不能互相比较,需要通过换算统一货币单位。而货币单位的换算又会涉及到许多十分困难的理论和方法问题。从统计方法的角度看,此类问题可以运用变异系数来适当地加以解决。

变异系数(离散系数)是一类利用相对数形式表示的变异指标,通常用 V 表示。它是将上面提到的各种绝对数或平均数形式的变异指标与平均指标对比的结果。由于对比的分子与分母项的计量单位相同,两者相约后得到的是一个无名数(通常是百分数),因而变异系数完全排除了计量单位对计算结果的影响。变异系数有:

极差系数
$$V_R=\frac{R}{\bar{x}}\times 100\% \tag{4-52}$$

平均差系数
$$V_{AD}=\frac{A.D}{\bar{x}}\times 100\% \tag{4-53}$$

标准差系数
$$V_\sigma=\frac{\sigma}{\bar{x}}\times 100\% \tag{4-54}$$

等等,其中最常用的是标准差系数。因而,在不加说明地提到"变异系数"时,通常指的就是标准差系数。

值得注意的是,变异系数以平均指标为对比基数,这并非是因为原来的变异指标受到平均水平的影响。实际上,这些变异指标作为"平移不变量"只取决于总体的变异状况或离散程度,不受总体平均水平的影响。但是,同样的变异指标值对于不同的平均水平通常具有不同的实际分析意义,从而有必要将变异指标与平均指标联系起来加以考察。可见,变异系数不仅可以排除计量单位的影响,而且能够反映出有关的变异指标相当于平均指标的比率,尤其便于不同计量单位或不同平均水平的总体之间变异状况的对比。其真正意义是,相对于平均数而言的变异程度。

例 4－14 （变异系数的应用）设有内地和沿海两个城市的居民人均年收入资料如表 4－13 所示。

表 4－13 甲、乙两城市的居民年收入情况

城 市	人均年收入（元）	收入标准差（元）	收入极差（元）	变异系数（%）	
				标准差系数	极差系数
甲	8000	280	3200	3.50	40
乙	16000	440	4800	2.75	30

就表中前三栏的数据来看，乙城市不仅人均年收入两倍于甲城市，而且收入的差距（标准差和极差）似乎也显著大于甲城市。但是，通过计算变异系数则可以看出：乙城市的实际收入差距相对于它的平均收入来说，比甲城市要低得多，或者说，以居民对收入差距所承受的压力而言，甲城市比乙城市要高得多。因此，用收入的变异系数来衡量和比较这两个城市收入分配状况的相对离散程度，显得更有实际意义。换言之，只有当两个被比较城市的收入平均数相等或相近时，直接利用标准差等有量纲的变异指标来进行分析，才是合理的。

第四节 平均指标与变异指标的分析与应用

应用平均指标和变异指标分析社会经济现象应注意的几个问题。

一、所研究社会经济现象应具同质性

同质性，就是社会经济现象的各个单位必须是性质相同的。具体地说，就是在被平均的标志上具有同类性，各单位之间的差别，仅仅表现在数量上，被平均的只是量的差异。如果各单位在类型上是异质的，特别是社会关系方面存在着根本差别，那么，平均数不仅不能说明事物的本质和规律性，反而会歪曲事实，掩盖真相，抹杀现象之间的本质差别，它只能是“虚构的”平均数。在计算和应用平均指标分析社会经济现象时，最常见的错误是违

背同质性原则，即把不同质的事物当做同质体求平均数。例如，将大款、大腕、企业主与工薪族作为同一个总体来计算人均收入，所得到的结论就是：工薪族的人均收入并不低。显然，这样计算是错误的。因为工薪族与大款、大腕、企业主不能算是同一个性质的总体，即不是同质总体。

二、组平均数补充说明总平均数

总平均数虽然是根据同质总体计算的，但它只保证了总体各单位在某一方面的性质相同，而其他一些性质仍然存在着重要差别，这些差别在计算总平均时却被抽象化了。所以，往往由于这些差别的影响，总平均数不能充分体现总体的特征。

例 4－15 某地甲、乙两村粮食产量情况如表 4－14 所示。

表 4－14 某地甲、乙两村粮食产量统计表

地块类型	甲村			乙村		
	播种面积（亩）	总产量（千克）	亩产量（千克）	播种面积（亩）	总产量（千克）	亩产量（千克）
旱地	300	105000	350.0	200	65000	325.0
水田	100	60000	600.0	300	168000	560.0
合计	400	165000	412.5	500	233000	466.0

从以上资料不难看出，乙村总的平均亩产比甲村高 53.5 千克，但是无论是旱地或水田，甲村的平均亩产都高于乙村。这种组平均数和总平均数的变动趋势相背离，是由于甲、乙两村的地理条件不同所造成的。一般说来，旱地的产量水平比水田的产量水平低，而甲村的旱地面积占了播种总面积的 75%，乙村的旱地面积只占播种总面积的 40%，影响了甲村总平均亩产，使其偏低。总平均亩产把旱地和水田的产量差别，以及甲、乙两村两种不同生产水平的播种面积在结构上的差别掩盖了，不能充分地反映出真正生产水平的高低。因而，为了全面考察甲、乙两村平均亩产的差异，并说明甲、乙两村生产水平的高低，需要计算旱地和水田的平均亩产以补充说明它们的总平均亩产指标。所以，应该肯定甲村的生产管理水平较高。

三、变异指标与平均指标的结合应用

平均指标的重要特征是把总体各单位的数量差异抽象化。计算了平均指标，就掩盖了各单位的数量差异，这对于反映的是总体的集中趋势来说，将数值差异抽象化是非常必要的。但是，要全面、客观地反映总体分布的各方面特征，仅有平均指标显然是不够的，还必须要有反映数值差异的变异指标。总体各单位的数值差异只有通过变异指标，才能给予充分体现。平均指标将数值差异抽象化，而变异指标则是突出这些差异；平均指标反映的是总体的集中趋势，而变异指标则是表达总体的离中趋势。两者相辅相成，相互补充，缺一不可，都是反映总体分布的重要特征值。例如，设某工厂生产了一批产品，其平均耐用时数超过该产品的技术标准，即平均数很高，若就此断言该批产品质量很好，是不妥当的。这是因为如果该批产品质量很不稳定，各产品的使用寿命长短变异很大，不合格率很高，则产品质量是不好的。反过来说，若该批产品的质量很稳定，变异小，就说它质量很好，也是不行的。这是因为有可能质量稳定在都不合格的基础上，即平均寿命低。所以，要正确分析客观总体，平均指标总是要与变异指标结合运用。

此外，在平均指标和变异指标的分析运用中，还应注意与分配数列结合，与典型事例结合，既要看到总体的一般，也要关注特殊的例子，从中找出差距，揭示问题，挖掘继续发展的潜力。

第五章 抽样推断

科学的抽样法是统计研究中的一种重要方法，是统计学的核心内容之一，在社会经济领域中有着极其重要的作用。抽样法由两个基本环节构成，一是抽样调查，二是抽样推断。抽样调查是获得统计数据的重要渠道，是抽样推断的基础；抽样推断则利用抽样调查的抽样数据，采用概率理论对总体参数作出推断和估计，是抽样调查的继续，也是抽样方法的关键环节。

第一节 抽样推断的意义与基本概念

一、抽样推断的意义

（一）抽样推断的含义和理论依据

统计研究社会经济现象总是着眼于现象的总体，但是许多场合并不可能对总体所有单位进行全面调查，例如市场上商品的需求量、城市居民家庭的收支情况以及民意调查等等，只能组织抽样调查，取得部分的实际资料，以判断总体的情况。这里在认识上存在着局部与整体之间的矛盾，抽样推断就是解决这种矛盾的重要方法，它科学地论证了样本统计量和总体参数之间存在着内在的联系，以及抽样误差的存在规律。从而提供了根据样本资料的部分信息来推断总体数量特征的有效方法，从而大大地提高统计方法的认识能力。

抽样推断方法是从总体全部研究对象中抽取部分单位进行观察，并根据样本的实际数据，对总体的数量特征或数量表现作出具有一定可靠程度的估计和判断。因此抽样推断的中心问题是如何根据已知的部分资料来推断未知的总体情况，抽样的目的不在于了解样本本身的数量特征，而在于借助样本提供的信息，估计和检验总体的数量特征。

就数量关系而言，抽样推断是建立在概率论和大数法则基础上的，大数法则的一系列定理为抽样推断提供了数学依据。例如契比雪夫不等式证明，如果随机变量总体存在着有限的平均数和方差，则对于充分大的抽样单位 n，可以以几乎趋近于 1 的概率，来期望其平均数与总体平均数的绝对离差为任意的小，即对于任意数 α 有：

$$\lim_{n \to \infty} P(|\overline{x}_i - \overline{X}| < \alpha) = 1 \tag{5-1}$$

这就从理论上揭示了样本和总体之间的内在联系，即随着抽样单位数的增加，抽样平均数$\overline{x}$在概率上收敛于总体平均数 $\overline{X}$。大数法则证明了抽样平均数在概率上收敛于总体平均数的趋势，这为抽样推断提供了重要的依据，但是，抽样平均数与总体平均数的离差有多大，分布又如何？这些问题的解决则要利用抽样分布来回答。

（二）抽样推断的特点

1. 抽样推断是一种由部分认识总体的方法，如第二章所述，抽样调查是一种非全面的调查方式。

2. 抽样推断是以概率论为基础的估计方法，用样本数量特征来估计总体的数量特征，并以一定的可靠性为推断保证的。

3. 抽样的随机原则是抽样推断的前提。抽样调查可以是非概率的有意抽样，也可以是概率的随机抽样。但必须是随机抽样才能进行抽样推断。所谓随机抽样就是按照随机原则抽取样本，各个总体单位的中选或不中选不受主观因素的影响，而只取决于许多随机因素的影响。随机因素是指在一定条件下，某一因素可能出现也可能不出现，它们都对事件的结果起某些作用，但都不起决定性的作用，这些作用的共同倾向就形成事件的结局，如果把取样的规则和这种结局联系起来，就称为随机原则，例如把总体所有单位进行编号，然后根据抽签出现的号码，按号取样，这便是随机抽样。

4. 抽样推断的误差是可以事先控制的，在统计调查过程中所得出的统计数字，与客观实际数字之间常常存在一定的差别，这称为统计误差。按照造成统计误差的不同原因，统计误差分为调查性误差和代表性误差。调查性误差是指在调查过程中，由于各种主观或客观因素而引起的技术性、登记性误差以及责任性误差等，这种由于工作失误产生的误差常常会造成“失之毫厘、差之千里”的后果，因此，应尽可能地清除调查性误差，以提高统计推断的准确性。代表性误差是指从抽样总体中得出的样本数量特征与全及总体的数量特征之间可能存在的误差，它可以反映抽样总体在多大程度上代表全及总体，所以称为代表性误差。代表性误差也有两种不同的情况：①是由于破坏抽样的随机原则而产生的系统性误差，例如抽取调查单位时，调查者有意识地挑选较好的或较差的单位进行调查，据此计算的抽样指标数值必然要比全及指标数值偏高或者偏低，所以这种误差也称为“偏差”。②是随机误差，指在抽样调查过程中，按照随机原则从全及总体中抽取部分单位作为抽样总体，具有随机性或偶然性，因为抽样总体与全及总体在结构上不可能是完全一致的，据此计算的抽样指标数值与全及总体指标数值之间存在一定的误差。因此，就存在的统计误差而言，全面调查只产生调查性误差，而采用抽样调查，调查误差和代表性误差都可能发生。

(1) 抽样误差的含义。抽样误差是指不包括调查误差和系统性误差在内的随机误差，亦即在遵守随机原则的条件下，用抽样指标代表全及指标不可避免的误差，其中主要包括抽样平均数与总体平均数的差数($\overline{x}-\overline{X}$)，抽样成数与总体成数的差数($p-P$)。对于一个研究总体，其总体平均数和成数是唯一确定的，而一个总体可抽取许多个样本可能，抽样平均数或成数则为随机变量，因而抽样误差也是随机变量而非唯一确定量。样本抽样误差小，说明样本的代表性高，反之样本的代表性就低。

(2) 抽样误差可以控制。抽样误差是抽样调查所固有的、不可避免的误差，但可以按照大数定律和数理统计方法进行计算，确定其数量界限并加以控制。因此，运用抽样估计和推断，为了控制抽样误差，就应分析制约抽样误差的因素。

（3）影响抽样误差的因素。主要有：①样本的单位数。一般说来，在其他因素完全相同的条件下，抽样单位数目越少，那么抽样误差越大；抽样单位数目越多，那么抽样误差越小。这种理由是很容易理解的，假定在一大堆工业产品中废品率为10％时，我们只随机抽出一个或几个产品作为样本，那么被抽到的可能都是合格品或者都是废品等等，不管怎样，它们的频率或10％的差别一定是很大的。假定样本的单位数目逐渐增多，它们的频率或平均数当然要逐渐地接近于总体的频率或平均数。这样，抽样误差自然而然地要逐渐减少。假定样本的单位数目扩大到总体的所有单位，那么抽样调查就变成为全面调查，而抽样误差当然会完全消失，即缩小到零，也就无所谓抽样误差了。②总体各单位标志值的差异程度。抽样误差的数量大小和总体的标志值变动程度（差异）的大小成正比例。也就是说，总体的标志值变动程度越小，那么抽样误差也越小；反之，抽样误差的数量就越大。例如，就城市居民收入的比较调查，如果在多个城市中某城市的居民收入相差很大，而各城市抽取同样单位数目的居民进行调查，那么该城市的样本代表性就差。③抽样调查的组织形式。由于不同的抽样组织方式，如简单随机抽样、类型抽样、等距抽样、整群抽样以及阶段抽样等组织形式，其样本指标的计算值会有所不同，抽样误差的量也会不同。④选择重复抽样或不重复抽样，也会对抽样误差产生影响。

二、抽样推断的作用

由于抽样推断具备上述四个显著的特点，故常被运用于实际操作中，并在实践中发挥着优越性：

1．抽样调查能完成其他调查方法有困难完成或无法完成的任务。例如对破坏性的产品质量检查，像对电灯泡的使用寿命，化工产品有效成分的含量，炮弹的杀伤半径，种子发芽率的测定等，只能利用抽样调查方法。

2．抽样调查能对全面调查的资料进行补充和订正。许多社会经济现象的研究，在进行全面调查的同时都运用抽样调查方法。这是因为抽样调查的范围小、组织简便、省时省力,可就某些问题进行深入的研究,以弥补全面调查的诸多不足。比如许多国家的人口调查,每隔十年进行一次项目比较简单的普查,同时每隔三五年进行一次项目比较详尽的抽样调查,在时间、内容上互相补充了各自所取得的资料。另外抽样调查还应用于订正全面调查的统计数字,如我国人口普查中,在填报和复查后,按照规定用抽样的方法抽出一定比例人口,重新进行调查,并以此为标准,计算普查的重复和遗漏的差错率,来订正普查数据。

3. 抽样法能应用于生产过程中的产品质量的检查与控制。通过抽样检查,能够观察生产工艺是否正常,是否存在某些系统的偏差,及时提供有关信息,分析原因,并采取措施,防止损失。

4. 运用抽样法可以对总体的某些假设进行检验,来判断假设的真伪性,以决定行为的取舍和选择,这是抽样法在决策中的应用。

三、抽样推断的基本范畴

(一) 全及总体与抽样总体

1. 全及总体也称母体,就是客观存在的,具有某种共同性质的许多单位所组成的整体。例如我们要研究某城市的居民生活水平情况,则这个城市的全部居民户就构成我们所要研究的总体,每一个居民户就是总体单位。

通常总体的单位数用“N”表示现实生活中的总体有很多,就总体中所包含的单位个数多少的不同,总体可分成有限总体和无限总体。

(1) 有限总体。有限总体是由有限个单位构成的总体。例如上述某城市全部居民户构成的总体,无论这个城市大小,其居民户多少总是有限的、可数的。

(2) 无限总体。当构成总体的单位数是无限的,则为无限总体。例如要了解对某种商品的需求、居民对广告公司发布的广告信息的反映、某农作物新品种的收获率等。

2. 抽样总体也叫样本或子样,是从全及总体中随机抽取出来,代表全及总体的那部分单位的集合体。样本的研究,目的在于用样本来代表总体。

(二) 样本空间与样本容量

1. 样本空间:M

在总体单位数 N 中随机抽 n 个单位,有许许多多种不同的样本可能,这些所有可能形成的具有不同总体单位构成的样本,其数目取值称为样本空间。这个样本包含的单位数称为样本容量。为理解这一概念,我们来看下面的简单例子,把一个结构均匀的骰子连续抛掷两次,以两次面朝上的点数作为一个样本,则样本空间 M 为 36,即存在 36 个样本可能。

$$\begin{Bmatrix} 1、1 & 1、2 & 1、3 & 1、4 & 1、5 & 1、6 \\ 2、1 & 2、2 & 2、3 & 2、4 & 2、5 & 2、6 \\ 3、1 & 3、2 & 3、3 & 3、4 & 3、5 & 3、6 \\ 4、1 & 4、2 & 4、3 & 4、4 & 4、5 & 4、6 \\ 5、1 & 5、2 & 5、3 & 5、4 & 5、5 & 5、6 \\ 6、1 & 6、2 & 6、3 & 6、4 & 6、5 & 6、6 \end{Bmatrix}$$

从总体 N 个单位中,随机抽取 n 个单位构成样本,即连续进行 n 次试验,将其结果构成一个样本,可以有两种不同的抽取方法:重复抽样和不重复抽样。

(1) 重复抽样的样本空间

重复抽样就是每一次从总体抽取出一个单位,登记后再放回总体参加下一次抽取,连续进行 n 次,得到一个样本的抽取方法。在重复抽样的每次抽取中总体的单位总数是相等而没有变动的,因为我们必须把第一次随机抽出的那个单位归回到原来的总体后,才能进行第二个单位的随机抽取。因此其特点是:①每次抽取是在相同的条件下进行的,每个单位的中选概率在各次抽取中相同。②每次抽取是独立进行的,即各次抽取是相互独立的。

从总体 N 个单位中,按重复抽样方法抽取容量为 n 个单位的样本,可能抽取的样本空间为:

$$M=A_N^n=N^n \qquad (5-2)$$

例 5-1 某城市电话号码为 7 位数,从 0 到 9 的十个数中,可随机重复抽样得到,那么共可能组成的电话号个数为:

$$A_N^n = N^n = 10^7 = 10000000$$

（2）不重复抽样的样本空间

凡是被随机抽取出来的每一个单位都不再归回到原来的总体中，因而不再参加下一次抽样，这样的抽样叫做不重复抽样。在进行不重复抽样的过程中，总体的单位总数是连续不断地减少。不重复抽样的特点是：①每次抽取不是独立的，上次中选情况直接影响下次抽取结果。②每抽取一次，总体的单位个数便减少一个，因此每个单位的中选概率在各次抽取中是不等的。

如果总体的单位总数很多而抽取的单位不太多时，不重复抽样对总体单位总数的变动以及每个单位被抽取的机会是没有多大影响的。而如果总体单位总数为数不多，而被抽取的单位个数比例却很大时，不重复抽样对总体单位总数的比例变动以及每个单位被抽取的机会是有很大影响的。不重复抽样在理论上虽然存在着上述这样的问题，但由于在抽样实践中，总体的单位总数总是相当大，而抽取单位数目的比例总是比较小的，所以，每个单位被抽取的不相等机会所造成的影响一般不会太大。而且，由于不重复抽样简单易行，所以在统计实践中经常被采用。

不重复抽样又分为考虑顺序和不考虑顺序两种。

从总体 N 个单位中，按考虑顺序的不重复抽样方法抽取容量为 n 个单位的样本，可能抽取的样本空间数为：

$$M = P_N^n = N(N-1)\cdots(N-n+1) = \frac{N!}{(N-n)!} \qquad (5-3)$$

从总体 N 个单位中，按不考虑顺序的不重复抽样方法抽取容量为 n 个单位的样本，可能抽取的样本空间数为：

$$M = C_N^n = \frac{N(N-1)\cdots(N-n+1)}{n(n-1)\cdots 1} = \frac{N!}{(N-n)!\ n!} \qquad (5-4)$$

例 5－2 从某班级的 10 位同学中顺序抽三位来担任不同职务，问共有几种抽样结果？如果是计算这三位同学的统计学平均成绩，又有几种抽样结果？

①$P_N^n = N(N-1)\cdots(N-n+1) = 10\times 9\times 8 = 720$

②$C_N^n=\frac{N(N-1)\cdots(N-n+1)}{n(n-1)\cdots1}=\frac{10\times9\times8}{3!}=120$

在10位同学中抽出三位安排不同的职务，假设三个职务A\B\C分别由第一、二、三次抽取的人来担任，那么我们看到抽取的顺序是很重要的，因为相同的三位同学按不同的抽取顺序将构成不同的三个样本。但是如果是计算三位同学的平均成绩，只要是相同的三位同学，不管他们被抽取的先后顺序如何，都只能是一个样本可能，抽取顺序就不重要了。

2. 样本容量

样本容量是指一个样本所包含的单位数，用“n”表示。通常将样本单位数大于30个的样本称为大样本，30个以下的称为小样本。实践中的抽样调查样本多属于大样本。

（三）总体参数与样本统计量

1. 总体参数

根据全及总体各单位的标志值或标志属性计算的，反映总体某种数量特征或者属性的综合指标称为总体指标，或全及指标。由于这是客观存在的、唯一的，并且又是未知的总体指标，统计上通常把它叫做总体参数。常用的总体参数有：

（1）关于变量总体

①总体平均数(用$\overline{X}$表示)。是由总体各单位的数量标志值进行平均计算所得的总体指标。

②总体变量标准差(用σ_x表示)或方差(σ_x^2)。反映总体各单位数量标志差异程度的指标。

（2）关于属性总体

①总体成数(用P表示)。反映总体的各单位中，具有某种属性的单位在所有单位中所占的比重。

②总体属性标准差(用σ_p表示)或方差(σ_p^2)。反映总体各单位不同属性之间差异程度的指标。

2. 样本统计量

由样本各单位标志值计算出来反映样本特征，以说明抽样总体（子样）的数量特征，用来估计全及指标的综合指标称为样本统计量，也叫抽样指标。样本统计量是样本变量的函数，因此与总体参数相对应，常用的统计量有：样本平均

（1）关于变量总体

①样本平均数（用$\overline{x}$表示）。是由样本各单位的数量标志值进行平均计算所得的指标。

②总体变量标准差（用 S_x 表示）或方差（S_x^2）。反映样本各单位数量标志差异程度的指标。

（2）关于属性总体

①总体成数（用 p 表示）。反映抽样总体的各单位中，具有某种属性的单位在所有单位中所占的比重。

②总体属性标准差（用 S_p 表示）或方差（S_p^2）。反映抽样总体各单位不同属性之间差异程度的指标。

对于一个研究对象，全及总体是唯一确定的，所以总体参数也是唯一确定的，但一般地它是个有待估计的数。而样本统计量则是随机变量，其取值随样本的不同而发生变化。

第二节 抽样分布

从同一总体中抽出样本容量相同的所有可能样本后，计算每一个样本统计量的取值和相应的概率，就组成样本统计量的概率分布，简称抽样分布，此分布是抽样推断的基础。例如由每一可能样本计算出的样本平均数所构成的分布就叫做样本平均数（$\overline{x}$）的抽样分布；同理，根据每一可能样本计算出的所有样本方差也形成一个总体，它的分布就叫做样本方差（S_x^2）的抽样分布。

一、抽样分布的数值特征

（一）抽样分布的集中趋势——样本平均数（或成数）的期望值

样本平均数的分布是由总体中所有可能样本的平均数的数列和与之对应的概率组成的分布。先举例说明。

例 5-3 某班组 5 名工人一月份奖金分别为(A)20 元、(B)25 元、(C)30 元、(D)35 元、(E)40 元。若以该班组为一总体，可计算其总体均值与方差：

$$\overline{X}=\frac{\sum X_i}{N}=30\text{ 元},\sigma_x^2=\frac{\sum (X_i-\overline{X})^2}{N}=50$$

我们采用重复抽样方式从 5 人中随机地抽出 2 个构成样本，共有 25 个样本点，如表 5-1：

表 5-1 平均每人月奖金($\overline{x}$)抽样分布表

样　　本	样本均值$\overline{x}_i$	概率 $P(\overline{x}_i)$
(A,A)	20.0	0.04
(A,B)(B,A)	22.5	0.08
(A,C)(B,B)(C,A)	25.0	0.12
(A,D)(B,C)(C,B)(D,A)	27.5	0.16
(A,E)(B,D)(C,C)(D,B)(E,A)	30.0	0.20
(B,E)(C,D)(D,C)(E,B)	32.5	0.16
(C,E)(D,D)(E,C)	35.0	0.12
(D,E)(E,D)	37.5	0.08
(E,E)	40.0	0.04

对表中的样本平均数计算均值（即样本平均数期望值）

$$E(\overline{x})=\sum_{i=1}^{9}\overline{x}_iP(\overline{x}_i)=30\text{ 元}=\overline{X}$$

重复抽样的样本平均数等于总体的平均数，这说明虽然每个样本的取值可能与总体平均数有一定离差，但从总体来看，所有样本平均数的均值与总体平均数是没有离差的。

对于从总体中抽取容量为 n 的所有可能样本的推论，以上结论具有普遍的意义：

$$E(\overline{x})=\overline{X} \tag{5-5}$$

同样思路，我们采用不重复抽样的方法从 5 人中随机地抽出 2 人构成样本，共有 20 个样本点，如表 5-2：

样本均值 $\quad E(\overline{x}) = \sum_{i=1}^{7} \overline{x}_i P(\overline{x}_i) = 30\text{ 元} = \overline{X}$

不重复抽样的样本平均数等于总体的平均数，这说明用不重复抽样样本平均数来估计总体平均数，从总体来看，所有样本平均数的均值与总体平均数是没有离差的。

表 5-2　平均每人月奖金($\overline{x}$)抽样分布表

样　　本	样本均值$\overline{x}_i$	概率 $P(\overline{x}_i)$
(A,B)(B,A)	22.5	0.10
(A,C)(C,A)	25.0	0.10
(A,D)(B,C)(C,B)(D,A)	27.5	0.20
(A,E)(B,D)(D,B)(E,A)	30.0	0.20
(B,E)(C,D)(D,C)(E,B)	32.5	0.20
(C,E)(E,C)	35.0	0.10
(D,E)(E,D)	37.5	0.10

对于从总体中抽取容量为 n 的所有可能样本的推论，以上结论具有普遍的意义：

$$E(\overline{x})=\overline{X}$$

同理，用样本平均数分布的性质可以推广到抽样成数的分布上，即可以将来自属性总体的成数作为(0,1)分布的平均数，$\overline{X}_P=P$，总体方差为 $\sigma_p^2=P(1-P)$。现在从总体中用重复抽样或者是不重复抽样方法抽取 n 个单位计算样本成数 p，当然 p 也是随机变量，其分布实质上就是(0,1)的样本平

均数分布。因此

$$E(p)=E(\overline{x}_p)=\overline{X}_p=P \tag{5-6}$$

(二) 抽样分布的离中趋势——抽样平均误差($\boldsymbol{\sigma_{\overline{x}}}$或$\boldsymbol{\sigma_{\overline{p}}}$)

抽样平均误差,简称平均误差(用 $\sigma_{\overline{x}}$ 或 $\sigma_{\overline{p}}$ 表示)。就其概念而言就是所有可能的样本指标与全及指标之间误差的平均数。以变量总体为例,即 $\dfrac{\sum(\overline{x}-\overline{X})}{M}$。但由于 $\sum(\overline{x}-\overline{X})=0$,为消除正负抵消问题,技术上做了平方再开方的处理,并且平方后具有最小平方的性质。即:

$$\sigma_{\overline{x}}=\sqrt{\frac{\sum(\overline{x}-\overline{X})^2}{M}} \tag{5-7}$$

显然,这就是一个标准差的计算公式。所以,抽样平均误差的实质,实际上就是关于一系列抽样指标(抽样平均数或抽样成数)的标准差。由于抽样平均误差概括地反映了整个抽样过程中一切可能结果的误差,表明抽样平均数(或成数)与总体平均数(或成数)的平均误差程度,可以用来说明样本指标代表性的大小,平均误差大,说明样本指标对总体指标的代表性低;反之则说明样本指标对总体指标的代表性高。因此它既可以作为衡量抽样指标对于全及指标代表程度的一种尺度,又是计算抽样指标与全及指标之间变异范围的主要依据,因此在抽样理论和实践中具有重要的意义。统计上所谓的抽样误差一般是指抽样平均误差。

需要说明的是,(5-8)式只是一个理论公式,用此公式计算不出结果,这是因为 $\overline{X}$ 是未知的总体参数,$\overline{x}$是具有 M 多个数值的随机变量,所以要计算抽样平均误差,则需寻求别的途径。

样本指标主要有抽样平均数和抽样成数,因此,测定样本指标的抽样平均误差也有两种。以下结合抽样方式分别讨论在简单随机抽样方式下,如何计算这两种样本指标的平均抽样误差问题。

1. 重复抽样条件下

(1) 样本平均数的抽样平均误差

仍利用与[例 5-3] 与表 5-1 的资料,其中 $f_i=P_i\cdot N^n$,$\sum f_i=M$

$$\sigma_{\bar{x}}^2 = \frac{\sum(\bar{x}-\overline{X})^2 f}{\sum f} = 25 = \frac{50}{2} = \frac{\sigma_x^2}{n}$$

$$\therefore \quad \sigma_{\bar{x}} = \frac{\sigma_x}{\sqrt{n}}$$

在重复抽样条件下，由于 $x_1, x_2, \cdots, x_n$ 相互独立，都来自同一总体 X_1，$X_2, \cdots, X_N$，所以变量 x 与总体变量 X 是同分布的，因此以上结论具有普遍的意义：

$$\sigma_{\bar{x}} = \frac{\sigma_x}{\sqrt{n}} \tag{5-8}$$

上式表明，抽样平均数的平均误差就是抽样平均数的标准差，记作 $\sigma_{\bar{x}}$。它和总体标准差成正比，与样本单位数的平方根成反比。即抽样平均数的平均误差仅为总体标准差的 $1/\sqrt{n}$，所以用抽样平均数作为估计量是更有效的。

（2）样本成数的抽样平均误差

重复抽样的样本成数 p 的平均数，可作为(0,1)分布的样本平均数的分布，依据上面证明原理，可得到：

$$\sigma_{\bar{p}} = \frac{\sigma_p}{\sqrt{n}} = \sqrt{\frac{p(1-p)}{n}} \tag{5-9}$$

2. 不重复抽样条件下

在进行不重复抽样的过程中，总体的单位总数是连续不断地减少。

（1）样本平均数的抽样平均误差仍利用例[5-3]与表 5-2 的资料，

$$\sigma_{\bar{x}}^2 = \frac{\sum(\bar{x}_i-\overline{X})^2 f_i}{\sum f_i} = \frac{75}{4}，其中\ f_i = P_i \cdot N^n$$

$$\sigma_{\bar{x}} = \sqrt{\frac{75}{4}} = \sqrt{\frac{50}{2}\cdot\frac{5-2}{5-1}} = \sqrt{\frac{\sigma_x^2}{n}\left(\frac{N-n}{N-1}\right)} = 4.330$$

$$\therefore \quad \sigma_{\bar{x}} = \sqrt{\frac{\sigma_x^2}{n}\left(1-\frac{n}{N}\right)}$$

在不重复抽样条件下，由于 $x_1, x_2, \cdots, x_n$ 的抽选不是独立的，因此以上结论同样具有普遍意义：

$$\sigma_{\bar{x}}=\sqrt{\frac{\sigma_x^2}{n}\left(1-\frac{n-1}{N-1}\right)} \tag{5-10}$$

不重复抽样的抽样平均误差比重复抽样的要小，与重复抽样相比其抽样平均误差的计算可以是在式(5－9)中乘上一个校正因子$\sqrt{\frac{N-n}{N-1}}$加以修正；而在总体单位数 N 很大的情况下，上式可以近似地表示为：

$$\sigma_{\bar{x}}=\sqrt{\frac{\sigma_x^2}{n}\left(1-\frac{n}{N}\right)} \tag{5-11}$$

因此实际工作中，当总体单位数 N 很大，或者无法掌握总体单位数 N 的情况下，而抽样比例(n/N)很小时，即使采用不重复抽样方法，也可采用重复抽样的计算公式。

(2) 样本成数的抽样平均误差

依据上面证明原理，可得到：

$$\sigma_{\bar{p}}=\sqrt{\frac{p(1-p)}{n}\left(1-\frac{n}{N}\right)} \tag{5-12}$$

例 5－4 要估计某地区 10 万学龄儿童的近视率，随机抽取 100 名儿童检查，有近视儿童 20 人，则近视率的抽样平均误差为：

$$\sigma_{\bar{p}}=\frac{\sigma_p}{\sqrt{n}}=\sqrt{\frac{p(1-p)}{n}}=\sqrt{\frac{0.2\times0.8}{100}}=4\%$$

二、样本平均数的抽样分布定理

要描述出抽样的样本平均数或样本成数的分布，就要弄清楚抽样平均数或成数的分布定理，并把握其分布性质。

1. 正态分布的再生定理

如果随机变量 $X\sim N(\overline{X},\sigma^2)$，则从这个总体中抽取容量为 n(不论大小)的样本，其样本平均数$\bar{x}$也服从正态分布，即

$$\bar{x}\sim N[E(\bar{x}),\sigma_{\bar{x}}^2] \tag{5-13}$$

由于　$E(\bar{x})=\overline{X}$，所以

$$\bar{x}\sim N[\overline{X},\sigma_{\bar{x}}^2] \tag{5-14}$$

如果选择标准随机变量 Z，设 $Z=\dfrac{\overline{x}_i-\overline{X}}{\sigma_{\overline{x}}}$，则 $Z\sim N(0,1)$。　　(5-15)

2. 中心极限定理

如果变量 X 的平均数 $\overline{X}$ 与标准差 σ 的取值都是有限的(不论总体是否服从正态分布，或者甚至是未知的分布)，则从这个总体所抽取的容量为 n 的样本，只要 n 足够大(一般要求 $n>30$)，随着 n 的增大，其样本平均数 $\overline{x}$ 的分布逼近于正态分布，即

$$\overline{x}\sim N[\overline{X},\sigma_{\overline{x}}^2]$$

同样选择标准随机变量 Z，设 $Z=\dfrac{\overline{x}-\overline{X}}{\sigma_{\overline{x}}}$，则 $Z\sim N(0,1)$。

中心极限值定理同样适用于样本成数的分布，即从任意一总体成数为 P，方差为 $P(1-P)$ 的 $(0,1)$ 分布中，抽取容量为 $n(n>30)$ 的样本，其样本成数 p 的分布随样本单位数 n 的增大而逼近于正态分布，即

$$p\sim N[P,\sigma_p^2] \tag{5-16}$$

同样选择标准随机变量 Z，设 $Z=\dfrac{p-P}{\sigma_p}$，则 $Z\sim N(0,1)$。

3. 小样本分布定理

如果从平均数 $\overline{X}$ 已知，同时标准差 σ 未知的正态分布总体中抽取容量为 n 的样本，且 $n\leqslant 30$，构造样本统计量 t：

$$t=\frac{\overline{x}-\overline{X}}{\sqrt{\dfrac{\sigma_x^2}{n}}}=\frac{\overline{x}-\overline{X}}{\sqrt{\dfrac{\hat{\sigma}_x^2}{n}}} \tag{5-17}$$

其中 $\hat{\sigma}_x^2=S_x^2=\dfrac{\sum(x-\overline{x})^2}{n-1}$ 为方差 σ_x^2 的无偏估计量，则 t 服从自由度 $df=(n-1)$ 的 t 分布，记 $t\sim t(n-1)$。

需要指出的是，经常有样本的方差 $S_x{}^2$ 是按下式计算的

$$S_x^2=\frac{\sum(x-\overline{x})^2}{n}$$

则

$$t=\frac{\overline{x}-\overline{X}}{\frac{S_x}{\sqrt{n-1}}} \tag{5-18}$$

t 分布的图形类似于正态分布，都是对称分布，但比正态分布扁平（如图 5－1）。为了方便，人们编制了类似标准正态分布的概率表思路的 t 分布表。

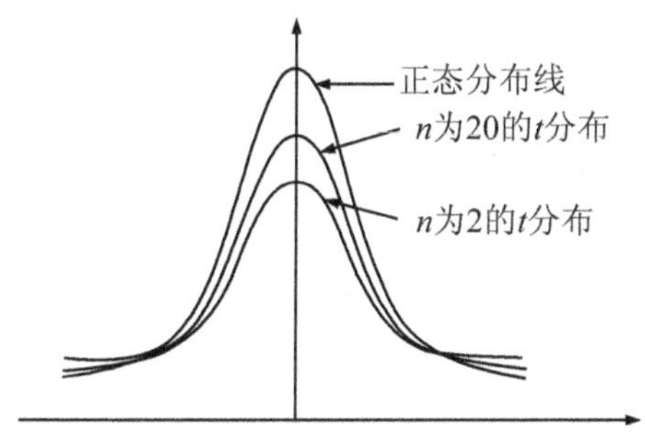

图 5－1　t 分布的图形

当 n 取不同值时，即不同的样本容量就有不同的 t 分布；随着样本容量的逐步增加，t 分布的形状由平坦逐渐地接近正态分布，一般地说，当样本容量 n 大于 30 时，t 分布就非常接近正态分布，此时可用正态分布来近似表示。

利用抽样分布的以上有关定理，我们就能够根据总体以及样本的具体信息，估计样本平均数和样本成数取值在某一区间的概率。现举例说明。

例 5－5　某地区居民家庭的人均收入服从于均值为 1200 元，标准差为 200 元的正态分布。现采用简单重复抽样方法，从总体中随机抽取出 16 户进行调查，问人均收入不低于 1300 元的可能性有多大？

解：已知 $\overline{X}=1200$，$\sigma_x=200$，$n=16$，$\overline{x}=1300$

根据题意，总体服从正态分布，样本平均数也服从正态分布，均值为 1200 元，抽样平均误差为：

$$\sigma_{\overline{x}}=\frac{\sigma_x}{\sqrt{n}}=\frac{200}{\sqrt{16}}=50$$

构造统计量 Z，$Z=\frac{\overline{x}-\overline{X}}{\sigma_{\overline{x}}}=\frac{1300-1200}{50}=2$

$Z=2$，查表得 $F(Z)=0.9545$

则，$P(\overline{x}\geqslant 1300)=P(Z\geqslant 2)=0.5-\frac{0.9545}{2}=0.0228$

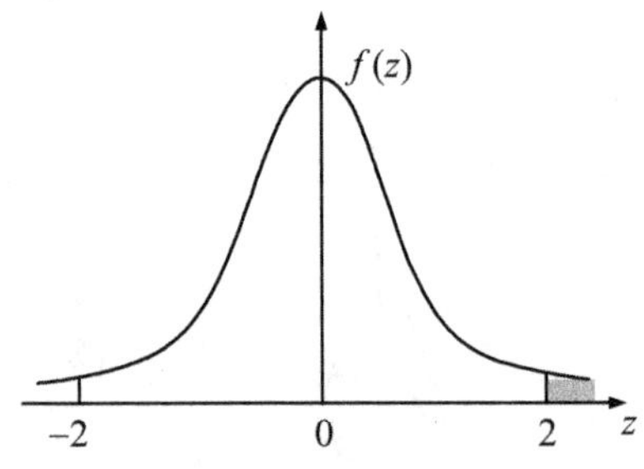

图 5-2

结果表明该地区居民家庭的人均收入样本平均数不低于 1300 元的概率为 2.28%(见图 5-2)。

例 5-6 据统计，某消费品的购买对象共有 10 万人，其中有 6 万是女性，现从购买者中随机抽出 100 人进行调查，问女性购买者比例超过 50% 的概率？

解：已知 $N=100000$，$N_1=60000$，$n=100$，$p=50\%$

$P=\frac{60000}{100000}=60\%$；$\sigma_p=\sqrt{0.6\times 0.4}$；

$$\sigma_{\overline{p}}=\sqrt{\frac{0.6\times 0.4}{100}\left(\frac{100000-100}{100000-1}\right)}=0.00489$$

构造统计量 Z，$Z=\frac{p-P}{\sigma_{\overline{p}}}=\frac{50\%-60\%}{0.00489}=-2.04$

$P(P>50\%)=P(Z>-2.04)=0.9793$

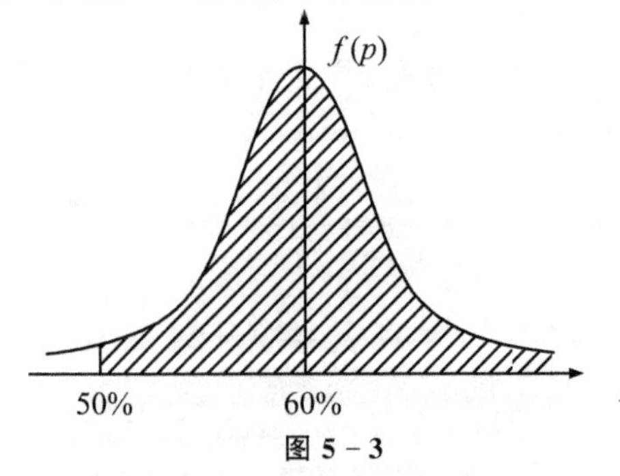

图 5-3

结果表明，样本成数超过 50%的概率为 97.93%(见图 5-3)。

例 5-7 某市场中羊肉年平均价格为 13 元/斤，对 26 天的市场价格调查结果，平均价格为 12 元/斤，标准差为 1 元/斤。问平均价格在 13.5 元/斤以上的概率？

解：已知 $\overline{X}=13$ 元/斤，$S_x=1$ 元/斤，$n=26<30$，$\overline{x}_1=13.5$ 元/斤

依据小样本分布定理，样本平均数服从自由度为 25 的 t 分布，

$$\hat{\sigma}_{\overline{x}}=\frac{S_x}{\sqrt{n-1}}=\frac{1}{\sqrt{26-1}}=0.2$$

构造统计量 t，$t=\dfrac{\overline{x}-\overline{X}}{\hat{\sigma}_{\overline{x}}}=\dfrac{13.5-13}{0.2}=2.5$

查 t 分布表(自由度 $df=25$)，

$$P(\overline{X}\geqslant 13.5)=P(t\geqslant 2.5)=0.01$$

计算结果表明，羊肉的平均价格在 13.5 元以上的概率为 1%(见图 5-4)。

三、抽样极限误差

抽样误差范围就是变动的抽样指标数值与确定的全及指标数值之间离差的可能范围，它用一定的概率来保证抽样误差不超过某一给定的最大可能范围，所以称为极限抽样误差，又叫做置信区间，记作 Δ。基于理论上的要求，抽样极限误差需要用抽样的平均误差 $\sigma_{\overline{x}}$ 或 $\sigma_{\overline{p}}$ 为标准单位来衡量。

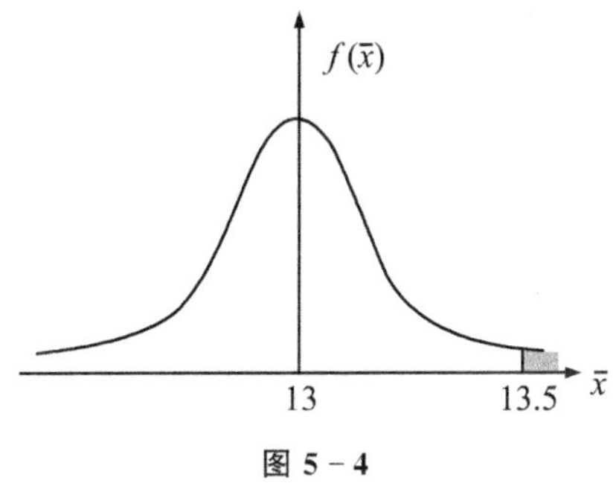

图 5-4

(一) 样本平均数的抽样极限误差，就是以绝对值形式表示的抽样误差

允许的可能范围，用 Δ_x 符号表示，即：

$$\Delta_x=|\overline{x}-\overline{X}| \tag{5-19}$$

上式表明，变动的抽样平均数 $\overline{x}$ 是以确定的全及平均数 $\overline{X}$ 为中心，在 $\overline{X}\pm\Delta_x$ 之间变动，因此可以将上式变换为如下的不等式：

$$\overline{X}-\Delta_x\leqslant\overline{x}\leqslant\overline{X}+\Delta_x \tag{5-20}$$

按照正态分布定理，选择变量 Z，设 $Z=\dfrac{\overline{x}-\overline{X}}{\sigma_{\overline{x}}}$，则 $Z\sim N(0,1)$，式(5-20)得：

$$\begin{gathered}\Delta_x=|\overline{x}-\overline{X}|=Z\sigma_{\overline{x}}\\ \therefore\quad Z=\frac{\Delta_x}{\sigma_{\overline{x}}}\end{gathered} \tag{5-21}$$

即把极限误差 Δ_x 除以平均抽样误差 $\sigma_{\overline{x}}$，得出对应以 $\sigma_{\overline{x}}$ 为标准单位的 Z（Z 称为抽样误差的概率度）倍误差程度，这就可以直接利用标准正态分布的概率表，也恰好达到了标准正态分布概率表的编制者的目的。

按照小样本分布定理，选择样本统计量 $t=\dfrac{\overline{x}-\overline{X}}{\hat{\sigma}_{\overline{x}}}$，$t\sim t(n-1)$，同理得到：

$$\Delta_x=|\overline{x}-\overline{X}|=t\,\hat{\sigma}_{\overline{x}}\quad\therefore\quad t=\frac{\Delta_x}{\hat{\sigma}_{\overline{x}}} \tag{5-22}$$

小样本抽样中把极限误差 Δ_x 除以平均抽样误差 $\hat{\sigma}_{\overline{x}}$，得出对应 $\hat{\sigma}_{\overline{x}}$ 为标准单位的 t 倍误差程度，这就可以利用 t 分布的概率表了。

（二）样本成数的抽样极限误差，就是以绝对值形式表示的抽样误差的可能范围，用符号表示，即：

$$\Delta_p=|p-P| \tag{5-23}$$

进而得到

$$P-\Delta_p\leqslant p\leqslant P+\Delta_p \tag{5-24}$$

同样的，在 Z 分布条件下，Δ_p 可以用标准差 $\sigma_{\overline{p}}$ 为尺度来衡量，表现为 Z 倍的 $\sigma_{\overline{p}}$，即公式为：

$$\Delta_p=|p-P|=Z\sigma_{\overline{p}}$$

在 t 分布条件下，则

$$\Delta_p=|p-P|=t\sigma_{\bar{p}}$$

事实上，全及平均数和全及成数常常是未知的，而要求用实测的抽样平均数和抽样成数进行估计，亦即希望被推断的全及平均数 $\overline{X}$ 包含在 $\bar{x}\pm\Delta x$ 范围内，全及成数 P 包含在 $p\pm\Delta p$ 的范围内，这才符合抽样极限误差的实际意义。而上述两个不等式(5－20)和(5－24)虽然表明了抽样指标的误差可能范围，但并不符合抽样推断和估计的要求，因为它们表明的是：抽样指标数值落在全及指标数值上限和下限的一定范围内，这等同于用全及指标来推断抽样指标。因此，需要将上述两个不等式加以变换。

由式(5－20)左边移项，由 $\overline{X}-\Delta_x\leqslant\bar{x}$ 移项，即得：$\overline{X}\leqslant\bar{x}+\Delta_x$；再从右边移项，由 $\bar{x}\leqslant\overline{X}+\Delta_x$ 移项，即得：$\bar{x}-\Delta_x\leqslant\overline{X}$。

所以：$\bar{x}-\Delta_x\leqslant\overline{X}\leqslant\bar{x}+\Delta_x$ (5－25)

同理，$p-\Delta_p\leqslant P\leqslant p+\Delta_p$ (5－26)

由于总体平均数和总体成数是未知的，它要靠实测的抽样平均数成数来估计。因而抽样极限误差的实际意义是希望总体平均数落在抽样平均数的范围内，总体成数落在抽样成数的范围内。式(5－25)和式(5－26)两个不等式适应抽样估计的要求，即表述为被估计的全及指标数值包含在抽样指标数值上限和下限的范围内。

第三节　抽样估计方法

抽样估计就是以样本的统计量来估计总体的参数，即通过对样本各单位的实际观察取得样本数据，计算样本指标，并以这个指标作为相应总体指标的估计量。

科学的抽样估计方法一般要具备三个基本要素。

首先要有合适的统计量作为估计量。我们知道根据一个样本的数据可以构造许多统计量，但不是所有的统计量都能够充当良好的估计量。例如可以用样本平均数、中位数、众数来估计总体平均数。

其次,参数估计是以部分的信息来估计总体的数量特征的。这里存在估计的可信度问题,换句话说,要冒多大的风险来相信所作的估计。估计可信度可以用在100次的这样估计中有多少次是正确的来表示;或者用每次估计中属于正确的概率是多少,所以可信度也称置信度或概率保证程度。

再次,要考虑参数估计允许的误差范围,这便是抽样估计的准确度问题,估计的准确度和可信度是密切联系的,是一个问题的两个方面,准确度是指估计值和被估计真实值的离差程度,离差愈小准确度便愈高。要使所做的估计完全没有误差这是难以实现的,而且并不见得误差愈小就是愈好的估计,因为减少误差势必增加费用,增加人力、物力的负担,这样,甚至会失去组织抽样调查的意义。当然我们也不希望估计误差太大,那会影响样本资料的价值,误差超过了一定限度参数估计也就没有价值了。

一、优良估计的三个标准

前面谈到,估计总体参数,未必只有一个统计量,可供选择的可能有多个样本统计量。比如要总体均值(期望)$\overline{X}$,可以选择样本均值$\overline{x}$(或样本均值的观察值$\overline{x}$),也可以选择样本中位数、众数等,而究竟应当选择哪一个统计量作为总体参数的估计量才是最优的,这就有评价统计量的优良估计标准的问题。

在参数估计中,我们把要估计的总体参数称为待估参数,如总体平均数$\overline{X}$;把用来估计总体参数的统计量称为估计量,如抽样平均数$\overline{x}$,则其观察值称为估计值。一般地在利用估计量$\overline{x}$估计$\overline{X}$时,我们总希望估计量$\overline{x}$能够代表真实的参数$\overline{X}$,根据不同的要求,评价估计量的好坏可以有各种各样的标准,这里只介绍三种最常用的标准:无偏性、有效性和一致性。

1. 无偏性。即样本统计量的期望值(平均数)等于被估计的总体参数。用符号表示,如果$\hat{\theta}$是被估计的参数,θ是估计$\hat{\theta}$的样本统计量,则当$E(\theta)=\hat{\theta}$时,就称θ为$\hat{\theta}$的无偏估计量。就是说,虽然每一次抽样,所决定的统计量取值和总体参数的真值可能有误差,误差可正可负,可大可小,但在多次反复的估计中，所有样本统计量取值的平均数应该等于总体参数本身。也就是说，样本统计量的估计平均来说是没有偏误的。前已证明，样本算术平均数作为总体算术平均数的估计量是符合无偏性要求的。即：

$$E(\overline{x})=\overline{X} \qquad (5-27)$$

2．一致性。即当样本的单位数充分大时，样本统计量也充分靠近总体参数。一般地说，如果样本容量 n 增大时，估计量 θ 更紧密地趋近于参数$\hat{\theta}$，我们就称 θ 为$\hat{\theta}$的一致估计量。就是说随着样本容量 n 的无限增加，样本统计量和被估计的总体参数之差的绝对值小于任意小的正数数，它的可能性也趋近于必然，或者说这一事实几乎是肯定的。可以证明，以样本平均数估计总体平均数，也符合一致性的要求，即存在下列关系式：

$$\lim_{n\to\infty}P(|\overline{x}-\overline{X}|<\alpha)=1 \qquad (5-28)$$

式中，α 为任意小正数。

3．有效性。即作为优良估计量的方差应该比其他估计量的方差小。一般地说，如果 θ_l 和 θ_2 都是$\hat{\theta}$的无偏估计量（对于给定的样本容量而言），而 θ_l 的方差 $\sigma^2(\theta_1)$ 小于 θ_2 的方差 $\sigma^2(\theta_2)$，我们可以说 θ_1 相对来说是更有效的估计量。

例如用样本平均数或用总体任一变量来估计总体平均数，虽然两者估计量都是无偏的，而且在每次估计中，两种估计值与总体平均数都可能有离差，但样本平均数更集中在总体平均数的周围，样本平均数的方差只及总体变量方差的 1/n，就是说，平均说来样本平均数的偏差更小，相对而言样本平均数是更为有效的估计量。即

$$\sigma_{\overline{x}}^2<\sigma_x^2 \qquad (5-29)$$

二、抽样估计

利用样本统计量来估计相应的总体参数，通常有两种方法：点估计和区间估计。

（一）点估计

点估计又称定值估计，它是直接以样本统计量作为相应总体参数的估

计量。即根据总体指标的结构形式，设计样本指标作为总体参数的估计量，并以样本指标的实际值直接作为相应总体参数的估计值。

点估计的优点在于它能够提供总体参数的具体估计值，可以作为决策的数量依据；而它的不足之处在于任何的点估计不是对就是错，并不能提供误差情况，误差程度有多大？

（二）区间估计

区间估计的基本思路是根据给定的概率保证程度的要求，利用实际抽样资料，指出总体被估计值的上限和下限。

一般地，对于总体被估计参数 θ，找出样本的两个估计量 $\hat{\theta}_1$ 和 $\hat{\theta}_2$（其中 $\hat{\theta}_1 < \hat{\theta}_2$）使被估计参数落在区间 $[\hat{\theta}_1, \hat{\theta}_2]$ 内的概率为 $1-\alpha$，即

$$P(\hat{\theta}_1 \leqslant \theta \leqslant \hat{\theta}_2) = 1-\alpha \qquad (5-30)$$

称区间 $[\hat{\theta}_1, \hat{\theta}_2]$ 为总体参数的估计区间，$\hat{\theta}_1$、$\hat{\theta}_2$ 分别为估计上、下限，$1-\alpha$ 为估计置信度。如图 5-5 所示。

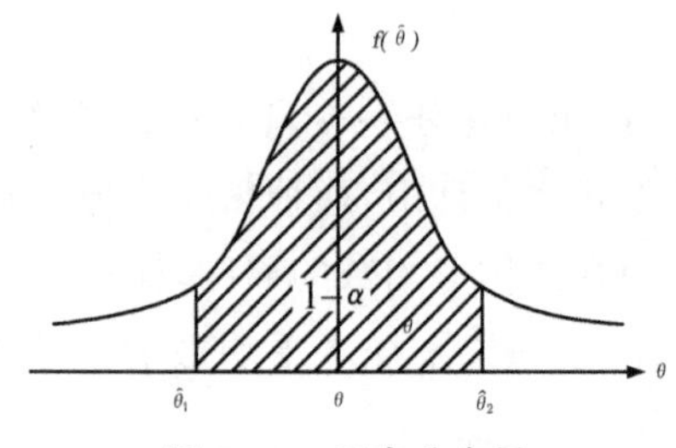

图 5-5　正态分布图

区间估计的特点是它不是指出被估计参数的确定数值，而是指出被估计参数的可能范围，同时对参数落在这一范围内给定相应的概率保证程度，即回答落在这一区间范围的可能性有多大。

依据区间估计的思路，对于被估计的总体参数，所用的估计量可以选择点估计部分介绍过的样本估计量，估计区间即可以表示为估计上限的抽样极限误差与估计下限的抽样极限误差所构成的抽样误差范围。前面正态分布部分讲过不等式 $\overline{X}-\Delta x \leqslant \overline{x} \leqslant \overline{X}+\Delta x$ 与 $\overline{x}-\Delta x \leqslant \overline{X} \leqslant \overline{x}+\Delta x$ 是等价［见

式(5-20)与式(5-25)]的，所以：

$$P(\overline{X}-\Delta x\leqslant\overline{x}\leqslant\overline{X}+\Delta x)=P(\overline{x}-\Delta x\leqslant\overline{X}\leqslant\overline{x}+\Delta x)$$

这就意味着我们所需要估计的总体参数落在区间内的概率可以用样本估计量的抽样分布的概率计算值，因此如果抽样的分布为正态分布，可以直接查找《正态分布概率表》，如为其他分布，可以查找对应的分布临界值表。

1. 总体参数的估计模式

上面指出在进行区间估计时，可以按照给定置信度的要求，去估计误差的可能范围；也可以按照给定允许极限误差的要求，去推算概率保证程度。那么在总体平均数或成数的估计中也相应就有两套模式：

(1) 根据给定的置信度 $1-\alpha$[即给定概率 $F(Z)$]，估计极限抽样误差的可能范围 Δ，并指出估计区间[$\hat{\theta}_1$，$\hat{\theta}_2$]。具体步骤为：

第一步　抽取样本。根据样本单位的标志值，计算样本平均数$\overline{x}$(或样本成数 p)，计算样本标准差 $\hat{\sigma}_x$(或 σ_p)由此推算出样本抽样平均误差 $\sigma_{\overline{x}}$(或 $\sigma_{\overline{p}}$)；

第二步　根据给定的置信度 $1-\alpha$，查《正态分布概率表》或其他分布临界值表，求得概率度 Z(t 或其他)值。

第三步　根据概率度和抽样平均误差，计算极限抽样误差的可能范围 Δ(如为正态分布，利用计算式 $\Delta_x=Z\cdot\sigma_{\overline{x}}$)，并据此计算估计区间的上下限[$\hat{\theta}_1$，$\hat{\theta}_2$]。

例 5-8　某学校进行一次英语测验，为了解学生的考试情况，随机抽选部分学生进行调查，所得资料如下：

表 5-3　某校学生英语测验成绩抽样资料

考试成绩(分)	60 以下	60—70	70—80	80—90	90—100
学生人数(人)	10	20	22	40	8

试以 95.45% 的可靠性估计该校学生英语考试的平均成绩的范围及该校学生成绩在 80 分以上的学生所占的比重的范围。

解：①(变量总体的参数估计)估计该校学生英语考试的平均成绩的范围。

第一步，根据样本数据资料计算

$$\bar{x}=\frac{\sum xf}{\sum f}=\frac{7660}{100}=76.6(\text{分}),$$

$$\hat{\sigma}_x=\sqrt{\frac{\sum (x_i-\bar{x})^2 f_i}{\sum f-1}}=11.377(\text{分})$$

$$\sigma_{\bar{x}}=\frac{\hat{\sigma}_x}{\sqrt{n}}=\frac{11.377}{\sqrt{100}}=1.1377(\text{分})$$

第二步，根据给定的置信度 $F(Z)=0.9545$，查概率表得 $Z=2$。

第三步，计算 $\Delta_x=Z\cdot\sigma_{\bar{x}}=2\times1.1377=2.2754$，据此估计该校学生考试的平均成绩的区间范围是：

$\bar{x}-\Delta_x\leqslant\bar{X}\leqslant\bar{x}+\Delta_x$

$76.6-2.2754\leqslant\bar{X}\leqslant76.6+2.2754$

$74.32(\text{分})\leqslant\bar{X}\leqslant78.89(\text{分})$

在 95.45%概率保证程度下，该校学生的英语考试平均成绩的范围在 74.32(分)—78.89(分)之间。

②(属性总体的参数估计)按照相同步骤，确定该校成绩在 80 分以上的学生所占比重的可能范围

$$p=\frac{n_1}{n}=\frac{48}{100}=48\%$$

$$\sigma_{\bar{p}}=\sqrt{\frac{p(1-p)}{n}}=\sqrt{\frac{0.48(1-0.48)}{100}}=0.04996$$

$\Delta_p=Z\sigma_{\bar{p}}=2\times0.04996=0.09992$

80 分以上学生所占的比重的范围：

$P=p\pm\Delta_p=0.48\pm0.09992$

$38.01\%\leqslant P\leqslant27.99\%$

即在 95.45%概率保证程度下，该校学生成绩在 80 分以上的学生所占的比重的范围在 38.01%—57.99%之间。

(2) 根据给定极限抽样误差范围 Δ，求置信度 $1-\alpha\ [F(Z)]$。具体步骤为：

第一步　抽取样本，根据样本单位的标志值，计算样本平均数$\overline{x}$（或样本成数 p）；计算样本标准差 S，由此推算出样本平均抽样误差 $\sigma_{\overline{x}}$（或 σ_p）。

第二步　根据给定极限抽样误差范围 Δ，估计总体平均数（成数）的下限$\overline{x}-\Delta_x$（$p-\Delta_p$）和上限$\overline{x}+\Delta_x$（$p+\Delta_p$）。

第三步　根据给定的极限抽样误差与抽样平均误差，求概率度 Z（或 t）值（如正态分布的计算式 $Z=\Delta_x/\sigma_{\overline{x}}$），再根据概率度查表，求出相应的置信度 $1-\alpha[F(Z)]$。

例 5-9　估计某市居民家庭电脑的普及率，随机抽取 900 户居民调查，其中 675 户居民拥有个人电脑。要求极限抽样误差不超过 2.8%，对该市居民电脑普及率进行估计。

第一步，根据样本资料，计算

$$p=\frac{675}{900}=0.75$$

$$\sigma_p=\sqrt{p(1-p)}=0.43$$

$$\sigma_{\overline{p}}=\sqrt{\frac{p(1-p)}{n}}=\sqrt{\frac{0.75\times0.25}{900}}=0.014$$

第二步，根据给定的极限误差 $\Delta_p=0.028$，确定总体成数的估计区间的上、下限：

估计区间上限：$p+\Delta_p=0.75+0.028=0.778$

估计区间下限：$p-\Delta_p=0.75-0.028=0.722$

第三步，计算 $Z=\dfrac{\Delta_p}{\sigma_{\overline{p}}}=\dfrac{2.8\%}{1.4\%}=2$，查表得 $F(Z)=0.9545$

点估计：该市居民家庭的电脑普及率为 75%。

区间估计：以概率 95.45%的保证程度，估计该市居民电脑的普及率在 72.2～78.8%之间。

2. 两个总体均值之差的区间估计

有时，需要估计两个总体均值之间的差异有多大，例如，要估计两个学校学生的平均学习成绩之间的差异等等。这时就要对两个总体均值之差进行区间估计。在这里，只介绍两个总体的方差已知时两个总体均值之差的区间估计。

当两总体 X_1、X_2 均服从正态分布时，若已知两总体的方差 σ_{x1}^2、σ_{x2}^2，则可以证明：从两总体中随机抽取的两个样本的均值之差服从于期望值为 $(\overline{X}_1-\overline{X}_2)$，方差为 $\left(\frac{\sigma_1^2}{n_1}+\frac{\sigma_2^2}{n_2}\right)$ 的正态分布，记为：

$$(\bar{x}_1-\bar{x}_2)\sim N\left[(\overline{X}_1-\overline{X}_2),\frac{\sigma_1^2}{n_1}+\frac{\sigma_2^2}{n_2}\right] \tag{5-31}$$

因此，在给定置信水平 $1-\alpha$ 后，两个总体均值之差的置信区间由下式给出：

$$(\overline{X}_1-\overline{X}_2)\pm Z\sqrt{\frac{\sigma_1^2}{n_1}+\frac{\sigma_2^2}{n_2}} \tag{5-32}$$

第四节　抽样方法

一、抽样设计工作的基本原则

在抽样设计中，首先要保证随机原则的实现。随机取样是抽样推断的前提，失去这个前提，推断的理论和方法也就失去存在的意义。从理论上说，随机原则就是要保证总体每一单位都有同等的中选机会，或样本的抽选的概率是已知的。但在实践上，如何保证这个原则的实现，需要考虑许多问题。一是要有合适的抽样框。抽样框固然要具备可实施的条件，可以从中抽取样本单位，要能覆盖总体的所有单位，还要考虑抽样单位与总体单位的对应问题。二是取样的实施问题。当总体中单位数很大甚至无限的情况下，要保证总体每单位中选的机会均等绝不是简单的工作。在设计中要考虑将总体各单位加以分类、排队或分阶段等措施，尽量保证随机原则的实现。

其次，要考虑样本容量和结构问题。样本的容量取决于对抽样推断准确性、可靠性的要求，而后者又因所研究问题的性质和抽样资料的用途而不同，很难给出一个绝对的标准。因此在抽样设计时应该重视研究现象的差异、误差的要求和样本容量之间的关系，作出适当的选择。对相同的样本容量，还有容量的结构问题，例如一个县要求抽取 500 亩播种面积，它可以是先抽 5 个村，然后每村抽 100 亩，也可以是先抽 10 个村，然后每村抽 50 亩等等，样本容量的结构不同，所产生的效果也不同。因此，在组织抽样方式之前，合理地确定必要的抽样单位数目，以取得理想的抽样效果，是抽样调查需要解决的重要问题。

再次，关于抽样的组织形式问题。不同的抽样组织形式，会有不同的抽样误差，因而就有不同的效果。在抽样设计时必须充分利用已经掌握的辅助信息，对总体单位加以预处理，并认真细致地分析与对比不同组织形式和不同抽样方法的抽样误差，从中选择有效和切实可行的抽样方案。

在抽样设计中还必须重视调查费用这个基本因素。实际上任何一项抽样调查都是在一定费用的限制条件下进行的，抽样设计应该力求调查费用节省的方案。同时还要注意到，提高精确度的要求和节省费用的要求并非一致，有时是相互矛盾的。而我们的任务在于在一定误差的要求下选择费用最少的方案；或在一定的费用开支条件下，选择误差最小的方案。

二、抽样组织方法与必要的样本容量的计算

（一）简单随机抽样

简单随机抽样是按随机原则直接从总体 N 个单位中取 n 个单位作为样本。不论是重复抽样或不重复抽样，都要保证每个单位在抽选中有相等的中选机会。由于这种抽样组织形式对于总体除了抽样框的名单外，不需要利用任何其他信息，所以也称为单纯随机抽样。简单随机抽样是抽样中最基本也是最简单的方式，它适用于均匀总体，即具有某种特征的单位均匀地分布于总体的各个部分。在抽样之前要求对总体各单位加以编号，然后用抽签的方式或根据《随机数表》来抽选必要的单位数。以上各节所介绍的抽样方法都是就简单随机抽样而言的。

简单随机抽样的优点：在理论上最符合随机原则。因为总体中各个单

位被抽中的机会是相等的；它是设计其他更复杂抽样组织形式的基础；它是衡量其他抽样方法效果的比较标准。其主要缺点：当总体很大时，抽样框编码比较困难；它不能充分利用总体的有关信息，因而抽样误差较大。

1. 在重复抽样条件下，必要的样本容量的确定

(1) 关于样本平均数

样本平均数的误差公式为：$\Delta_x = Z \cdot \sigma_{\bar{x}} = Z\frac{\sigma_x}{\sqrt{n}}$

上式可以得出影响抽样单位数 n 的主要因素：

第一，总体的标志变动程度大小。如果标志变动度大，抽样单位数就多；标志变动度小，则抽样单位数就可以减少。

第二，容许的误差范围。如果抽样调查容许的误差范围越小，必要的抽样单位数目应当越多；反之，必要的抽样单位数目就越少。

第三，抽样推断估计的可信程度。推断估计的可信程度与概率度有关，要求估计的可信程度越大，抽样单位数目就要增多；反之，抽样单位数目可以少一些。

影响抽样单位数的这三个因素总是相互联系、相互制约的。将它们联系起来考虑，根据抽样极限误差公式并加以变换，可以推导出必要的抽样单位数目计算公式。从抽样误差的公式来看，抽样单位数目 n 与抽样平均误差、总体标准差、抽样推断的可信度之间有着函数的关系。这四个因素中，只要后三个因子已经知道，必要的抽样单位数目就可以按函数关系来确定。

推广到各种抽样方法的必要样本容量的确定上，通常是先根据研究问题的性质确定允许的误差范围 Δ 和必要的置信度（或概率度），然后根据历史资料或其他试点资料确定总体的标准差 σ，再通过抽样平均误差公式来推算重复抽样或非重复抽样方式下的必要样本单位数 n。

按照以上思路，简单随机抽样的必要样本单位数为：

$$n=\frac{Z^2\sigma^2}{\Delta_x^2} \tag{5-33}$$

(2) 关于样本成数

同理，关于样本成数的必要抽样单位数为：

$$n=\frac{Z^2 p(1-p)}{\Delta_p^2} \tag{5-34}$$

2. 在不重复抽样条件下,必要的样本容量的确定

(1) 关于样本平均数

根据样本平均数的误差公式:

$$\Delta_x = Z \cdot \sigma_{\bar{x}} = \sqrt{\frac{Z^2\sigma^2}{n}\left(1-\frac{n}{N}\right)}$$

所以,必要的样本单位数为:

$$n=\frac{NZ^2\sigma_x^2}{N\Delta_x^2+Z^2\sigma_x^2} \tag{5-35}$$

(2) 关于样本成数

同理,关于样本成数的必要抽样单位数为:

$$n=\frac{NZ^2 p(1-p)}{N\Delta_p^2+Z^2 p(1-p)} \tag{5-36}$$

例 5-10 对全省高校英语课的考试成绩进行检查,根据以往学生资料该课程的平均分数为 78.75 分,标准差为 12.13 分,及格率为 95%。试在 95.45%的概率保证程度下,以 2%的允许极限误差率推断今年全年级学生考试成绩与及格率。问分别至少应抽取多少名学生?如果希望用一个样本同时完成以上两个问题的分析,则应抽取容量为多大的样本?

解:已知 $\sigma_x=12.13$,$\Delta_x=78.75\times2\%$,$\Delta_p=95\%\times2\%$

(1) $n=\frac{Z^2\sigma_x^2}{\Delta_x^2}=\frac{2^2\times(12.13)^2}{(78.75\times2\%)^2}\approx238$(人)

(2) $n=\frac{Z^2P(1-P)}{\Delta_x^2}=\frac{2^2\times(95\%\times5\%)}{(95\%\times2\%)^2}\approx527$(人)

(3) 如果希望用一个样本同时完成以上两个问题的分析,则应抽取容量为 527 人的样本。

2. 类型抽样

类型抽样也称分层抽样,它先按一定标志对总体各单位进行分类,然后分别从每一类按随机原则抽取一定单位构成样本。类型抽样的前提是对总体事先有一定的认识,有辅助信息可利用,这种信息和所研究的标志值大小

有密切关系，可以作为分类的标志。通过分类把总体中标志值比较接近的单位归为一组，减少各组内的差异程度，再从各组抽取样本单位就有更大的代表性，因而抽样误差也就相对减小了。在实际工作中广泛应用类型抽样方式。例如农产量抽样按地区分类，家计调查按国民经济部门分类，产品质量抽查按加工车床型号分类等等，都收到明显的效果。设总体由 N 个单位组成，把总体分为 K 组，使：$N=N_1+N_2+\cdots+N_k$，然后从每组之中取 n_i 单位构成总容量为 n 的样本，即 $n=n_1+n_2+\cdots+n_k$。由于 K 组是根据一定标志划分的，各组单位数一般是不同的，通常是按比例取样的从 N_i 中取 n_i，即按各组单位数占总体单位数的比例来分配各组应抽样本单位数，单位数较多的组应该多取样，单位数较少的组则少取样，保持各组样本单位数与各组单位数之比都等于样本总容量与总体单位数之比。

类型抽样的特点：(1)可利用已知信息提高抽样效率。通过分层可以把反映标志差异的方差分为两部分，一部分是各组内标志值的方差，另一部分是组平均数的组间方差。在总方差一定的条件下，尽可能扩大层间方差，减小各层内方差，可以减小分层抽样误差。分层的目的正在于此。分层抽样的关键在于分层标志的选择。分层标志应当是与所调查研究的指标有密切关系的或是决定着调查指标值变化的主要条件。(2)抽样的组织比较方便。(3)能掌握总体中各层总体的情况。

类型抽样的样本平均数计算，首先由各组分别取样，计算各组抽样平均数：

$$\overline{x}_i=\frac{\sum_{j=1}^{n_i}x_{ij}}{n_i} \tag{5-37}$$

再用各组单位数 N_i 或样本单位数 n_i 为权数计算出样本平均数：

$$\overline{x}=\frac{\sum_{i=1}^{k}N_i\overline{x}_i}{N}=\frac{\sum_{i=1}^{k}n_i\overline{x}_i}{n} \tag{5-38}$$

由于类型抽样是对每一组抽样，可以考虑不存在有组间误差，因此类型抽样的抽样平均误差取决于各组内方差平均水平。可以先计算各组内方差：

$$\sigma_i^2 = \frac{\sum (X_i - \overline{X}_i)^2}{N_i} \approx \frac{\sum (x_i - \overline{x}_i)^2}{n_i} \tag{5-39}$$

再以各组样本单位数 n_i 为权数，计算各组内方差的平均数

$$\overline{\sigma_x^2} = \frac{\sum n_i \sigma_i^2}{n} \tag{5-40}$$

因此，样本平均数的抽样平均误差可以以下公式计算：

在重复抽样条件下：

$$\sigma_{\overline{x}} = \sqrt{\frac{\overline{\sigma_x^2}}{n}} \tag{5-41}$$

在不重复抽样条件下：

$$\sigma_{\overline{x}} = \sqrt{\frac{\overline{\sigma_x^2}}{n}\left(1 - \frac{n}{N}\right)} \tag{5-42}$$

3. 等距抽样

等距抽样也称机械抽样或系统抽样，它先按某种标志对总体各单位进行顺序排列，然后按固定间隔来抽取样本单位。等距抽样也需要事先对总体有一定的辅助信息，能够据以确定各单位的排队位置。在各单位大小顺序排队基础上，再按某种规则依照一定间隔取样，这样可以保证所取到的样本单位均匀地分布在总体的各个部分，有较高的代表性。

等距抽样的优点：一是组织简便，易于实施。目前我国在农村经济调查、城市住户调查、人口抽样调查和产品质量检验等方面广泛地采用了等距抽样方法。二是在已知总体某些有关信息时，采用等距抽样能保证样本单位在总体中均匀分布，提高样本对总体的代表性，提高抽样效率。而且一般地等距抽样比简单随机抽样的误差小，所以实际应用较广。

这里需要注意的是，当总体各单位存在周期性差异时，进行等距抽样要注意避免取样间隔和总体各单位周期性差异的节奏性循环所引起的系统性影响，防止系统性偏差影响样本的代表性。

具体做法：设总体由 N 个单位组成，现在需要抽取一个容量为 n 的样本，先将总体 N 个单位按一定标志排队，然后将 N 划分为 n 个单位相等的部分，每部分包含 k 个单位。现在从第一部分顺序为 $1,2,\cdots,i,\cdots,k$ 单位

中随机抽取第 i 个单位，而在第二部分中抽取第 $i+k$ 单位，第三部分中抽取第 $i+2k$ 单位……在第 n 个部分抽取第 $i+(n-1)k$ 单位，共 n 个单位组成一个样本，而且每一个样本单位的间隔为 k。由此可见等距抽样当第一个单位随机确定之后，其余各个单位的位置也就确定了。这样共可抽取 k 套样本。

关于等距抽样的抽样平均误差，由于它是随机起点取样，所以一般地，它的抽样误差可以采用简单随机抽样误差公式来近似反映。

4. 整群抽样

整群抽样也称集团抽样，它是将总体各单位划分若干群，然后从其中随机抽取部分群，对中选群的所有单位进行全面调查的抽样组织方式。例如要调查家庭副业发展情况，不是直接抽取居民户，而是以村为单位，抽若干村，然后对中选村的全体居民户进行调查，这样就大大简便了抽样工作，节省经费开支。

整群抽样的主要优点是设计和组织比较方便，能节省人力、物力、财力和时间等。但由于抽取的样本比较集中，样本单位在总体中分布不够均匀，所以对总体的代表性较差。故在统计实践中采用整群抽样时，一般都要比其他抽样方法抽选更多的单位，借以提高抽样结果的精度。整群抽样都采用不重复抽样方法。

整群抽样分为等群抽样和不等群抽样两种。当群的大小相等时，其样本平均数和抽样平均误差的计算方法比较简单，类似于简单随机抽样的公式。当群的大小不等时，计算较复杂，而且有多种估计方法，实际应用时，可参考有关的专著。以下以等群抽样为例说明。

设总体的全部 N 单位划分为 R 群，每群包含 m 单位。则 $N-Rm$。现在从总体 R 群中随机抽取 r 群组成样本，并分别对中选 r 群的所有 m 单位进行调查。

第 i 群的样本平均数：

$$\bar{x}_i = \frac{\sum_{j=1}^{m} x_{ij}}{m} \qquad (5-43)$$

样本平均数：

$$\overline{x}=\frac{\sum_{i=1}^{r}\sum_{j=1}^{m}x_{ij}}{rm}=\frac{\sum_{i=1}^{r}\overline{x}_i}{r} \tag{5-44}$$

可以看出，整群抽样实质上是以群代替总体单位，以群平均数代替总体单位标志值之后的简单随机抽样。因此样本平均抽样误差也按相同思路计算，其计算公式为：

$$\delta^2=\frac{\sum(\overline{X}_i-\overline{X})^2}{R}=\frac{\sum(\overline{x}_i-\overline{x})^2}{r} \tag{5-45}$$

可见，(5－44)式反映的是群与群之间的差别，所以是群间方差。

$$\sigma_{\overline{x}}=\sqrt{\frac{\delta^2}{r}\left(\frac{R-r}{R-1}\right)} \tag{5-46}$$

5. 阶段抽样

阶段抽样也称多级抽样，是指在抽样时先抽总体中某种更大范围的单位，再从中选大单位中抽较小范围的单位，逐次类推，最后从更小范围单位中抽选样本的基本单位，分阶段来完成抽样的组织工作。当总体很大时，抽样调查要直接抽选总体的基本单位在技术上有很大困难，一般都要采用多阶段的抽样方法。例如我国农产量抽样调查，第一阶段是从省抽县，第二阶段从中选县抽乡，第三阶段从中选乡抽村，再从村抽地块，最后再从地块抽具体的样本点，并以样本点的实际资料来推算平均亩产和总产量。

下面以两阶段抽样为例说明阶段抽样的做法。首先将总体划分为 R 组，每组包含 M_i 个单位。抽样第一阶段从 R 组中随机抽取 r 组，第二阶段再从中选的 r 组中分别从各组 M_i 单位随机抽取 m_i 个单位，构成一个样本，这种抽样就是两阶段抽样。其中总体单位数 $N=M_1+M_2+\cdots+M_R$，各组的单位数可以是相等的，也可以是不等的。样本单位数 $n=m_1+m_2+\cdots+m_r$，各组抽取的单位数可以是相等的，也可以是不等。

两阶段抽样在组织技术上可以看成是整群抽样和类型抽样的结合。即整群抽样第一阶段从总体的全部组(群)中，随机抽取部分的组(群)，和类型抽样第二阶段从中选组中抽选部分单位的两个程序的结合。

从总体 R 组中随机抽取 r 组，并从 r 组的 M 个单位中抽 m 单位构成样本。样本平均数可这样计算：现计算第 i 组的样本平均数$\overline{x}_i$：

$$\overline{x}_i = \frac{\sum_{j=1}^{m} x_{ij}}{m}, (i = 1,2,\cdots,r) \tag{5-47}$$

再计算$\overline{x}$：

$$\overline{x} = \frac{\sum_{i=}^{r} \sum_{j=1}^{m} x_{ij}}{rm} = \frac{\sum_{i=1}^{r} \overline{x}_i}{r} \tag{5-48}$$

两阶段抽样的平均误差由两部分构成，第一部分是第一阶段从总体全部组抽取部分住所引起的组间误差，第二部分是由第二阶段在中选组中抽取部分单位所引起的组内平均误差，结合阶段抽样是不重复抽样，所以其抽样平均误差为：

$$\sigma_{\overline{x}} = \sqrt{\frac{\sigma_1^2}{r}\left(\frac{R-r}{R-1}\right) + \frac{\sigma_2^2}{rm}\left(\frac{M-m}{M-1}\right)} \tag{5-49}$$

其中组间 $\sigma_1^2 = \frac{\sum (\overline{X}_i - \overline{X})^2}{R}$，组内 $\sigma_2^2 = \frac{\sum \sigma_i^2}{rm}$。

第六章 假设检验

参数估计和假设检验是统计推断的两个组成部分，它们分别从不同的角度利用样本信息对总体参数进行推断。前者讨论的是，在一定的总体分布形式下，借助样本构造的统计量，对总体未知参数作出估计的问题；后者讨论的是，如何运用样本信息对总体未知参数的取值或总体行为所做的事先假定进行验证，从而作出真假判断。通俗地、简单地说，前者是利用样本信息估计总体参数将落在什么范围里；而后者则是利用样本信息回答总体参数是不是会落在事先假定的某一个范围里。

第一节 假设检验的基本思路和假设命题

统计假设检验，简称假设检验，是指对总体某些未知参数作出某种假设，然后抽取样本，构造适当的统计量，利用样本信息对假设的正确性进行判断的方法。假设检验可分为限定分布检验和自由分布检验。20 世纪 50 年代以前，在统计学的发展中，最先出现的统计检验都对样本所属总体的性质作出若干假定，即对总体的分布形状加上某些限定。例如假定样本所由出的总体必须是正态分布的，或两个样本取自相同方差的两个总体等等。对总体分布加以某些限定的统计检验，就称为限定分布检验。由于这种方法所要检验的总体特征值(如平均值、方差等)是一些未知的"参数",故也称为"参数假设检验",简称"参数检验"。50 年代以后,一些杰出的统计学家发展了对总体不再作太多的或严格的限定的统计检验方法——自由分布检验。这种统计检验不依赖于总体分布的具体形状,仍能对总体作出推断,故也称为非参数假设检验(对应于参数检验)。从数据资料的测量尺度中可以发现,限定分布检验只适用于等距尺度和比例尺度的数据;而自由分布检验几乎可以适用于所有类型的数据。参数假设检验和非参数假设检验就成了统计检验的两翼,相辅相成,相得益彰。

一、假设检验的基本思路

生产或试验中要求我们处理的数据,总是有波动、有差异的。例如,某金工车间生产铆钉,其标准直径 $\overline{X}=2\text{cm}$。我们知道,即使工艺条件不变,所生产铆钉的直径也不可能全等于 2cm,而是在 2cm 附近波动。从过去的大量数据计算出其标准差 $\sigma=0.1(\text{cm})$。现在为了提高产量,采用了一种新工艺。抽取用新工艺生产的 $n=100$ 个铆钉,实测得其平均直径为 $\overline{x}=1.978(\text{cm})$。我们自然会问,$\overline{x}$与 $\overline{X}$ 的差异纯粹是偶然的波动,还是也反映了工艺改变的影响?在这里,我们看到有两种不同性质的误差:

1. 随机误差,它是由于生产过程中受偶然因素的影响,或者对产品测量的不准确造成的,即使在同一工艺条件下,这种误差也不可能完全避免。

2. 条件误差,它是由于工艺条件的改变所造成的。

显然,如何正确地区分这两种误差是解决上述问题的关键。但是,这两种误差经常纠缠在一起,除了极为明显的情况,一般是难于直观地分辨的。

在上面的例子中,假设工艺的改变对铆钉直径没有影响,也就是说不存在条件误差,$\overline{x}$与 $\overline{X}$ 的差异纯粹是随机误差,或者样本仍可以看作是从原来的总体抽取的,那么,从统计抽样分布理论知道,$\overline{x}\sim N(\overline{X},\sigma_{\overline{x}}^2)$,则$\overline{x}=1.978$ 落在$\left(\overline{X}-1.96\dfrac{\sigma_x}{\sqrt{n}},\overline{X}+1.96\dfrac{\sigma_x}{\sqrt{n}}\right)=(1.980\sim2.020)$区间(按重复抽样计算)之外的概率不到 5%,即 20 多次才能出现一次,为此,我们会认为$\overline{x}$来自原总体的可能性太小了,也就不能相信一开始提出的统计假设是正确的,所以否定该假设,认为工艺的改变使铆钉直径变小了。

以上就是假设检验的基本思路,用统计语言归纳为:首先,对总体参数作出某种假设,并假定它是成立的,然后,根据样本得到的信息(统计量),考虑接受这个假设之后是否会导致不合理的结果。在假设检验中,判断是否接受假设的基本思想是概率性质的反证法。为了检验原假设,首先假定原假设为真。在原假设为真的前提下,如果有违反逻辑或违背人们常识和经验的不合理结果出现,则表明“原假设为真”的假定是不正确的,也就不能接受原假设。若没有导致不合理结果出现,那就认为“原假设为真”的假定是正确的,也就是说要接受原假设。

概率性质的反证法的理论根据是小概率事件原理(又叫实际推断原理),即如果对总体的某种假设是真实的,那么不利于或不能支持这一假设的事件 A(小概率事件)在一次试验中几乎不可能发生;要是在一次试验中 A 竟然发生了,就有理由怀疑该假设的真实性,拒绝这一假设。

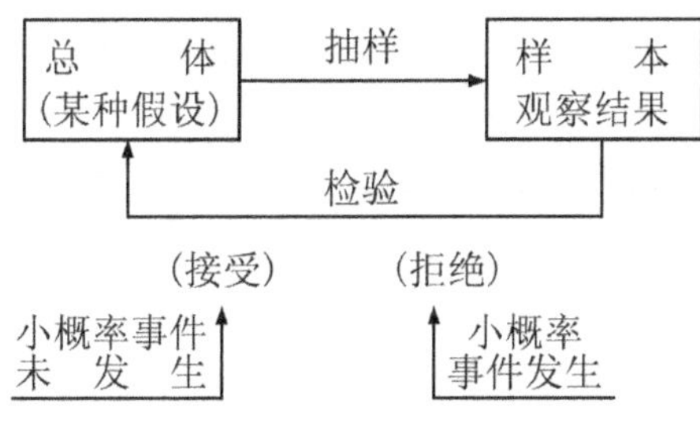

图 6-1 小概率原理图

二、显著性水平

如上所说,我们之所以拒绝原假设,并不是因为它存在逻辑的绝对矛盾,或实际上不可能存在这种假设,而仅仅因为它存在的可能性很小。根据小概率事件事实上发生了这个情况,我们认为原假设是不正确的,而拒绝接受它。这时关键的问题是概率要小到什么程度才足以否定原来所作的假设?在进行假设检验时应该事先规定一个小概率的标准 α,作为判断的界限,这个小概率标准 α 称为显著性水平。α 所对应的概率度称为显著性水平 α 的临界值。由于原假设的分布是已知的,因而样本统计量和总体参数的离差在一定范围内的概率也可以知道，离差超过这个范围的概率也同样知道。如果统计量与参数的差异过大，以致发生这种事件的概率很小，而且小到低于给定的标准，我们就拒绝原假设；如果计算出的统计量与参数差异的相应概率大于给定标准，我们就接受原假设。这样，我们把概率分布分为两个区间：离差的绝对值大于给定标准的概率分布区间称为拒绝区间，离差的绝对值小于这个标准则为接受区间。例如已知概率分布如图 6－2，给定小概率标准 $\alpha=0.05$，凡概率小于 5％的差异都是小概率事件，属于拒绝区间，如图中分布两端的阴影部分；而 $1-\alpha=0.95$，则是对立事件的概率，其概率在 95％以内的为接受区间，如图 6－2 中央部分所示（以正态分布为例）。

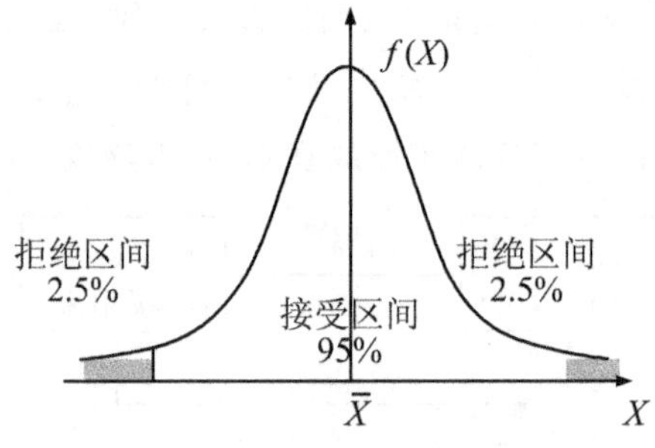

图 6－2　正态分布图

事件属于接受区间，原假设成立，判断总体无显著差异；事件属于拒绝区间，推翻原假设，认为总体有显著差异。

三、统计假设的命题

有关总体参数的假设有两个部分：原假设和备择假设。原假设，亦称虚无假设、零假设，是接受检验的假设，记为 H_0，它总是假定总体没有显著性差异，即所有的差异由随机原因引起。原假设常常是根据历史资料，或根据周密考虑后确定的，所以原假设在研究过程中是受到保护的，若没有充分的根据，原假设是不会被轻易否定的。备择假设，亦称对立假设、择一假设，是当原假设被否定时必须成立的假设，记为 H_1。原假设和替代假设是相互对立的。如 H_0 真实，则 H_1 不真实；如 H_0 不真实，则 H_1 真实。当根据抽样结果有充分理由否定 H_0 时，就应该接受 H_0 的对立假设 H_1。

第二节　总体参数的检验

一、假设检验的程序

由于抽样方法与样本数据的处理在前面讲过，这里我们将阐述统计假设检验的工作程序（见图 6－3）其余的工作步骤。

第一步：建立统计假设。

例如关于某总体均值的假设就有三种情况：

（1）$H_0: \overline{X}=\overline{X}_0$ 或 $P=P_0$　$H_1: \overline{X}\neq\overline{X}_0$ 或 $P\neq P_0$

（2）$H_0: \overline{X}\leqslant\overline{X}_0$ 或 $P\leqslant P_0$　$H_1: \overline{X}>\overline{X}_0$ 或 $P>P_0$

（3）$H_0: \overline{X}\geqslant\overline{X}_0$ 或 $P\geqslant P_0$　$H_1: \overline{X}<\overline{X}_0$ 或 $P<P_0$

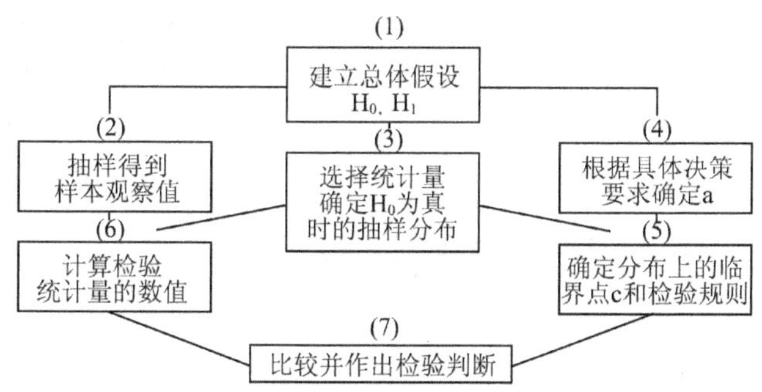

图 6－3　统计假设检验的工作程序图

第二步：确定适当的检验统计量。

假设检验如同在参数估计中一样，要借助于样本统计量进行统计推断。用于假设检验问题的统计量称为检验统计量，它必须满足三个要求。第一，在原假设成立的条件下，它的分布函数是已知的；第二，它必须包含所要检验的总体参数；第三，计算该检验统计量的值时，计算中的各项均为已知或可以依据样本得出。

检验统计量是根据变量的分布、总体参数是否已知以及样本的大小来选择确定的。在参数检验中,一般可选择 Z 分布检验、t 分布检验、x^2 分布检验和 F 分布检验。

使用统计量 Z 的标准正态分布进行的统计检验,称为正态检验,或 Z 检验。例如关于总体平均数的 Z 检验,要求检验统计量服从于正态分布或趋近于正态分布。又如总体成数(达标率、合格品率、升学率等),符合条件时可用 Z 检验。

使用统计量 t 进行的检验称为 t 分布检验。例如在总体的标准差 σ 未知,需要用样本标准差 S 来代替 σ 时,就需要运用 t 分布检验。

使用统计量 x^2 的标准正态分布进行的统计检验,称为 x^2 分布检验。例如关于总体方差的检验。

使用统计量 F 的标准正态分布进行的统计检验,称为 F 分布检验。例如关于两总体的方差是否存在差异的检验。

第三步:选择检验的显著水平 α,确定临界点。

显著性水平主要视拒绝区间可能承担的风险来决定,应该根据研究问题的性质和对结论确定的要求而有所不同,它是确定原假设的拒绝区间和接受区间临界值的基础,通常采用 0.1、0.05、0.01、0.001 等显著性水平。例如一般社会经济现象采用的显著性水平 $\alpha=0.05$,产品质量检验采用的显著性水平 $\alpha=0.01$,工程技术检验采用的显著性水平 $\alpha=0.001$,甚至取 $\alpha=0.0001$ 等等。

在选择的显著性水平 α 下,查原假设成立的对应参数分布表,求出临界值,也就是接受域与拒绝域的分界点。

第四步:计算检验统计量的值。

根据样本观测值计算检验统计量的值。

第五步:比较并做出检验判断。

比较查表所得的临界值与检验统计量的计算值,若由样本观测值算出的检验统计量的实际值落入拒绝域中,则在检验水平 α 下拒绝原假设 H_0,而接受 H_1;否则就接受 H_0。

二、双侧检验与单侧检验

（一）双侧检验。当仅仅需要知道检验样本的统计量与原总体参数有无显著性差异时，是不需要考虑差异的方向为正差异或负差异的，此时采用双侧检验。以下以 Z 检验为例：

例如总体平均数检验，建立统计假设为 $H_0: \overline{X}=\overline{X}_0$；$H_1: \overline{X}\neq\overline{X}_0$，选择显著性水平 α。在双侧检验中，就有两个拒绝域、两个临界值，且每个拒绝域的概率为 $\alpha/2$。如果检验统计量 $|Z|>Z_{\alpha/2}$，说明需检验样本的平均数属于原总体的分布中的发生概率小于 $\alpha/2$，小概率事件发生了，就有理由拒绝原假设，否则就接受原假设。如下图 6-4 所示。

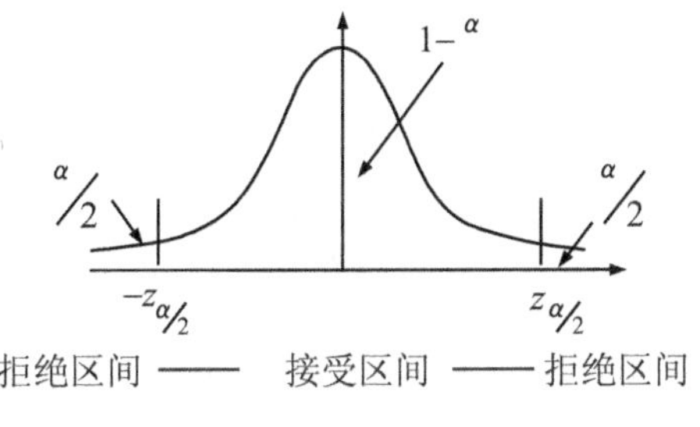

图 6-4 双侧检验

（二）单侧检验。当检验不仅需要关心样本统计量与原总体参数之间有无显著性差异，而且还需要进一步追究是否发生了预期指点方向的差异（正差异或负差异）时，应该采用单侧检验。单侧检验又有左单侧检验和右单侧检验。

总体平均数的左单侧检验，建立统计假设为 $H_0: \overline{X}\geqslant\overline{X}_0$；$H_1: \overline{X}<\overline{X}_0$，选择显著性水平 α。在左单侧检验中，只有一个拒绝域、一个临界值，且拒绝域的概率为 α。如果检验统计量 $|Z|>Z_\alpha$，就拒绝原假设，否则就接受原假设（如图 6-5）。

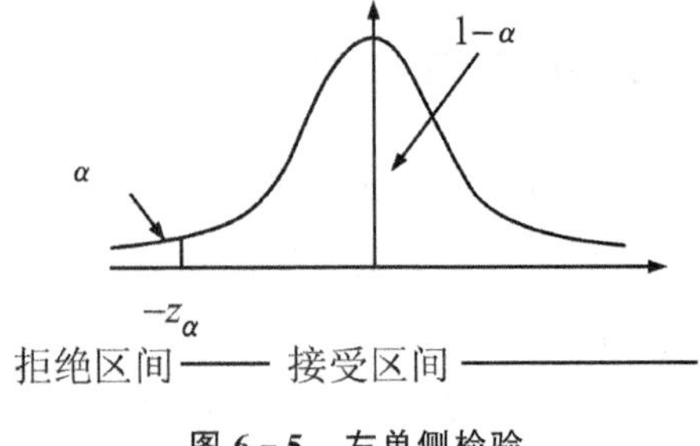

图 6-5 左单侧检验

总体平均数的右单侧检验，建立统计假设为 $H_0: \overline{X} \leqslant \overline{X}_0; H_1: \overline{X} > \overline{X}_0$，选择显著性水平 α(如图 6-6)。

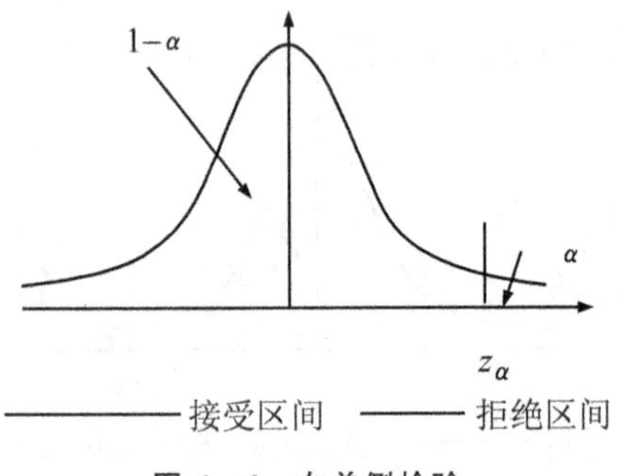

图 6-6 右单侧检验

三、总体平均数的检验

总体平均数的检验就是检验当前的总体平均数是否和事先假设的总体平均数(例如生产规程规定的产品平均质量水平、根据理论计算的标准水平、根据历史资料计算的平均水平等等)存在着显著性差异。

在总体平均数的检验程序中，特别需要注意检验统计量的确定。与参数估计中进行总体平均数的区间估计类似，总体平均数的假设检验也要根据总体是否服从正态分布、总体方差是否已知以及样本的大小来确定合适的检验统计量。表 6-1 说明检验统计量的选择，供大家学习时参考。

例 6-1 橡胶厂生产汽车轮胎，根据历史资料统计结果，平均耐用里程为 25000 公里，标准差为 1900 公里。现从新生产批量中随机抽取 400 个测试，其平均耐用里程数为 25150 公里。试按 5%的显著性水平判断新批量的轮胎平均耐用里程与通常的耐用里程有无显著的差异？

表 6－1　检验统计量选择表

类型	条件	检验统计量	H_0、H_1	拒绝域
Ⅰ	正态总体 σ_2 已知	$Z=\frac{\bar{x}-\mu_0}{\sigma/\sqrt{n}}$	(1) $H_0:\mu=\mu_0$ $H_1:\mu\neq\mu_0$	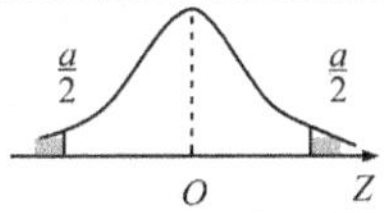 $\frac{a}{2}$ $\frac{a}{2}$ O Z
			(2) $H_0:\mu\geqslant\mu_0$ $H_1:\mu>\mu_0$	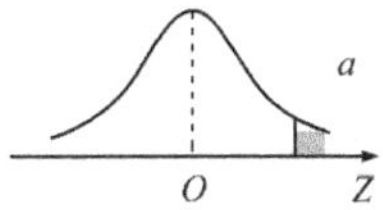 a O Z
			(3) $H_0:\mu\geqslant\mu_0$ $H_1:\mu<\mu_0$	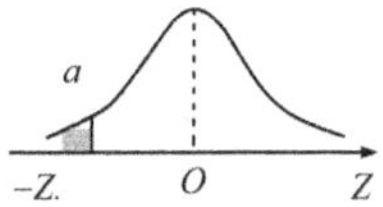 a −Z. O Z
Ⅱ	正态总体 $n\leqslant30$ σ_2 未知	$t=\frac{\bar{x}-\mu_0}{S/\sqrt{n}}$	(1) $H_0:\mu=\mu_0$ $H_1:\mu\neq\mu_0$	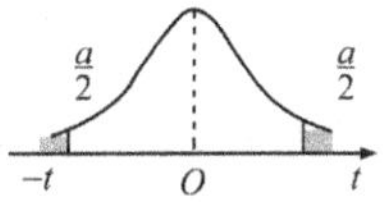 $\frac{a}{2}$ $\frac{a}{2}$ −t O t
			(2) $H_0:\mu\leqslant\mu_0$ $H_1:\mu>\mu_0$	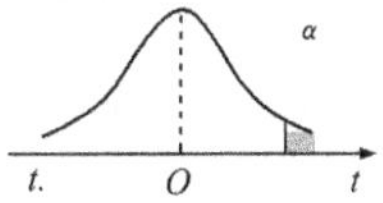 α t. O t
			(3) $H_0:\mu\geqslant\mu_0$ $H_1:\mu<\mu_0$	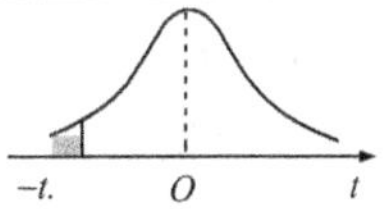 −t. O t
Ⅲ	非正态总体 $n\geqslant30$ σ_2 已知	$Z=\frac{\bar{x}-\mu_0}{\sigma/\sqrt{n}}$ $Z=\frac{\bar{x}-\mu_0}{S/\sqrt{n}}$	(1) $H_0:\mu=\mu_0$ $H_1:\mu\neq\mu_0$	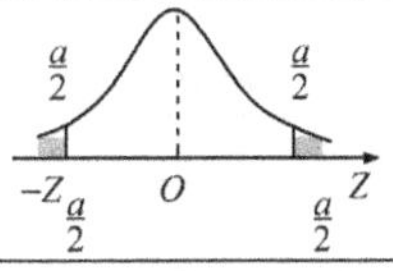 $\frac{a}{2}$ $\frac{a}{2}$ $-Z_{\frac{a}{2}}$ O $\frac{a}{2}$ Z
			(2) $H_0:\mu\geqslant\mu_0$ $H_1:\mu>\mu_0$	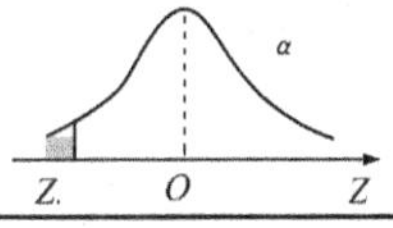 α Z. O Z

求解步骤：已知$\bar{x}=25150$，$\bar{X}=25000$，$\sigma=1900$

（1）建立统计假设。根据“新批量的轮胎平均耐用里程与通常的耐用里程有无显著的差异”这一问题得知，我们只需判断是否存在显著差异，而不需考虑差异是正差异还是负差异，所以是双侧检验。建立统计假设 H_0：$\bar{x}=25000$ 公里，表明样本资料来自原总体，样本平均数与原总体平均数的差异只是随机性差异。$H_1:\bar{x}\neq 25000$ 公里，表明新批量轮胎的平均耐用里程与通常的平均耐用里程有明显的差异，即新批量测试轮胎样本并不来自原总体。

（2）确定适当的统计量。根据题意，$n=400$ 是大样本，原总体的平均数、标准差已知，则样本平均数服从正态分布，因此选择 Z 检验统计量。

（3）按照给定的显著性水平 $\alpha=0.05$，由于是双侧检验，两边拒绝区间的概率各为 0.025，所以接受区间的概率为 $1-0.05=0.95$，查正态分布概率表得 $Z=1.960$，所以下临界值为 $-Z_{0.025}=-1.960$，上临界值为 $Z_{0.025}=1.960$。

（4）根据样本信息，计算检验统计量 Z 的实际值

$$Z=\frac{\bar{x}-\bar{X}}{\sigma/\sqrt{n}}=\frac{25150-25000}{1900/\sqrt{400}}=1.58$$

（5）比较并做出检验判断。由于检验统计量的实际值小于上临界

值（$Z=1.58<Z_{0.025}=1.96$），即小概率事件没有发生，所以没有理由拒绝原假设 H_0，即认为新批量的产品质量没有明显的变化，或者说新批量的产品与原来的产品来自同一总体。

例 6－2 某地区水土中缺乏一种微量元素，根据医学研究表明，如果人们过少地摄取这一元素，脑功能可能受影响。心理学工作者使用一种标准化智力测验方法，在该地区随机抽取 36 名儿童进行测验，得出平均智力测验的分数为 96 分。已知总体标准差为 15 分，问在 5％的显著性水平下，该地区儿童的智力水平是否明显低于一般水平（100 分）？

解：已知 $\bar{X}=100, \sigma=15, \bar{x}=96, \alpha=0.05$

（1）建立假设：$H_0:\bar{X}\geqslant 100$；$H_1:\bar{X}<100$，这是左单侧检验。

（2）根据大样本抽样分布理论，样本平均数服从正态分布，确定使用 z 检验。

（3）按照给定的显著性水平 $\alpha=0.05$，查表确定临界值为 $-Z_{0.05}=-1.645$。

（4）计算检验统计量的实际值

$$Z=\frac{\bar{x}-\bar{X}}{\sigma/\sqrt{n}}=\frac{96-100}{15/\sqrt{36}}=-1.6$$

(5) 比较并做出判断。由于$|Z|=1.6<Z_{0.05}=1.645$,说明$\overline{x}$落在接受区间内,应接受原假设 H_0,认为该地区的儿童智力水平并不显著低于一般水平。

例 6-3 某饭店每天营业额服从正态分布,在推出新菜单之前每天营业额的均值是 17600 元。推出新菜单后的十天里,平均每天的营业额是 18200 元,标准差是 500 元。问以 1%的显著性水平判断推出新菜单营业额是否明显地增加?

解:已知 $\overline{X}=17600, S=500, \overline{x}=18200, n=10$

(1) 建立假设:$H_0:\overline{X}\leqslant 17600$;$H_1:\overline{X}>17600$,这是右单侧检验。

(2) 根据小样本抽样分布理论,当总体为正态分布,用样本标准差代替总体标准差进行总体平均数的检验时,小样本 $n=10<30$,$\overline{x}\sim t(n-1)$,确定使用 t 检验。

(3) 按照给定的显著性水平 $\alpha=0.05$,查 t 分布概率表,确定临界值为 $t_{(0.1,9)}=2.896$。

(4) 计算检验统计量的实际值

$$t=\frac{\overline{x}-\overline{X}}{\frac{S}{\sqrt{n-1}}}=\frac{18200-17600}{\frac{500}{\sqrt{10-1}}}=3.6$$

(5) 比较并做出判断。由于$|t|=3.6>t_{(0.1,9)}=2.896$,说明$\overline{x}$落在拒绝区间内,应拒绝原假设 H_0,认为推出新菜单使营业额明显地增加了。

例 6-4 A 型的 50 部卡车油耗的平均数是 17 里/升,标准差为 2.5 里/升;B 型的 70 部车子,平均油耗为 18.6 里/升,标准差为 3 里/升。如果这是这两种卡车油耗仅有的信息,试问能否得出 B 型车比 A 型车更省油(显著性水平 5%)的结论?

解:这是两总体平均数是否显著差异的检验。两总体的标准差均未知,但由于两样本充分大,假定了每一总体的标准差与抽自该总体的样本标准差相等,也不会犯严重错误。

设:A 型车的油耗数为 x,B 型车的油耗数为 y

$\overline{x}=17, \overline{y}=18.6, S_x=\sigma_x=2.5, S_y=3, n_x=50, n_y=70$

$\because \sigma_{\bar{x}}=\sigma_x/\sqrt{n_x}=\frac{2.5}{\sqrt{50}};\sigma_{\bar{y}}=\sigma_y/\sqrt{n_y}=\frac{3}{\sqrt{70}}$

$\therefore \sigma_{\bar{x}-\bar{y}}=\sqrt{\sigma_{\bar{x}}^2+\sigma_{\bar{y}}^2}=\sqrt{\frac{2.5^2}{50}+\frac{3^2}{70}}=0.5036$

(1) 建立假设：$H_0:\overline{X}-\overline{Y}\geqslant 0$ 或 $\overline{X}\geqslant\overline{Y}$；$H_1:\overline{X}<\overline{Y}$，这是左单侧检验。

(2) 根据大样本抽样分布理论，样本平均数服从正态分布，确定使用 Z 检验。

(3) 查 Z 分布概率表，$\alpha=0.05$，则 $-Z_{0.05}=-1.645$。

(4) 计算检验统计量的实际值

$$Z=\frac{(\bar{x}-\bar{y})-(\overline{X}-\overline{Y})}{\sigma_{\bar{x}-\bar{y}}}=\frac{17-18.6}{0.5036}=-3.1771$$

(5) 做出判断。由于 $|Z|=3.1771>Z_{0.05}=1.645$，说明 $\bar{x}-\bar{y}$ 落在拒绝区间内，应拒绝原假设 H_0，认为 B 型卡车比 A 型卡车更省油。

四、总体成数的检验

根据狄莫弗—杜普拉斯中心极限定理，在大样本条件下，若 $np>5$ 且 $n(1-p)>5$ 时，则可以把二项分布问题变为正态分布问题近似求解。此时，样本成数 p 的二项分布趋近于正态分布。

例 6－5 某工厂的优质品率长期稳定在 60%，对生产线进行扩大产量的技术改造后，随机抽取 96 台产品检测，优质品率为 65%，取 $\alpha=0.05$，该厂产品的优质品率有无变化？

解：已知 $p=0.65, P=0.6, n=96, \alpha=0.05$

(1) 建立假设：$H_0:P=0.6$；$H_1:P\neq 0.6$（双侧检验）

(2) 根据 $n=96$ 为大样本抽样，$np=96\times 0.65>5$，且 $n(1-p)=96\times(1-0.65)>5$，样本成数 p 趋近于正态分布，所以确定使用 Z 检验。

(3) 查 Z 分布概率表，$\alpha=0.05$，则 $Z_{0.25}=1.96$。

(4) 计算检验统计量的实际值

$$Z=\frac{p-P}{\sqrt{\frac{P(1-P)}{n}}}=\frac{0.65-0.6}{\sqrt{\frac{0.6\times 0.4}{96}}}=-1$$

（5）比较并做出判断。由于$|Z|=1.00<Z_{0.05}=1.960$，说明 p 落在接受区间内，应接受原假设 H_0，认为该厂产品的优质品率并无变化。

五、总体方差的检验

在上一章已介绍过用样本方差$S^2=\frac{\sum(x_i-\overline{x})^2}{n-1}$来估计总体方差，对于总体方差的检验就是根据样本资料计算的样本方差来判断总体方差是否发生显著的变化，这与总体平均数或成数检验的基本思路是一致的，所不同的是检验统计量需要选择 x^2（卡方分布）统计量，采用 x^2 检验。由于一般的 $x^2(\alpha,n-1)$ 分布表只提供右单侧临界值，所以如果是左单侧检验，在给定显著性水平 α 的左单侧检验的临界值，就应该用 $x^2(1-\alpha,n-1)$ 来代替。当根据样本信息计算检验统计量 x^2 的实际值$<x^2(1-\alpha,n-1)$时，就拒绝原假设，而接受备择假设，否则就接受原假设。

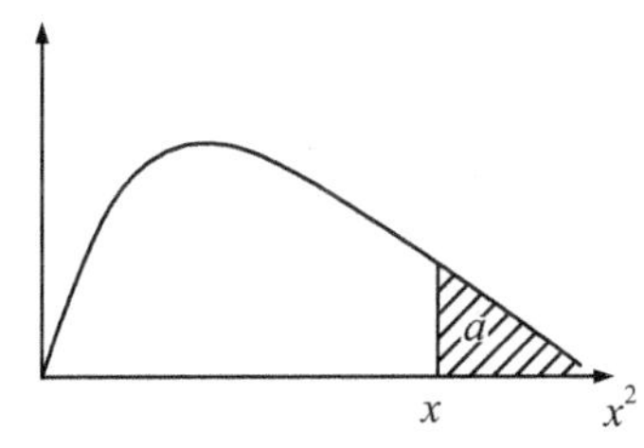

图 6-7　x^2 分布

例 6-6　甲产品重量(生产用料)服从于平均数为 $\overline{X}$，标准差为 $\sigma=6g$ 的正态分布，现从重新投产的生产线上抽取 10 支实测计算样本方差为 42，试以显著性水平 $\alpha=0.1$ 来检验总体方差是否有显著变化？

解：已知　$\sigma^2=6^2=36, S^2=42, n=10, \alpha=0.1$

（1）建立假设：$H_0:\sigma^2=36$；$H_1:\sigma^2\neq36$，是双侧检验。

（2）使用 x^2 检验统计量。

（3）按照给定的显著性水平 $\alpha=0.1$，自由度 $df=n-1$，查 x^2 分布概率表，得出下临界值为 $x^2_{(\frac{1-\alpha}{2},n-1)}=x^2_{(0.95,9)}=3.325$、上临界值为 $x^2_{(\alpha/2,n-1)}=x^2_{(0.05,9)}=16.919$。

(4) 计算检验统计量的实际值

$$x^2=\frac{(n-1)S^2}{\sigma^2}=\frac{9\times 42}{36}=10.5$$

(5) 比较并做出判断。

因 $x^2_{(0.95,9)}=3.325<x^2=10.5<x^2_{(0.05,9)}=16.919$,说明 S 落在接受区间内,应接受原假设 H_0,不能认为总体方差显著变大。

例 6-7 某机械厂加工品的长度服从标准差 $\sigma=2.5mm$ 的正态分布,经精工技术调整后,选出新加工的 25 个加工品,计算的样本标准差 $S=2mm$,试以显著性水平 1%判断该厂加工品的变异性是否显著地减小。

解:已知 $\sigma^2=2.5^2, S^2=2^2, n=25, \alpha=0.01$

(1) 建立假设:$H_0: \sigma^2\geqslant 2.5^2=6.25$;$H_1: \sigma^2<6.25$,这是左单侧检验。

(2) 使用 x^2 检验统计量。

(3) 按照给定的显著性水平 $\alpha=0.01$,自由度 $df=n-1$,查 x^2 分布概率表,确定临界值为 $x^2_{(1-\alpha,24)}=10.856$。

(4) 计算检验统计量的实际值

$$x^2=\frac{(n-1)S^2}{\sigma^2}=\frac{24\times 4}{6.25}=15.36$$

(5) 比较并做出判断。$x^2=15.36>x^2_{(0.99,24)}=10.856$,说明 S 落在接受区间内,应接受原假设 H_0,不能认为总体方差显著地减小。

六、两种类型错误的分析

(一) 两类错误

进行统计检验,原假设究竟是真实还是不真实,事实上并不知道。所以不论是接受原假设或拒绝原假设都可能犯错误,总之是要承担一定的风险的。在统计检验中所做的判断不外以下四种情况:

表 6－2 假设检验的各种可能结果

检验结果		假设的状态	
		H_0为真	H_0为伪
决策行动	接受 H_0	正确	错误(β)
	拒绝 H_0	错误(α)	正确

1. 原假设是真实的，而接受原假设，这是正确的决定。

2. 原假设不真实，而拒绝原假设，这也是正确的决定。

3. 原假设真实的，而作出拒绝原假设的判断，这是犯了第一类型的错误(α 错误)。

4. 原假设不真实，而作出接受原假设的判断，这是第二类型的错误(β 错误)。

在做检验决策的时候，当然希望所有真实的原假设都能得到接受，而尽量避免真实的假设被拒绝，少犯或不犯第一类型的错误。同时也希望所有不真实的原假设都被拒绝，尽量避免不真实的假设被接受，少犯或不犯第二类型的错误。因此需要对可能犯第一类型或第二类型错误的概率做分析。

假设检验是基于总体参数出现的概率等于或小于 α 所做的判断，但是这个事件的发生并不是完全不可能，而是有 α 的可能性存在，所以显著性水平 α"实际上就是犯第一类型错误的概率"，也称为弃真概率，统计学上称这种"以真为假"的错误为 α 错误。犯 α 错误所引起的损失可能很大，例如实际无显著效果的新工艺、新方法、新产品等被检验接受而进行大量的应用都会造成很大的浪费。因此需要根据实际对显著性水平 α 加以控制，α 定得越小，则犯第一类型错误的可能性也越小，例如 $\alpha=0.05$，表示可以保证判断时犯第一类型错误的可能性不超过 5%，当 $\alpha=0.01$ 时，则保证犯第一类型错误的可能性不超过 1%等等。

但是，在样本大小相同及其他条件不变时，减少犯第一类型错误的可能性，势必增加犯第二类型错误的可能性，即增加原假设是不真实的却被接受的错误。所以，第一类型错误和第二类型错误是一对矛盾。设犯第二类型错误的概率为 β，则 β 称为纳伪概率，统计学上称这种"以假为真"的错误为

β错误。犯β错误也可能引起很大损失，例如把有显著效果的新工艺、新方法、新产品等检验判断为无效，以致不敢投入生产而贻误成长机会。如果β表示接受不真实的原假设的概率，那么$1-\beta$就是表示拒绝不真实的原假设的概率，$1-\beta$的值接近于1，表示不真实的原假设几乎都能够加以拒绝，反之$1-\beta$接近于0，表示犯第二类型错误的可能性很大，因此$1-\beta$是表明检验工作做得好坏的一个指标，称为检验功效。一般地说，检验功效随着备择假设的真值与不真实的原假设距离有关，离原假设愈远的检验功效也愈高。但由于备择假设的真值通常并不知道，而且β的大小又和α成反比例变化，因此假设检验总是将犯第一类型错误的风险概率固定下来，对所得的结果进行判断。

既要减小α，降低弃真概率；又要增强检验功效，减小β，降低纳伪概率。只有增加样本单位数，抽取大样本才可以使α保持不变，又可以减小β；而增大样本，还可以同时减小α、β，也就是说检验功效与样本大小成正比。但在实际工作中，增大样本，势必增加调查经费，因此不可能无限增大样本容量，所以选择控制第一类型错误便是更切实际的办法，检验程序设计正是从这一思路出发的。

（二）第二类错误概率β的计算方法

计算第二类错误概率β，有两个基本步骤：

（1）先求出拒绝H_0的临界值。

（2）然后去求统计量真实总体的抽样分布在临界值内（见图6-8阴影部分）的概率，则为β。

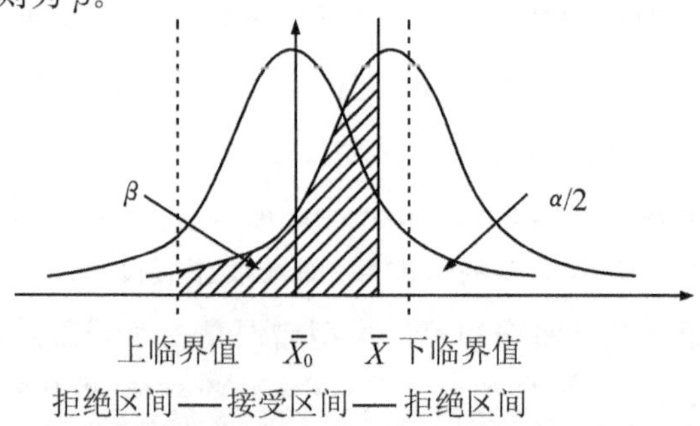

图6-8　第二类错误β概率值示意图（双侧检验）

例6-8 依例6-1提供的资料，要求计算新批量轮胎抽自平均耐用里程为25200公里的总体的第二类错误概率β。

（1）从例6-1求解中得到：$Z_{0.025}=1.960$，则上下临界值为：$25000\pm 1.96\times 1900/\sqrt{400}=[24813.8, 25186.2]$

（2）当$\overline{X}=25200$时，求β

$$\beta=\frac{1}{2}P\left(|z|\leqslant\frac{24813.8-25200}{1900/\sqrt{400}}\right)-\frac{1}{2}P\left(|z|\leqslant\frac{25186.2-25200}{1900/\sqrt{400}}\right)$$

$$=\frac{1}{2}P(|z|\leqslant 4.0653)-\frac{1}{2}P(|z|\leqslant 0.1453)$$

$$=\frac{1}{2}(0.99996-0.1156)=0.4422$$

即在例6-1的结论中，犯第二类错误概率β为44.22%。

第七章 相关与回归分析

相关和回归分析是分析研究现象间依存关系的两种不同而又有联系的统计分析方法。回归一词最初是由 19 世纪英国生物统计学家高尔顿用来描述人类身高在遗传学上有趋向于一般的现象而提出的。现在,相关和回归分析方法被广泛地应用于表示变量之间的数量关系,以及构造各种经济模型、进行结构分析、预测与控制和科学研究等方面。

第一节 相关与回归分析的基本概念

一、函数关系与相关关系的概念

客观现象的普遍联系和相互依存,在客观现象之间的数量联系上存在两种类型:一是函数关系,另一种是相关关系。

(一) 函数关系的概念

函数关系是指从数量上反映现象之间有严格的依存关系,表现为变量之间存在具有确定性的对应关系。用数学语言说,就是当自变量取某一数值时,因变量有完全确定的数值与之对应,即某一变量值完全决定于另一个(或几个)变量。例如经济现象中商品销售额 Y、单位商品价格 P(价格一定情况下)和销售量 X 之间就存在着函数关系,有 $Y=P \cdot X$。

(二) 相关关系的概念

相关关系是指现象间不严格的依存关系,即现象之间数量上存在非确定性的对应关系,表现为各变量之间不具有确定性的对应关系。对于自变量的每一个具体数值,因变量可能有几个数值与之相对应,表现出一定的波动性和随机性。随着自变量的变动,因变量总是在某一平均数值按一定的规律而上下变动,形成了因变量的平均值与自变量的数值有一一对应的关系。因此也可以利用函数形式来研究相关关系的数量表现。如农作物产量与每亩施肥量的关系,国民收入与国家财政收入的关系,及人的体重和身高之间的关系等。

二、相关关系的种类

(一) 按相关的程度不同划分(广义的相关)

当因变量完全随自变量的变动而相应变动,这两个变量之间的关系称为完全相关,即存在着函数关系。当变量之间各自独立,互不影响,完全不存在任何依存关系,即自变量变动,因变量完全不随之作相应的变动,这两个变量之间的关系,称为不相关或零相关。介于完全相关和无相关之间的关系,称为不完全相关,也称之为狭义的相关。

(二) 按所涉及的变量多少不同分为单相关和复相关

单相关,是研究一个因变量对一个自变量的相关关系。复相关,是研究一个因变量对两个或两个以上自变量的相关关系。由于复相关涉及三个或三个以上变量之间的关系,因此又称为多元相关。

(三) 按相关形式的不同分线性相关和非线性相关

当自变量与因变量的各对应数值,在直角坐标系中所描出的若干点,其分布大致是一条直线趋势,可以近似地表现为直线的形式时,则称为直线相关或线性相关。如果相关点的分布近似地表现为某种曲线的形式,如抛物线、双曲线、指数曲线等,这种相关统称为非直线相关或非线性相关。

(四) 按相关的方向不同分为正相关和负相关

在单相关与直线相关中,当自变量的数值增加或减少,因变量的数值也相应增加或减少,两者的变动方向一致时,称为正相关。例如劳动生产率提高,平均利润率也随着增加,两者的关系是正相关。当自变量的数值增加,因变量的数值相应减少;或自变量的数值减少,因变量的数值相应增加,它们的变动方向相反,称为负相关。例如产品成本降低,利润增加或产品成本提高,利润减少,两者的关系是负相关。

三、相关分析与回归分析的区别与联系

相关与回归分析就其研究对象而言,它们都是研究变量之间相互关系的分析方法。

相关分析是以分析社会经济现象间的依存关系,研究两个变量之间相关的方向和相关的密切程度,其目的就是从现象的复杂关系中消除非本质的偶然性影响,从而找出现象间相互依存的形式和密切程度以及依存关系变动的规律性。相关分析的思路是:根据实际观察的数字资料,在具有相关关系的变量之间,通过相关系数的测定,实现对现象之间的依存关系的表现形式和密切程度的研究。由于相关分析中的两个变量都可以是处于对称的地位的随机变量,在计算相关系数时,改变两变量的地位并不影响相关系数的数值。相关分析的内容是:通过对相关系数的计算、分析和检验,得出变量之间相关的方向和相关关系的密切程度。

通过相关分析,只能说明两个现象之间有无相关关系、相关的方向以及相关的密切程度等等,而不能指出两变量相互关系的具体形式,也无法从一个变量的变化来推测另一个变量的变化关系。为此,应对具有相互联系的现象,根据其关系形态,选择一个合适的数学模型,用来近似地表达变量间的平均变化的数量关系,这就是回归分析。回归分析的思路是:建立具有一定数学形式的回归方程,来反映变量之间相互关系的具体形式,通过回归方

程测定一个自变量或几个自变量的变化对因变量数量变化的影响；以便从一个已知量来推测另一个未知量，为估算预测提供方法。由于因果关系的不可逆转性，回归方程也是不能逆转的，即方程的自变量与因变量的位置是不能任意调换的，其间只有一个方程有待确定。回归分析的主要内容有：(1)以数据观测为依据，建立揭示变量间相关关系的定量关系式，是经验回归方程的具体形式；(2)应用统计推断理论，对经验回归方程进行统计检验；(3)利用已建立的经验方程，对客观过程进行分析、预测和控制。

因此作为研究方法，相关分析与回归分析的联系与区别可以归纳如表7-1。

表7-1 相关分析与回归分析比较表

联系	①理论和方法具有一致性； ②无相关就无回归，相关程度越高，回归越好； ③相关系数和回归系数方向一致，可以互相推算。
区别	①相关分析中，x 与 y 地位对等，回归分析中，x 与 y 要确定是自变量或因变量； ②相关分析中 x、y 均为随机变量，回归分析中，只有 y 为随机变量； ③相关分析测定相关程度和方向，回归分析用回归模型进行预测和控制。

总之，回归分析和相关分析是互相补充、密切联系的。相关分析的目的主要是确定两变量之间是否存在相关关系及关系的密切程度，而回归分析的主要目的在于以方程的形式在两个相关变量之间确立一种数量上的关系。相关分析需要回归分析来表明现象之间数量相关的具体形式，而回归分析则应该建立在相关分析的基础上，只有在相关分析表明现象之间的相关程度密切到有建模必要时，进行回归分析求其相关的具体形式才有意义，而现象之间相关系数很低时，确定的回归方程代表性就很差，甚至没有研究价值。

第二节　相关分析

判断现象间的相关关系，一般先做定性分析，然后做定量分析。定性分析就是根据基本理论、有关专业知识和实际工作经验，进行科学的分析研究，初步确定现象间有无关系。如果现象间确有关系，进一步编制相关图或相关表，计算相关系数等作定量分析，以反映相关关系的方向和程度。

一、相关表与相关图

相关表和相关图是研究相关关系的直观工具。

1. 相关表。相关表是一种反映变量之间相关关系的统计表，在定性认识的基础上，把具有相关关系的原始资料平行排列，以观察它们之间的相互关系，如果是将某一变量按照其取值的大小排列，然后再将与其相关的另一变量的对应值逐一排列，便可以得到简单相关表。如果将某一变量的一定取值范围按照其大小排列于纵栏，将另一变量的相应取值（或取值范围）也按照其大小排列于横栏，便可以得到分组相关表。对应相关表不仅可以直观地显示现象之间的数量相关关系，而且也是计算相关指标的基础。

例 7－1　设有 10 个工人的工龄和日工资资料如表 7－2 所示。

表 7－2　工人日工资与工龄相关表

工人号数	1	2	3	4	5	6	7	8	9	10
工龄 X（年）	4	4	5	6	7	8	8	9	9	10
工资 Y（元）	42	45	50	60	64	68	74	72	80	84

可以看出，10 个工人的工龄和工资间有依存关系，工龄增加了，工人的日工资相应有提高。

2. 相关图，又叫散点图。它是以直角坐标系的横轴代表自变量，纵轴代表因变量，将两个变量之间相对应的变量值以坐标点的形式描绘出来，用以反映两变量之间相关关系的图形。借助相关图可以直观而形象地显示现象之间相关的性质和密切程度。相关图一般绘制为散点图或折线图。利用例 7－1 的资料，绘制的相关图如下。

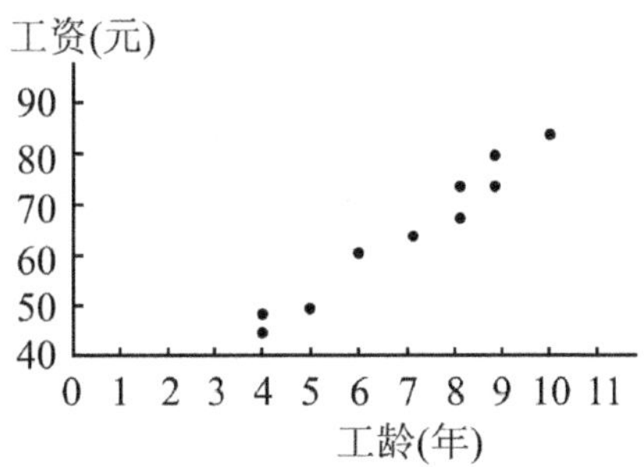

图 7－1　工人日工资与工龄相关散点图

一般地，相关图可以呈现出各种各样的态势，见图 7－2。

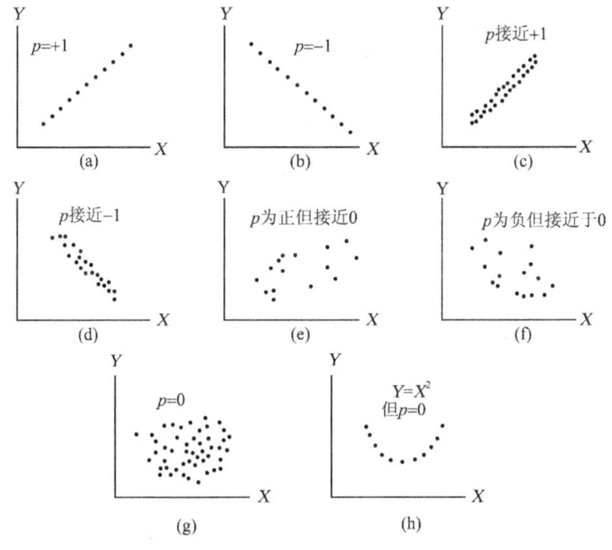

图 7－2　经典的相关图

以上就是若干种相关图，其中变量 Y 与变量 X 之间典型相关关系有：呈现图 a，b，c，d 为线性关系，呈现为图 h 为二次曲线指数关系，而图 g 杂乱无章无关系可循。

二、简单相关系数

相关表与相关图清楚地反映两个变量之间的相互关系及其相关方向，但无法确切地表明两个变量之间线性相关的程度。统计学家卡尔·皮尔逊设计了一个用于测定两个变量之间线性相关程度和相关方向的指标：简单相关系数，简称相关系数。

(一) 相关系数的定义

相关系数是描述线性相关的两个变量之间相关密切程度和相关方向的数量指标。它用积矩相关系数来表示，是对协方差的改进，因为协方差 σ_{xy}^2 可表明 X、Y 的“共变性”和线性相关的方向，但不适用于比较的相关关系的量度。一般地，样本相关系数用 r 表示，而总体相关系数用 ρ 表示。

总体相关系数的基本计算式为：

$$\rho=\frac{Cov(X,Y)}{\sqrt{Var(X)Var(Y)}} \tag{7-1}$$

式中，$Cov(X,Y)$ 是变量 X 与 Y 的协方差；$Var(X)$ 与 $Var(Y)$ 分别是变量 X 与 Y 的方差。总体相关系数是反映两变量之间线性相关程度的一种特征值，表现为一个常数。

样本相关系数的积矩公式为：

$$r=\frac{\sum(x-\overline{x})(y-\overline{y})}{\sqrt{\sum(x-\overline{x})^2}\sqrt{\sum(y-\overline{y})^2}} \tag{7-2}$$

或

$$r=\frac{\sigma_{xy}^2}{\sqrt{\sigma_x\sigma_y}} \tag{7-3}$$

其中

$$\sigma_{xy}^2=\frac{\sum(x-\overline{x})(y-\overline{y})}{n} \tag{7-4}$$

样本相关系数是根据样本观测值计算的，抽取的样本不同，其具体的数值也会有差异。在式(7－2)中，相关系数的计算受到自变量平均数$\bar{x}$和因变量平均数$\bar{y}$的限制，计算起来颇为麻烦。所以，实际操作中，一般采用较简便的计算式计算。

(二) 相关系数的简化计算式

利用代数推演法可得到计算相关系数的简化式如下：

$$r=\frac{n\sum xy-\sum x\sum y}{\sqrt{n\sum x^2-(\sum x)^2}\sqrt{n\sum y^2-(\sum y)^2}} \tag{7-5}$$

例 7－2 某企业上半年产品产量与单位成本资料如下表。

表 7－3 产品产量与单位成本相关系数计算表

月份 n	产量 x（千件）	单位成本 y（元）	x^2	y^2	xy
1	2	73	4	5329	146
2	3	72	9	5184	216
3	4	71	16	5041	284
4	3	73	9	5329	219
5	4	69	16	4761	276
6	5	68	25	4624	340
合 计	21	426	79	30268	1481

$$r=\frac{n\sum xy-\sum x\sum y}{\sqrt{\left[n\sum x^2-(\sum x)^2\right]\left[n\sum y^2-(\sum y)^2\right]}}$$

$$=\frac{6\times1481-21\times426}{\sqrt{[6\times79-21^2][6\times30268-426^2]}}=-0.9091$$

这一结果说明产量和单位成本之间存在高度负相关关系。

(三) 相关系数的取值范围

1. 样本相关系数 r 的性质

①相关系数 r 是一个相对数，它不受计量单位的影响。

②在大多数情况下，$0<|r|<1$，即 x 与 y 的样本观测值之间存在着一定的线性关系。当 $r>0$ 时，称两变量为正相关；当 $r<0$ 时，称两变量呈负相关。

③如果 $|r|=1$，则表明 x 与 y 完全线性相关。当 $r=+1$ 时，两变量完全正相关；当 $r=-1$ 时，两变量完全负相关。

④如果 x 与 y 在统计上相互独立，即两变量不存在线性关系，则相关系数为零。但若 $r=0$，并不能确定 x 与 y 之间无相关关系，只能确定 x 与 y 之间无线性关系，而 x 与 y 之间可能还存在着其他类型的非直线关系。

⑤相关系数 r 具有对称性，即 x 与 y 之间的相关系数和 y 与 x 之间的相关系数相同。

2. 相关程度的判断标准。一般分为以下四个等级：

①若 $0<|r|\leqslant 0.3$，则认为 x 与 y 微弱相关(视为不相关)；

②若 $0.3<|r|\leqslant 0.5$，则认为 x 与 y 低度相关；

③若 $0.5<|r|\leqslant 0.8$，则认为 x 与 y 显著相关；

④若 $0.8<|r|<1$，则认为 x 与 y 高度相关。

(四) 相关系数的检验

利用样本相关系数 r 对总体相关系数 ρ 进行检验，采用 t 检验。检验步骤如下：

1. 建立统计假设：$H_0:\rho=0, H_1:\rho\neq 0$

2. 构造 t 统计量

$$t=\frac{r\sqrt{n-2}}{\sqrt{1-r^2}} \tag{7-6}$$

根据给定的显著性水平 α 和自由度，查 t 分布表得相应的临界值 $t_{\alpha/2}$。如果 $|t|\geqslant t_{\alpha/2}$ 就拒绝原假设，表明总体相关系数 ρ 不为零。反之，则接受原假设。

如例 7-2，$r=-0.9091$，这只能说明 1 月至 6 月产量与单位产品成本的样本存在高度负相关。但 X 与 Y 的总体之间是否存在线性相关关系呢？这需要进行 ρ 的显著性检验。

根据给定的显著性水平 $\alpha=0.05$，$n=6$ 计算：

$$t=|r|\sqrt{\frac{n-2}{1-r^2}}=\frac{0.9091\times\sqrt{6-2}}{\sqrt{1-0.8265}}=4.3654$$

根据 $\alpha=0.05$，$df=6-2$，查 t 分布表得 $t_{(0.025,4)}=2.776$，显然 t 值大于 $t_{\alpha/2}$ 值，于是就拒绝原假设，认为产量与单位产品成本之间存在显著的线性相关关系。

三、复相关与偏相关

上面讨论的相关问题只限于两个变量的依存关系。但社会经济现象之间的依存关系是十分复杂的，因此我们就两个以上变量的依存关系的复相关和偏相关，作简单介绍。

1. 复相关的测定

复相关是指一个因变量 y 同时与多个自变量 x_1、x_2、…、x_k 之间的相关关系。当各个自变量共同变动时，因变量也随之而变动，其相关程度，就可用复相关系数的方法来测定。我们如果把这些多个自变量作为一个独立数列，则复相关系数即为测定一个因变量与一个独立数列相关程度的量数，其意义与两个变量间的相关关系完全一样。在复相关中，此独立数列虽说是由多个自变量所组成，但其相关系数的基本意义并不因此而有所变更。其公式为：

$$r_{y,12\cdots k}=\frac{\sum(y_i-\overline{y})(\hat{y}_i-\overline{y})}{\sqrt{\sum(y_i-\overline{y})^2\sum(\hat{y}_i-\overline{y})^2}}$$

上式与简单相关系数的定义式很类似，所不同的是用 x_1、x_2、…、x_k 等计算的回归估计值 $\hat{y}_i$，代替了简单相关系数的 x_i。这是因为 $\hat{y}_i$ 是 x_1、x_2、…、x_k 等的线性组合。

复相关系数的计算简化公式为：

$$r_{y,12\cdots n}=\sqrt{1-\frac{\sum(y_i-\hat{y}_i)^2}{\sum(y_i-\overline{y})^2}}$$

$$= \sqrt{\frac{\alpha\sum y_i+\beta_1\sum x_{1i}y_i+\beta_2\sum x_{2i}y_i+\cdots\beta_k\sum x_{ki}y_i-n\overline{y}^2}{\sum y_i^2-n\overline{y}^2}} \tag{7—7}$$

复相关系数同样可以用于研究一个自变量与其他自变量之间的依存程度的研究。

2. 偏相关系数的测定

偏相关也叫净相关，是指在其他变量固定不变的条件下，研究任何两个变量之间的关系。其计算公式为：

$$r_{ij,k}=\frac{r_{ij}-r_{ik}r_{jk}}{\sqrt{(1-r_{ik})^2\ (1-r_{jk})^2}} \tag{7-8}$$

$r_{ij,k}$表示变量 k 为定值时，变量 i、j 的一级偏相关系数。

偏相关系数就是在多变量情况下，除去其他变量的影响，对两个特定变量之间的相关程度所作的度量。计算偏相关系数主要应用于在建立回归模型时判断哪些自变量对因变量的影响较大，将其作为必须考虑的自变量，而对因变量影响较小的自变量，可不予考虑。

第三节　一元线性回归分析

进行回归分析通常需要设定一个适当的数学模型，反映现象总体之间所存在的普遍联系。根据回归分析的方法，得出的数学表达式称为回归方程或回归模型。

一、一元线性回归模型

（一）总体回归模型

在回归分析中，最简单的模型只有一个因变量和一个自变量的线性回归模型，这就是一元线性回归模型，又称简单线性回归模型。这类模型通常

是假定因变量 Y 主要受自变量 X 的影响，它们之间存在近似的线性函数关系，即有：

$$Y_i = \beta_0 + \beta_1 X_i + u_i \tag{7-9}$$

(7-9)式称为总体回归模型，式中的 β_0、β_1 叫回归系数，Y_i 和 X_i 分别是 Y 和 X 的第 i 次的观测值，u_i 是随机误差项，又称随机干扰项，它是一个特殊的随机变量，反映了未被列入方程式的其他所有因素对因变量的综合影响。

例如我们考察经济学中最常见的消费函数，假定用 Y 表示居民的消费支出，用 X 表示居民的可支配收入，则两者的线性函数式可表示为：

$$Y_i = \beta_0 + \beta_1 X_i + u_i \tag{7-10}$$

式中，Y 代表消费支出，X 代表可支配收入；β_0 是基础消费水平的常数项，代表不受可支配收入影响的基础消费支出；β_1 是边际消费倾向，它表明可支配收入每增加一个单位时，消费支出所增加的数量；u 为随机误差项。试想，要完整、准确无误地取得全国亿万户居民家庭的可支配收入与消费支出的资料何等困难，同时即使得到这些资料，考察具有相同收入的家庭，他们用于消费的那一部分会完全相同吗？答案是否定的，因此我们所建立的回归模型，只能说通过回归得到平均的居民消费支出与可支配收入的关系能够用直线模型来反映。如果用数学形式表示，即有：

$$E(Y_i) = \beta_0 + \beta_1 X_i \tag{7-11}$$

上式得到的只是各收入阶层的消费支出的平均数，用图 7-4 表示。

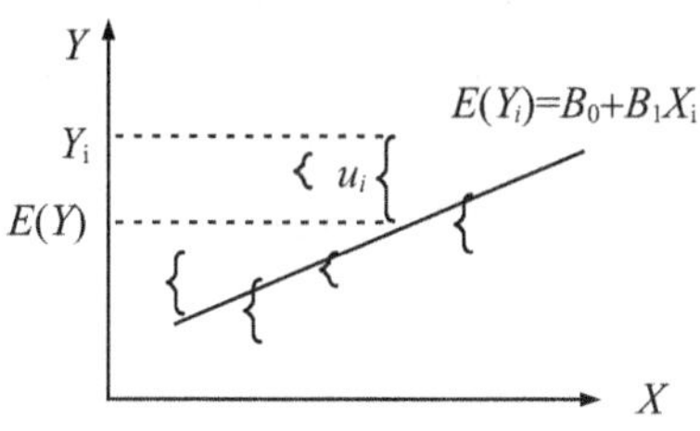

图 7-4　总体回归线与随机误差项

不难发现，对于变量 X 的第 i 次取值，随机误差 u_i 是总体的实际 Y_i 值与总体回归直线期望值 $E(Y)$ 之差。即

$$u_i = Y_i - E(Y) \tag{7-12}$$

(二) 样本回归模型

样本回归函数就是根据样本资料建立的回归模型,其表现形式如下:

$$y_i = \hat{\beta}_0 + \hat{\beta}_1 x_i + e_i \tag{7-13}$$

式中 $\hat{\beta}_0$ 是样本回归模型的截距系数,$\hat{\beta}_1$ 是样本回归模型的斜率系数,$\hat{\beta}_0$ 与 $\hat{\beta}_1$ 分别是总体回归系数 β_0 和 β_1 的估计量,e_i 是样本残差。

相应的样本回归直线为:

$$\hat{y} = \hat{\beta}_0 + \hat{\beta}_1 x \tag{7-14}$$

式中 $\hat{y}$ 是样本回归线上与 x 相对应的 y 取值,是 $E(y_i)$的估计量。

残差 e_i 是样本观测值 Y_i 与样本回归直线 $\hat{Y}_i$ 之间的偏差。即

$$e_i = y_i - \hat{y}_i \tag{7-15}$$

样本回归模型与总体回归模型之间的联系显而易见,这里需要特别指出的是它们的区别。第一,总体回归线是未知的,是客观唯一存在的。总体回归模型中的 β_0 和 β_1 是未知的参数,表现为常数。而样本回归线则是根据样本数据拟合的,即样本回归模型中的 $\hat{\beta}_0$ 与 $\hat{\beta}_1$ 是随机变量,其具体的数值随样本观测值的不同而变化。第二,随机误差 u_i 是实际 Y_i 值与总体均值 $E(Y_i)$的离差,即 Y_i 与总体回归线的纵向距离(见图 7-4)是不可直接观测的。而样本回归模型的残差 e_i 是样本观测值 y_i 与样本回归线的纵向距离,当拟合了样本回归线之后,是可以计算出残差项 e_i 的具体数值的。

(三) 关于随机误差项的理论假定

由于总体模型中随机误差项 u_i 是无法直接观测的,为了进行回归分析,通常需要对 u_i 的概率分布提出一些假定,这些假定有:

假定 1　随机误差项 u_i 的均值为零,即 $E(u_i)=0$;

假定 2　所有随机误差项 μ_i 都有相同的方差,即所有的误差项 u_i 的方差为常数,即 $Var(u_i)=\sigma^2$;

假定 3　任意两个随机误差项 u_i 和 $u_j(i \neq j)$ 独立，不存在序列相关关系，其协方差为零，即 $Cov(u_i, u_j) = 0$；

假定 4　解释变量 X_i 是给定的确定变量，与随机误差项 u_i 线性无关，即 $Cov(u_i, X_i) = 0$。

假定 5　随机误差 μ_i 服从正态分布，即 $u_i \sim N(0, \sigma^2)$。

这些是德国数学家高斯(C. F. Gauss)提出的基本假定，也称高斯假定或经典线性假设。满足上述基本假定的一元线性回归模型，称为标准一元线性回归模型或经典 CLR 模型。

二、一元线性回归模型的估计

(一) 回归系数的估计——普通最小二乘法(*OLS*)

1. 普通最小二乘法(OLS)

在根据样本资料确定样本回归模型时，我们总是希望样本模型的估计量 $\hat{y}$ 从整体来看尽可能地接近其观测值，即残差 e_i 的总量越小越好。由于 e_i 可能有正有负，简单代数和会相互抵消等于零，因此可以用残差平方和 $\sum e_i^2$ 作为衡量总偏差的尺度，通过使残差平方和最小来估计回归系数。这就是所谓的普通最小二乘法(*method of ordinary least squares*，简记为 OLS) 依据的基本思路。

$$设:Q = \sum e_i^2 = \sum (y_i - \hat{y}_i)^2 = \sum (y_i - \hat{\beta}_0 - \hat{\beta}_1 x_i)^2 \quad (7-16)$$

很明显，残差平方和 Q 的大小将依赖于 $\hat{\beta}_0$ 和 $\hat{\beta}_1$ 的取值。根据微积分求极小值的原理，欲使 Q 达到最小，就利用 Q 对式(7—16)的 $\hat{\beta}_0$ 和 $\hat{\beta}_1$ 求偏导数，并令其为零。得：

$$\begin{cases} -2\sum (y_i - \hat{\beta}_0 - \hat{\beta}_1 x_i) = 0 \\ -2\sum (y_i - \hat{\beta}_0 - \hat{\beta}_1 x_i) x_i = 0 \end{cases} \quad (7-17)$$

整理后得：

$$\begin{cases}\sum y_i = n\hat{\beta}_0 + \hat{\beta}_1 \sum x_i \\ \sum x_i y_i = \hat{\beta}_0 \sum x_i + \hat{\beta}_1 \sum x_i^2\end{cases} \tag{7-18}$$

以上方程组称为正规方程组或标准方程组，式中的 n 是样本容量。求解这一方程组可得：

$$\hat{\beta}_1 = \frac{n\sum x_i y_i - \sum x_i \sum y_i}{n\sum x_i^2 - (\sum x_i)^2} = \frac{\sum (x_i - \bar{x})(y_i - \bar{y})}{\sum (x_i - \bar{x})^2} \tag{7-19}$$

$$\beta_0 = \frac{\sum x_i^2 \sum y_i - x_i \sum x_i \cdot y_i}{n\sum x_i^2 - (\sum x_i)^2} = \frac{\sum y_i}{n} - \hat{\beta}_1 \frac{\sum x_i}{n}$$

$$= \bar{y} - \hat{\beta}_1 \bar{x} \tag{7-20}$$

写出样本回归方程：

$$\hat{y}_i = \hat{\beta}_0 + \hat{\beta}_1 x_i \tag{7-21}$$

该样本回归方程有以下特点：

(1) $\sum e_i = 0$，即回归线对观测点的拟合误差平均为零。

(2) 所拟合的回归线通过均值点$(\bar{x},\bar{y})$。

(3) 残差 e_i 和自变量 x_i 之间无相关关系（e_i 和预测值 $\hat{y}_i$ 之间也无相关关系）。

例 7-3 调查某生活小区 15 户居民家庭，得每个家庭的人均月食品支出 Y_i 与人均月收入 X_i 的有关资料如表 7-4。

根据计算结果可知：$n = 15$，$\sum x = 13580$，$\sum y = 7230$，$\sum xy = 6639600$，$\sum x^2 = 12555350$，代入计算公式得：

$$\hat{\beta}_1 = \frac{15 \times 6639600 - 13580 \times 7230}{15 \times 12555350 - (13580)^2} = 0.3604$$

$$\hat{\beta}_0 = \frac{7230}{15} - 0.3604 \frac{13580}{15} = 155.7067$$

样本回归方程为：$\hat{y}_i = 155.7067 + 0.3604x_i$

式中的 $\hat{\beta}_1 = 0.3604$ 表示人均月收入每增加 1 元，人均月食品支出会增加 0.3604 元；$\hat{\beta}_0 = 155.7067$ 表示即使收入为 0，也需 150 多元的食品支出，这是基本的生活保障。

表 7－4　一元线性回归计算表

家庭编号	月支出(y)	月收入(x)	xy	x^2	y^2
1	470	910	427700	828100	220900
2	460	880	404800	774400	211600
3	450	885	398250	783225	202500
4	480	910	436800	828100	230400
5	470	855	401850	731025	220900
6	560	1190	666400	141610	313600
7	390	670	261300	448900	152100
8	460	815	374900	664225	211600
9	510	1015	517650	1030225	260100
10	510	930	474300	864900	260100
11	540	1045	564300	1092025	291600
12	580	1090	632200	1188100	336400
13	470	805	378350	648025	220900
14	480	860	412800	739600	230400
15	400	720	288000	518400	160000
合　计	7230	13580	6639600	12555350	3523100

(二) 估计标准误差(用 S_{yx} 表示)

根据上述估计的回归直线方程,已知自变量值,就能推算出因变量的估计值。但这一估计值与实际观测值存在着差异,因此求出回归方程后,有必要对其拟合程度进行检测。这就是除了 β_0 与 β_1 之外,一元线性回归模型的另一个重要参数:总体随机误差项 u_i 的方差 σ^2。但是由于总体随机误差本身是不能直接观测的,因此需要寻找一个合适的样本无偏估计量——估计标准误差的平方来代替。

估计标准误差是衡量因变量的实际值 y_i 与估计值 $\hat{y}_i$ 离差一般水平的

分析指标，用 S_{yx} 表示，用来反映回归方程代表性的大小。由于 $e_i=y_i-\hat{y}_i$，所以在计算估计值 $\hat{y}_i$ 时，必须先求出 $\hat{\beta}_0$ 和 $\hat{\beta}_1$，因此失去两个自由度，所以估计标准误差的自由度为 $n-2$。S_{yx} 越小，回归直线拟合越好；S_{yx} 越大，回归直线拟合越差。S_{yx} 计算公式为：

$$S_{yx}=\sqrt{\frac{\sum(y-\hat{y})^2}{n-2}} \tag{7-22}$$

或简化式：

$$S_{yx}=\sqrt{\frac{\sum y^2-a\sum y-b\sum xy}{n-2}} \tag{7-23}$$

例 7-4 利用上例资料，已知 $\sum y=7230$，$\sum xy=6639600$，$\sum y^2=3523100$，求总体方差与回归标准差：

$$\begin{aligned}\sum e_i^2&=\sum y_i^2-\hat{\beta}_0\sum y_i-\hat{\beta}_1\sum x_iy_i\\&=3523100-155.7067\times 7230-0.3604\times 6639600\\&=4428.719\end{aligned}$$

$$S_{yx}^2=\frac{\sum e_i^2}{n-2}=\frac{4428.719}{15-2}=340.6707$$

$$S_{yx}=\hat{\sigma}=\sqrt{340.6707}=18.4573$$

三、显著性检验

回归分析的显著性检验有两项：一是对各回归系数的显著性检验；二是对整个回归方程的显著性检验。对于前者通常采用 t 检验，而对后者是在方差分析的基础上采用 F 检验。在一元线性回归模型中，由于只有一个解释变量，对 $\hat{\beta}_1$ 的 t 检验与对整个方程的 F 检验是等价的，因此这里只介绍回归方程的参数的显著性检验。

为了进行显著性检验，首先有必要了解 $\hat{\beta}_i$ 的概率分布。

$$\hat{\beta}_i\sim N[\beta_i,Var(\hat{\beta}_i)] \tag{7-24}$$

$$Var(\hat{\beta}_0) = \left[\frac{1}{n} + \frac{\overline{x}^2}{\sum (x_i - \overline{x})^2}\right]\sigma^2 \tag{7-25}$$

$$Var(\hat{\beta}_1) = \frac{\sigma^2}{\sum (x - \overline{x})^2} \tag{7-26}$$

下面以 β_1 的 t 检验为例说明参数显著性检验步骤：

(1) 提出假设　$H_0:\beta_1=0, H_1:\beta_1\neq 0$

显然，如果原假设成立，$Y_i=\beta_0+u_i$，说明所选择的解释变量 X 对 Y 没有影响，回归模型不能成立。

(2) 构造 t 统计量

本来，$\hat{\beta}_1$ 服从正态分布就应该用正态分布检验，但由于总体的方差 σ^2 未知，必须用样本的方差 $\hat{\sigma}^2$ 代替，所以选择 t 分布进行检验。

$$t=\frac{\hat{\beta}_1}{\sqrt{Var(\hat{\beta}_1)}}\sim t(n-2) \tag{7-27}$$

(3) 比较并做出判断

根据给定的显著性水平 α 和自由度 $n-2$，在 t 分布表中查出相应的临界值 $t_{(\alpha/2,n-2)}$，如果 $|t|\geqslant t_{(\alpha/2,n-2)}$ 成立，则拒绝原假设 H_0，认为 X 对 Y 的影响是显著的。反之，就接受 H_0，说明回归模型没有意义。

例 7－5　利用上例资料，以 5％的显著性水平检验收入水平是否对食品支出有显著影响。

(1) 提出假设　$H_0:\beta_1=0, H_1:\beta_1\neq 0$

(2) 构造 t 统计量

$$t = \frac{\hat{\beta}_1}{\sqrt{Var(\hat{\beta}_1)}} = \frac{\hat{\beta}_1}{\frac{S_{yx}}{\sqrt{\sum (x_i - \overline{x})^2}}} = \frac{0.3604}{\frac{18.4573}{\sqrt{260923.3}}} = 9.9741$$

(3) 比较并做出判断

根据给定的显著性水平 5％和自由度 15－2，查 t 分布表得 $t_{(0.025,13)}=2.160$，因为 $|t|=9.9741\geqslant t_{(0.025,13)}=2.160$，所以拒绝原假设 H_0，认为收入水平对食品支出有显著影响。

四、估计标准误差 S_{yx} 与相关系数 r 的关系

需要说明的是，估计标准误差 S_{yx} 的平方 S_{yx}^2 作为 σ_u^2 的无偏估计量，应该考虑其自由度，按式计算。但是如果仅仅是为了计算所拟和的回归线 $\hat{y}$ 与实际观测值 y 的误差大小，不作为 σ_u^2 的估计值使用，则估计标准误差的计算公式应为：

$$S_{yx} = \sqrt{\frac{\sum (y-\hat{y})^2}{n}} \tag{7-28}$$

这时估计标准误差 S_{yx} 与相关系数 r 有如下关系：

1. 用 r 表示 S_{yx}

$$S_{yx} = \sigma_y \sqrt{1-r^2} \tag{7-29}$$

2. 用 S_{yx} 表示 r

$$r = \sqrt{1-\frac{S_{yx}^2}{\sigma_y^2}} \tag{7-30}$$

推导过程如下：

$e_i = \hat{y}_i - y_i = (\hat{y}_i - \overline{y}) - (y_i - \overline{y})$，移项两边求平方和，

$$\sum (y_i - \overline{y})^2 = \sum (\hat{y}_i - \overline{y})^2 + \sum (\hat{y}_i - y_i)^2 \tag{7-31}$$

即

$$TSS = RSS + ESS \tag{7-32}$$

TSS 表示总的离差平方和；RSS 为由回归直线可以解释的部分离差平方和，称为回归平方和；ESS 是回归直线无法解释的离差平方和，称为残差平方和。不难推导得到：

$$r^2 = \frac{RSS}{TSS} = 1 - \frac{ESS}{TSS} = 1 - \frac{S_{yx}^2}{\sigma_y^2} \tag{7-33}$$

五、回归系数 $\hat{\beta}_1$ 与相关系数 r 的关系

1. 用 r 表示 $\hat{\beta}_1$

$$\hat{\beta}_1 = r\frac{\sigma_y}{\sigma_x} \tag{7-34}$$

2. 用 $\hat{\beta}_1$ 表示 r

$$r=\hat{\beta}_1 \frac{\sigma_x}{\sigma_y} \tag{7-35}$$

推导过程如下：

$$\because \quad r=\frac{n\sum xy-\sum x\sum y}{\sqrt{\left[n\sum x^2-(\sum x)^2\right]\left[n\sum y^2-(\sum y)^2\right]}}$$

$$\hat{\beta}_1=\frac{n\sum xy-\sum x\sum y}{n\sum x^2-(\sum x)^2}$$

$$\therefore \quad \frac{\hat{\beta}_1}{r}=\frac{\sigma_x\sigma_y}{\sigma_x^2}=\frac{\sigma_x}{\sigma_y}$$

得：$\hat{\beta}_1=r\dfrac{\sigma_y}{\sigma_x}$

反之：$r=\hat{\beta}_1\dfrac{\sigma_x}{\sigma_y}$

根据回归直线必经过$(\bar{x},\bar{y})$点，所以回归直线方程也可以表示为：

$$\hat{y}-\bar{y}=r\frac{\sigma_y}{\sigma_x}(x-\bar{x}) \tag{7-36}$$

六、相关与回归分析的局限性及应用时的注意事项

在回归分析和相关分析的应用中，要尽量避免一些容易发生的错误。

1. 回归分析的应用范围问题

一般的错误是认为估计模型可以在任何值域内应用。而一个回归模型只能适用于一个样本点范围之内，对于不同的值域，可能存在着完全不同的拟合关系，必须注意到一个估计公式只有在当初抽取样本的同一范围内才是最有效的。

2. 因果关系问题

运用回归分析时，可能发生的另一种错误是存在确定的因果关系，认为一个变量发生的变化，是由另一个变量的变化所引起的。前面曾经指出，回归分析与相关分析无法准确确定其原因和结果。

3. 根据过去的趋势估计未来的趋势

应用过去的估计回归模型时，必须对历史数据进行重新评估。一旦条件发生变化，就会使原回归直线所赖以建立的一个或几个前提遭到破坏。例如前面我们假定随机误差项的方差是常数等等。

使用历史资料可能发生的另一个错误是涉及某些变量对时间的相关性。假定某公司使用回归分析测定雇员人数与产量之间的关系。如果在分析中使用的观察值扩大到几年以前，那么推导出的回归直线就可能不合理，因为它没有考虑到生产技术发展的作用。

4. 确定不存在的关系

在应用回归分析时，有时人们所确定的两个变量之间的关系事实上并不存在。例如，试图在 8 辆不同品牌汽车平均行驶里程耗油数与地球到另外 8 个星球的距离之间，建立某种统计关系，这是可能的，但这种基于不存在的关系所建立的回归并无意义。

第八章 统计指数

社会经济现象之所以发生变化，是因为受到许多因素的影响，各因素影响的方向如何？影响的程度有多大？这些都应该是统计所必须分析的内容，这就是因素分析问题。而统计指数又是因素分析的手段，所以，本章所要介绍的有两大内容，其一就是明确什么是指数及其一系列编制方法，这是本章的基础与关键；其二就是如何运用指数进行因素分析，这是统计分析方法之一，也是本章的主要内容之一。

第一节 统计指数的概念与种类

一、统计指数的含义与性质

在日常生活中，我们经常听到和看到各种物价指数的统计数字。例如，国家统计局于 2010 年 11 月份提供的数字表明：与上年同期比，居民消费价格指数(CPI)为 105.1%、工业品出厂价格指数(PPI)为 106.1%。这些数字是怎样计算出来的？它们反映了什么问题？为说明这些数字的含义，我们首先需要阐明指数的概念和性质。

指数的编制最早起源于反映物价的变动。早在 1650 年英国人沃汉(Rice Voughan)首创物价指数、即物价变动的相对数，用于度量物价的变化状况。其后,指数的应用范围不断扩大,其含义和内容也随之发生了变化。从内容上看,指数由单纯反映一种现象的相对变动发展到反映多种现象的综合变动;从对比的场合上看,指数由单纯的不同时间的对比分析扩展到不同空间的对比分析,等等。从指数的含义上看,广义地讲,任何两个数值对比形成的相对数都可以称为指数、即用来表明同类现象在不同时间、不同地点或实际与计划变动情况的对比相对数;狭义地讲,指数是用于测定总体各变量在不同场合下综合变动的一种特殊相对数。也就是说,狭义的指数是指为了解决由许多不能直接相加的个别要素所组成的复杂经济现象的综合变动而使用的一种特殊的相对数。从指数理论和方法上看,指数所研究的主要是狭义的指数。

为更好地理解指数的含义,我们需要进一步明确指数的性质。概括地讲,指数具有如下性质:

第一,相对性。指数是总体某变量在不同场合下对比形成的相对数,它可以度量一个变量在不同时间或不同空间的相对变化,如反映一种商品价格变动的相对数,或销售量变动的相对数就是指数,这种指数称为个体指数;它也可用于反映一组变量的综合变动,如消费价格指数,它反映了一组指定商品和服务的价格变动水平,这种指数称为综合指数。总体变量在不同时间上对比形成的指数称为时间性指数,在不同空间上对比形成的指数称为区域性指数。目前,时间性指数应用得比较广泛,本章内容也均以时间性指数为例。

第二,综合性。指数是反映一组变量在不同场合下的综合变动水平,这是就狭义的指数而言的,它也是指数理论和方法的核心问题。实际中所计算的也主要是这种指数。没有综合性,指数也不可能发展成为一种独立的理论和方法论体系。综合性说明指数是一种特殊的相对数,它是由一组变量或项目综合对比形成的。比如,由若干种商品和服务构成的一组消费项目,通过综合后计算价格指数,可以反映消费价格的综合变动水平。

第三,平均性。指数是总体水平的一个代表性数值。平均性的含义有二:一是指数进行比较的综合数量是作为个别量的一个代表,这本身就具有平均的性质;二是两个综合量对比形成的指数反映了个别量的平均变动水平，如价格指数反映了多种商品和服务项目价格的平均变动水平。

二、统计指数的分类

通过上面的讨论和说明，我们对统计指数已有了一个比较明确的概念。简单地说，统计指数就是对有关现象进行比较分析的一种相对比率，这是所有指数的共性。但是，不同的统计指数往往还有一些不同的特性。通过对指数进行分类，有助于我们更加深入地了解这些特性。统计指数的主要分类有：

（一）按所反映的现象范围不同，分为个体指数和总指数

1. 个体指数，用“k”表示，是反映个别事物变动情况的对比相对数。例如，某种商品销售量指数、个别商品的价格指数、单个产品的成本指数等都是个体指数。个体指数实质上就是一般的相对数，包括动态相对数、比较相对数和计划完成相对数。这些相对数的计算和分析没有形成专门的指数方法，因而仅仅属于广义的指数概念；狭义的指数概念不包括这种个体指数，通常用于专指总指数。

2. 总指数，用“$\overline{K}$”表示，是反映许多个别事物综合变动的对比相对数，它表明了复杂经济现象中多种要素总变动情况。例如，工业生产指数、商品零售价格指数、社会商品零售量指数、居民消费价格指数等都是总指数。总指数是考察整个总体现象的数量对比关系的，它常常面临着总体中个别现象的数量不能直接加总或不能简单综合对比的问题（这样的总体一般称作“复杂现象总体”）。因此，总指数与个体指数的区别不仅在于考察范围不同，而且还在于研究方法的不同。

编制总指数的方法有两种，一种是先综合，后对比，称为综合指数；另外一种是先对比，后平均，称为平均指数。后面将要介绍的狭义指数，就是这两种指数的编制方法，是本章内容的关键。

此外，在总体分组的情形下，常常还需要编制“组指数（或类指数）”。组指数是介于个体指数与总指数之间的概念，其考察范围比总指数窄，但比个体指数宽，其计算方法和分析性质则与总指数相似。

（二）按指数化指标的性质的不同，分为数量指标指数与质量指标指数

所谓“指数化指标”就是利用指数形式反映其数量变化或对比关系的指标或变量。例如，物价指数的指数化指标就是商品或产品的“价格”，销售量指数的指数化指标就是商品的“销售量”，成本指数的指数化指标就是“单位产品成本”，工业生产指数的指数化指标就是工业品的“产量”，而股价指数的指数化指标就是“股票价格”，等等。

1．数量指标指数，如果一个指数的指数化指标具有数量指标的特征（也即表现为总量或绝对数的形式），其对比所得的相对数就属于“数量指标指数”。如销售量指数和生产指数等都是数量指标指数。

（1）数量指标个体指数，用“k_q”表示，反映个别事物数量变动的对比相对数。如某种商品的销售量指数、某工业产品的产量指数等。

（2）数量指标总指数，用“$\overline{K_q}$”表示，综合反映多种数量总变动的对比相对数。如某商店的商品销售量指数、某工厂的工业产品产量指数等。

2．质量指标指数，如果一个指数的指数化指标具有质量指标的特征（也即表现为平均数或相对数的形式），它就属于“质量指标指数”。如物价指数、股价指数和成本指数等都是质量指标指数。

（1）质量指标个体指数，用“k_p”表示，反映个别事物质量指标变动的对比相对数。如某种商品的价格指数、某工业产品的单位成本指数、某只股票的股价指数等。

（2）质量指标总指数，用“$\overline{K_p}$”表示，综合反映许多个别事物质量指标总变动的对比相对数。如某商店的商品销售价格指数、某工厂的工业产品成本指数等。

需要特别指出的是，诸如商品的销售额指数、产品的总成本指数或总产值指数等，它们所对比的现象虽然都属于数量指标，却具有“价值总额”的特殊形式，这些价值总额通常可以分解为一个数量因子与一个质量因子的乘积，故而这种“价值总额”指数也就同时反映了两个因子共同变化的影响。因此，在指数分析中，它们既不属于“数量指标指数”，也不属于“质量指标指

数”,可以单独列为一个类别,通常称之为“总值指数”。总值指数作为一类特殊的指数,其考察范围与总指数一致,但计算方法和分析性质则与个体指数相同(它们都属于一般相对数的范畴)。因此,总值指数既可以视为总指数(就考察范围而言),也可以视为个体指数(就计算分析而言),这两种理解其实并不矛盾。

(三) 按指数的对比性质的不同,分为动态指数与静态指数

动态指数又称时间指数,它是将不同时间的同类现象水平指标(时期或时点)进行比较的结果,反映现象在时间上的变化过程和程度。静态指数又包括空间指数和计划完成情况指数两种。空间指数(地域指数)是将不同空间(如不同国家、地区、部门、企业等)的同类现象水平进行比较的结果,反映现象在空间上的差异程度。计划完成情况指数则是将某种现象的实际水平与计划目标对比的结果,反映计划的执行情况或完成与未完成的程度。

动态指数是出现最早、应用最多的指数,也是理论上最为重要的统计指数。其他指数则是动态指数方法原理的拓展与推广。

(四) 按其所采用的基期不同,分为定基指数和环比指数

定基指数是指以某一固定时期作为对比基础的指数,而环比指数则是以上一期为对比基础的指数。

三、统计指数的作用

概括地说,统计指数的作用有以下几方面:

1. 反映社会经济现象本身的变动方向及变动程度。在统计实践中,经常要研究许多不同商品或产品的价格总变动、销售量或产量的总变动情况,多种股票价格综合变动情况等。这类问题由于各种商品或产品的使用价值不同、各种股票价格涨跌幅度和成交量不同,所研究总体中的各个个体不能直接相加。指数法的首要任务,就是把不能直接相加总的现象过渡到可以加总对比,从而反映复杂经济现象的总变动方向及变动幅度。

2. 分析现象总变动中各因素变动的影响方向及影响程度。利用指数

体系理论可以测定复杂经济现象总变动中，各构成因素的变动对现象总变动的影响情况，并对经济现象变化作综合评价。任何一个复杂现象都是由多个因子构成的，如：销售额＝价格×销售量。又如影响利润总额变化的各种因素有产品产量、产品销售量、产品成本、产品销售价格等。运用指数法编制商品零售价格指数和零售量指数，可分析它们的变动对商品零售总额变动的影响。编制产品产量指数、产品销售量指数、产品成本指数和产品销售价格指数等并分别对它们进行测定，根据各因素变动影响，可综合评价利润总额变动的情况。

3. 分析研究现象在较长时期内的发展变动趋势。编制一系列反映同类现象变动情况的指数形成指数数列，可以反映被研究现象的变动趋势。例如，根据1995—2010年共16年的零售商品价格资料，编制15个环比价格指数，从而构成价格指数数列。这样，就可以揭示价格的变动趋势，研究物价变动对经济建设和人民生活水平的影响程度。

此外，利用统计指数还可以进行地区经济综合评价、对比，研究计划执行情况等。

第二节　综合指数的编制与应用

一、综合指数的特点

综合指数是总指数的基本形式之一，其根本特点是：先综合，后对比。本章所要介绍的狭义指数，实际上就是总指数。计算总指数的任务，在于综合测定由不同度量单位的许多实物量指标或不具有可加性的质量指标所组成的复杂现象总体数量方面的总变动。要使得不同度量的指数化指标具有可加性，就必须寻找一个适当的媒介因素，通过这个媒介因素，将不同度量的指数化指标转换为具有相同度量的指标，综合后进行对比得到所要的总指数，就是综合指数。

例 8-1 某商店销售三种商品资料如表 8-1 所示。

表 8-1 某商店销售三种商品资料

商品	计量单位	销售量			价格(元)		
		基期 q_0	报告期 q_1	指数(%) $k_q=q_1/q_0$	基期 p_0	报告期 p_1	指数(%) $k_p=p_1/p_0$
甲	件	40000	60000	150.00	20	22	110
乙	台	800	1000	125.00	5000	4800	96
丙	套	4000	4750	118.75	800	760	95
合计	—	—	—	—	—	—	—

在例 8-1 中,如果要分别计算甲、乙、丙三种商品的销售量个体指数,或计算这三种商品的销售价格个体指数,问题都很简单,只要分别将三种商品的报告期销售量与基期销售量对比计算,报告期价格与基期价格对比计算就行。即:

销售量个体指数 $k_q=\frac{q_1}{q_0}$,则三个销售量的个体指数分别是:150%、125%和 118.75%(见表 8-1)。

销售价格个体指数 $k_p=\frac{p_1}{p_0}$,则三个销售价格个体指数分别是:110%、96%和 95%(见表 8-1)。

然而,若要综合计算三种商品的销售量总指数和三种商品的价格总指数,由于是不同的使用价值,不能直接相加(价格相加也无意义),所以问题就要复杂许多。如何处理,就是本节要解决的问题。

二、综合指数的编制方法

以下就综合指数的编制步骤,来阐述其编制方法。

(一) 确定指数化指标

社会经济现象虽然复杂多变,其指标也多种多样,但归纳起来无非就是两大类,即数量指标和质量指标。这就使得我们在编制综合指数时,不必要针对形形色色的指标采用各种各样的编制方法，只需确认所要反映其变动情况的指标是数量指标或质量指标即可，将特殊归纳为一般，为指数理论提供了极大的便利。所以，在编制综合指数之前，首先必须确定我们所要反映其变动的指标是数量指标还是质量指标。

反映的是数量指标的变动，数量指标就是指数化指标。

反映的是质量指标的变动，质量指标就是指数化指标。

（二）选择同度量因素

编制综合指数的基本方式是“先综合，后对比”，也即首先加总个别现象的指数化指标，然后通过综合对比得到总指数。复杂经济现象总体的各个个体指数化指标之所以不能直接加总，许多情况是因为它们是不同的使用价值量，是实物指标，其计量单位不同（不同度量），不具有综合性能。如例8－1中，基期的三种商品分别为40000件、800台和4000套，基期总销售量显然不能相加。但是，如果将其转换为价值指标，问题就得到了解决，因为价值指标具有高度的综合性能。实际上就是将不同度量的指标转换为具有相同度量的指标。所以，为解决不能直接相加的复杂经济现象的总变动而加入的、能起到同度量作用的媒介因素，称为同度量因素。

在社会经济现象中，由于价值（总值）指标总是由数量指标与价格指标（质量指标）乘积所得到，所以，在编制数量指标综合指数时，可选择质量指标作为同度量因素。即：

$$\overline{K}_q = \frac{\sum q_1 p}{\sum q_0 p} \qquad (8-1)$$

而编制质量指标综合指数时，选择数量指标为同度量因素。即：

$$\overline{K}_p = \frac{\sum q p_1}{\sum q p_0} \qquad (8-2)$$

可见，通过同度量因素的介入，原来不具综合性能的事物已经能够加在一起了。而且式(8－1)所反映的是数量指标的综合变动，因分子分母的质量指标 p 并未发生变化；式(8－2)所反映的是质量指标的综合变动，因分子

分母的数量指标 q 并未发生变化。

(三) 同度量因素应该固定在同一时期

在第一步中,加入同度量因素只是解决了不能相加的问题,而实际计算时,同度量因素都是具有实际内容的变量。如式(8－1)中的同度量因素 p 是价格因素,在本例中,价格有基期的和报告期的两种;在式(8－2)中的同度量因素 q 是销售量因素,同样,销售量有基期的和报告期的两种。应该采用什么时期的?这也是编制综合指数应该考虑的。

同度量因素应该选择什么时期的?不同的学者有不同的主张。

1. 拉氏指数

拉氏指数不是最早出现的综合指数,但却是最重要的综合指数之一。拉氏价格指数的制定者是德国经济统计学家拉斯配雷斯(E. Laspeyres),有关方法其后被推广到各种质量指标和数量指标指数的计算中。该指数公式将同度量因素固定在基期上。

数量指标综合指数

$$\overline{K}_q = \frac{\sum q_1 p_0}{\sum q_0 p_0} \quad (8-3)$$

表 8－2　某商店销售三种商品资料

商品	销售量		价格(元)		销售额(万元)			
	q_0	q_1	p_0	p_1	$q_0 p_0$	$q_1 p_1$	$q_1 p_0$	$q_0 p_1$
甲	40000	60000	20	22	80	132	120	88
乙	800	1000	5000	4800	400	480	500	384
丙	4000	4750	800	760	320	361	380	304
合计	—	—	—	—	800	973	1000	776

(拉氏的质量指标综合指数,读者可自行计算)

质量指标综合指数

$$\overline{K}_p = \frac{\sum q_0 p_1}{\sum q_0 p_0} \quad (8-4)$$

例 8－1 中的数量指标综合指数（计算资料在表 8－2）为：

$$\overline{K}_q = \frac{\sum q_1 p_0}{\sum q_0 p_0} = \frac{1000}{800} = 125\%$$

2. 帕氏指数

与拉氏指数一样，帕氏指数也是最重要的综合指数之一。帕氏价格指数的制定者是另一位德国经济统计学家、当时年仅 23 岁的帕舍（H. Paasche），有关方法其后也被推广到各种质量指标指数和数量指标指数的计算中。与拉氏指数不同的是，该指数公式将同度量因素固定在报告期水平上。

数量指标综合指数

$$\overline{K}_q = \frac{\sum q_1 p_1}{\sum q_0 p_1} \tag{8-5}$$

质量指标综合指数

$$\overline{K}_p = \frac{\sum q_1 p_1}{\sum q_1 p_0} \tag{8-6}$$

例 8－1 中的质量指标综合指数（计算资料在表 8－2）为：

$$\overline{K}_p = \frac{\sum q_1 p_1}{\sum q_1 p_0} = \frac{973}{1000} = 97.3\%$$

（帕氏的数量指标综合指数，读者可自行计算）

拉氏指数和帕氏指数是两种基本的指数形式，由于同度量因素的固定期选择不同，两者通常存在着差异，这种差异有时十分显著，甚至还可能给出完全相反的结果。为了调和这种偏差，或者为了满足特殊分析的需要，经济学家和统计学家们试图对已有的这些指数公式加以改造，由此形成了各种新的综合指数公式。

3. 马埃指数

该指数公式先后由英国著名经济学家马歇尔（A. Marshall）和埃奇沃斯（F. Y. Edgeworth）等人于 1887—1890 年间提出，通常称为“埃奇沃斯指数”或“马歇尔—埃奇沃斯指数”，简称马埃指数。它是对拉氏指数和帕氏指

数的权数(同度量因素)进行简单平均(权交叉)的结果,公式为:

数量指标综合指数

$$\overline{K}_q=\frac{\sum q_1\frac{p_0+p_1}{2}}{\sum q_0\frac{p_0+p_1}{2}}=\frac{\sum q_1p_0+\sum q_1p_1}{\sum q_0p_0+\sum q_0p_1} \tag{8-7}$$

质量指标综合指数

$$\overline{K}_p=\frac{\sum p_1\frac{q_0+q_1}{2}}{\sum p_0\frac{q_0+q_1}{2}}=\frac{\sum q_0p_1+\sum q_1p_1}{\sum q_0p_0+\sum q_1p_0} \tag{8-8}$$

4. 杨格指数

该指数的同度量因素按特殊方式选取,一般选择的是与基期和计算期没有直接关系的某个固定时期(以 n 表示)水平,公式为:

数量指标综合指数

$$\overline{K}_q=\frac{\sum q_1p_n}{\sum q_0p_n} \tag{8-9}$$

质量指标综合指数

$$\overline{K}_p=\frac{\sum q_np_1}{\sum q_np_0} \tag{8-10}$$

其中,固定权数 q_n 或 p_n 一经选取,可以连续使用若干时期,便于保持指数数列的衔接关系,以及较长期的动态分析。通常认为,英国经济学家杨格(A. Young)和著名学者罗威(J. Lowe)曾于1812—1822年间倡导并实践过按固定加权方法编制总指数的思想。因而,上述指数又常常被称作“杨格指数”或“罗威指数”。

5. 费喧指数(亦称理想指数)

该指数公式是由美国经济学家沃尔什(G. M. Walsh)和庇古(A. C. Pigou)等人于1901—1902年间先后提出,后经著名经济学家费喧(Irving Fisher)通过大量比较验证其优良性质,遂将它命名为“理想公式”。但是,人们现在往往习惯地将这一由费喧命名的“理想指数”称作“费喧指数”。它

是对拉氏指数和帕氏指数直接进行几何平均(型交叉)的结果,公式为:

数量指标综合指数

$$\overline{K}_q = \sqrt{\frac{\sum q_1 p_0}{\sum q_0 p_0} \times \frac{\sum q_1 p_1}{\sum q_0 p_1}} \tag{8-11}$$

质量指标综合指数

$$\overline{K}_p = \sqrt{\frac{\sum q_0 p_1}{\sum q_0 p_0} \times \frac{\sum q_1 p_1}{\sum q_1 p_0}} \tag{8-12}$$

三、综合指数的一般应用

上述综合指数的编制,同度量因素固定方式的选择多种多样,各有各的作用。但是,实际操作中,如果没有特殊的要求或说明,一般来说,编制数量指标综合指数,选择基期的质量指标作为同度量因素;编制质量指标综合指数,选择报告期的数量指标作为同度量因素。即

数量指标综合指数,一般用的是拉氏指数,其公式为:

$$\overline{K}_q = \frac{\sum q_1 p_0}{\sum q_0 p_0} \tag{8-13}$$

质量指标综合指数,一般用的是帕氏指数,其公式为:

$$\overline{K}_p = \frac{\sum q_1 p_1}{\sum q_1 p_0} \tag{8-14}$$

四、综合指数的主要应用

综合指数作为总指数的基本编制方式之一,在实践中获得了广泛的应用。而在不同的场合,往往需要运用不同形式的综合指数。一般而言,人们选择综合指数形式的主要标准应该是指数的经济分析意义,但除此之外,有时还要考虑实际编制工作的可行性,或者是对指数分析性质的某些特殊要求。现以国内外常见的几种主要指数为例,对综合指数的应用加以介绍。

(一) 工业生产指数

工业生产指数概括反映一个国家或地区各种工业产品产量的综合变动程度,它是衡量经济增长水平的重要指标之一。世界各国都非常重视工业生产指数的编制,但采用的编制方法却不完全相同。

在我国,工业生产指数是通过计算各种工业产品的不变价格产值来加以编制的。其基本编制过程是:首先,对各种工业产品分别制定相应的不变价格(记为 p_n)标准;然后,逐项计算各种产品的不变价格产值,加总起来就得到全部工业产品的不变价格总产值;将不同时期的不变价格总产值加以对比,就得到相应时期的工业生产指数。所采用的指数形式是杨格指数,即:

$$\overline{K}_q = \frac{\sum q_1 p_n}{\sum q_0 p_n} \tag{8-15}$$

采用不变价格编制工业生产指数的特点是,只要具备了完整的不变价格产值资料,就能够很容易地计算出有关的生产指数;而且可以在不同层次上(如各地区、各部门、各企业等)进行编制,满足各方面的分析需要。由于消除了价格变动的因素,所以也便于长期的动态分析。

(二) 空间价格指数

空间价格指数又称地域性价格指数,用于比较不同地区或国家各种商品价格的综合差异程度。它是进行地区对比和国际对比的一种重要分析工具。与动态指数不同,空间指数的编制和分析有一些特殊的要求。

地域性价格指数一般按拉氏指数公式计算。假定对 A、B 两个地区进行价格比较,如果以 B 地区为对比基准,则公式为:

$$\overline{K}_p^{A/B} = \frac{\sum q_B p_A}{\sum q_B p_B} \tag{8-16}$$

反过来,如果以 A 地为比较基准,同样采用拉氏指数,得:

$$\overline{K}_p^{B/A} = \frac{\sum q_A p_B}{\sum q_A p_A} \tag{8-17}$$

那么，这两个互换对比基准的地区价格指数彼此之间是否能够保持一致呢？答案是否定的。举例说，假如 A 地区的价格水平比 B 地区高出25%，即$\overline{K}_p^{A/B}=125\%$，那么反过来，$B$ 地区的价格水平就应比 A 地区低20%，即$\overline{K}_p^{B/A}=1\div125\%=80\%$。但实际上，互换对比基准之后的两个拉氏指数之间并不存在上面的联系，即

$$\overline{K}_p^{A/B}=\frac{\sum q_B p_A}{\sum q_B p_B}\neq\frac{\sum q_A p_A}{\sum q_A p_B}=\frac{1}{\overline{K}_p^{B/A}}$$

如果一种指数公式给出的结果会随着基准地区的改变而改变，那就不适用于空间对比目的了。因此，人们在编制空间价格指数时常常采用埃奇沃斯公式：

$$\overline{K}_p=\frac{\sum p_1(q_0+q_1)}{\sum p_0(q_0+q_1)} \tag{8-18}$$

这样得到的对比结论不会受到对比基准变化的影响，而且，其同度量因素反映了两个对比地区的平均商品结构，具有实际经济意义。在国际经济对比中，该指数也获得了广泛的应用。

（三）股票价格指数

在发育较为充分的市场经济条件下，股票价格的波动和走向是反映经济状况的重要方面，也是影响投资人的决策和行为的主要因素之一。股票价格指数（简称股价指数）可以衡量整个股票市场价格变动的基本趋势，人们形象地称其为市场经济的“晴雨表”。股价指数的编制方法多种多样，各有所长，而综合指数就是其中一种重要的编制方法。

记各种股票的价格为 p，相应股票的发行量（或交易量）为 q，则综合形式的股价指数为：

$$\overline{K}_p=\frac{\sum p_1 q}{\sum p_0 q} \tag{8-19}$$

其中，同度量因素通常固定在基期水平上（即采用拉氏公式），为的是简便和可比；但也有固定在报告期水平上的（即采用帕氏公式）。我国的上证

指数、香港的恒生指数、美国的 SP 500 指数等等，都是采用综合公式编制的。

第三节　平均指数的编制与应用

运用综合指数法计算总指数，要求占有比较完整、全面的统计资料，这一点，实际中经常难以做到。拿物价指数来说，它不仅要有全部商品的价格和销售量资料，而且还要有不同时期的系统记录。在统计工作中，要搜集到全部商品不同时期的价格和销售量资料，显然存在着一定困难。因此，除在较小范围内，且商品品种较少的情况下，可直接采用综合指数法编制总指数外，一般情况下多采用平均指数法来计算总指数。平均指数法是以个体指数为基础来计算总指数的。由于所选用的权数不同，计算方法不同，平均指数分为加权算术平均指数和加权调和平均指数。

一、平均指数的特点

与综合指数不同，编制平均指数的特点是：先对比，后平均。也就是说，首先计算出各个个别现象的个体指数，然后再利用一定的权数将个体指数加以平均得到总指数。

二、平均指数的编制方法

（一）算术平均指数

算术平均指数是对个体指数采用加权算术平均的方法计算的总指数，它较多地运用在编制数量指标总指数的场合。

在数量指标综合指数的编制过程中，无论是拉氏指数或帕氏指数，都有一个假定数据，即$\sum q_1 p_0$（式 8-3 子项）和$\sum q_0 p_1$（式 8-5 母项），这种数据只有当所掌握的资料很全面、充分时，计算才没有困难，实际上这是很难做到的。所以，当资料不很充分时，可考虑用算术平均指数的方法计算数量指标总指数。

先看拉氏公式的数量指标综合指数：

$$\overline{K}_q = \frac{\sum q_1 p_0}{\sum q_0 p_0} \tag{8-20}$$

我们发现，在这个指数中，只有分子的数量指标 q_1 是报告期的，其余都是基期，且分母是容易取得的基期的总额资料。如何将这个唯一的报告期资料用相关资料代替，避开难以取得的假定资料 $\sum q_1 p_0$，以达到计算数量指标总指数的目的，这就是算术平均指数要解决的问题。由于

$$k_q = \frac{q_1}{q_0}$$

所以，$q_1 = K_q q_0$，将此代入式(8-20)得：

$$\overline{K}_q = \frac{\sum k_q q_0 p_0}{\sum q_0 p_0} \tag{8-21}$$

这就是用于计算数量指标总指数的算术平均指数形式。其中 k_q 为数量指标个体指数，$q_0 p_0$ 为权数，是基期的总额资料。

例 8-2 某商店销售三种商品资料，如表 8-3 所示。

表 8-3 某商店销售三种商品资料

商品	计量单位	销售量			基期销售额 $q_0 p_0$	$k_q q_0 p_0$
		q_0	q_1	$k_q = q_1 / q_0$		
甲	件	40000	60000	150.00	80	120
乙	台	800	1000	125.00	400	500
丙	套	4000	4750	118.75	320	380
合计	—	—	—	—	800	1000

则三种商品的销售量总指数为

$$\overline{K}_q = \frac{\sum k_q q_0 p_0}{\sum q_0 p_0} = \frac{1000}{800} = 125\%$$

与数量指标综合指数的计算结果相同。

无论是拉氏公式的数量指标综合指数与质量指标综合指数或帕氏公式的数量指标综合指数与质量指标综合指数，都可将其变换为算术平均指数的形式。

1. 拉氏公式的综合指数与算术平均指数

（1）数量指标综合指数与算术平均指数

$$\overline{K}_q = \frac{\sum q_1 p_0}{\sum q_0 p_0} = \frac{\sum k_q q_0 p_0}{\sum q_0 p_0} \qquad 其中 \quad k_q = \frac{q_1}{q_0}$$

（2）质量指标综合指数与算术平均指数

$$\overline{K}_p = \frac{\sum q_0 p_1}{\sum q_0 p_0} = \frac{\sum k_p q_0 p_0}{\sum q_0 p_0} \qquad 其中 \quad k_p = \frac{p_1}{p_0}$$

2. 帕氏公式的综合指数与算术平均指数

（1）数量指标综合指数与算术平均指数

$$\overline{K}_q = \frac{\sum q_1 p_1}{\sum q_0 p_1} = \frac{\sum k_q q_0 p_1}{\sum q_0 p_1} \qquad 其中 \quad k_q = \frac{q_1}{q_0}$$

（2）质量指标综合指数与算术平均指数

$$\overline{K}_p = \frac{\sum q_1 p_1}{\sum q_1 p_0} = \frac{\sum k_p q_1 p_0}{\sum q_1 p_0} \qquad 其中 \quad k_p = \frac{p_1}{p_0}$$

（二）调和平均指数

调和平均指数是对个体指数采用加权调和平均的方法计算的总指数，它较多地运用在编制质量指标总指数的场合。

同样的，在质量指标综合指数中，也有不同时期数量指标与质量指标乘积的假定总额资料，即$\sum q_0 p_1$（式 8－4 子项）和$\sum q_1 p_0$（式 8－6 母项）。所以，要设法将其转换为同一时期的总额，方法与算术平均指数的方法类似。

在编制质量指标综合指数时，一般采用报告期的数量指标为同度量因素，即

$$\overline{K}_p = \frac{\sum q_1 p_1}{\sum q_1 p_0} \quad (8-22)$$

在此公式中，基期资料只有 p_0，若能将其转换为报告期，计算就将方便许多。由于

$$k_p = \frac{p_1}{p_0}$$

所以 $p_0 = \frac{p_1}{k_p}$，将其代入式(8-22)得：

$$\overline{K}_p = \frac{\sum q_1 p_1}{\sum \frac{1}{k_p} q_1 p_1} \quad (8-23)$$

这就是用于计算质量指标总指数的调和平均指数形式。其中 k_p 为质量指标个体指数，$q_1 p_1$ 为权数，是报告期的总额资料。

例 8-3 某商店销售三种商品资料如表 8-4 所示。

表 8-4 某商店销售三种商品资料

商品	计量单位	销售量			基期销售额 $q_1 p_1$	$\frac{1}{k_p} q_1 p_1$
		p_0	p_1	$K_p = p_1/p_0$		
甲	件	20	22	110	132	120
乙	台	5000	4800	96	480	500
丙	套	800	760	95	361	380
合计	—	—	—	—	973	1000

则三种商品的销售价格总指数为

$$\overline{K}_p = \frac{\sum q_1 p_1}{\sum \frac{1}{k_p} q_1 p_1} = \frac{973}{1000} = 97.3\%$$

与质量指标综合指数的计算结果相同。

无论是拉氏公式的数量指标综合指数与质量指标综合指数或帕氏公式的数量指标综合指数与质量指标综合指数，都可将其变换为调和平均指数的形式。

1. 拉氏公式的综合指数与调和平均指数

(1) 数量指标综合指数与调和平均指数

$$\overline{K}_q = \frac{\sum q_1 p_0}{\sum q_0 p_0} = \frac{\sum q_1 p_0}{\sum \frac{1}{k_q} q_1 p_0} \qquad 其中 \quad k_q = \frac{q_1}{q_0}$$

(2) 质量指标综合指数与调和平均指数

$$\overline{K}_p = \frac{\sum q_0 p_1}{\sum q_0 p_0} = \frac{\sum q_0 p_1}{\sum \frac{1}{k_p} q_0 p_1} \qquad 其中 \quad k_p = \frac{p_1}{p_0}$$

2. 帕氏公式的综合指数与调和平均指数

(1) 数量指标综合指数与调和平均指数

$$\overline{K}_q = \frac{\sum q_1 p_1}{\sum q_0 p_1} = \frac{\sum q_1 p_1}{\sum \frac{1}{k_q} q_1 p_1} \qquad 其中 \quad k_q = \frac{q_1}{q_0}$$

(2) 质量指标综合指数与调和平均指数

$$\overline{K}_p = \frac{\sum q_1 p_1}{\sum q_1 p_0} = \frac{\sum q_1 p_1}{\sum \frac{1}{k_p} q_1 p_1} \qquad 其中 \quad k_p = \frac{p_1}{p_0}$$

三、固定加权算术平均物价指数

我国目前编制的消费者价格指数(居民消费价格指数)是采用固定加权算术平均指数方法来编制的。其主要编制过程和特点是:首先,将各种居民消费品按大类划分,例如划分为包括食品、衣着、家庭设备及用品、医疗保健、交通和通讯工具、文教娱乐用品、居住项目以及服务项目等,下面再划分为若干个中类和小类;其次,从以上各类中选定部分具有代表性的商品项目(含服务项目)入编指数,并进行定时定点采价,进而利用有关对比时期的价格资料分别计算个体价格指数;再次,依据有关时期内各种商品的销售额构成比例确定代表品的比重权数,按从低到高的顺序,采用固定加权算术平均公式,依次编制各小类、中类的消费价格指数和消费价格总指数。计算公式为:

$$\overline{K}_p = \frac{\sum k_p w}{\sum w} \tag{8-24}$$

式中，k_p为商品的个体价格指数，w为固定权数。实际的编制过程中，权数一般是根据上期的零售额，参照当期的计划和市场供求的实际情况而定。权数每年确定一次，年内各月及各季的权数不变，所以这种指数称为固定加权算术平均物价指数。

第四节 指数体系与因素分析

一、指数体系

指数是一种专门用于对比分析的统计指标。一个指数通常只能说明某一方面的问题，因而，实践中往往需要将多个指数结合起来加以运用，这就形成了相应的“指数体系”。

指数体系是指几个指数之间在一定的经济联系基础上所结成的严密的数量关系式。其最为典型的表现形式就是：一个总值指数等于两个(或两个以上)因素指数的乘积。下面我们专门讨论这种形式的指数体系。例如：

销售额指数＝销售量指数×销售价格指数

总产值指数＝产量指数×产品价格指数

总成本指数＝产量指数×单位产品成本指数

总产量指数＝员工人数指数×劳动生产率指数

原材料消耗额指数＝产品产量指数×单位产品原材料消耗量指数×单位原材料价格指数

月总产值指数＝工人数指数×工作月长度指数×工作日长度指数×时劳动生产率指数

上述例子的总变动中，前四个都是受两个因素的变动影响，在这两个因素中，必然有一个是数量指标因素，一个是质量指标因素。而后两个受到不止两个因素的变动影响，属于多因素影响的问题。同样的，在这些众多因素中，总可以分为数量指标因素和质量指标因素。因此，所用到的指数，无非就是数量指标指数和质量指标指数两大类。

以上这些指数体系都是建立在有关指数化指标之间的经济联系基础之上的，因而它们具有非常实际的经济分析意义。

指数体系的分析作用主要有两个方面：一是进行“因素分析”，即分析现象的总变动中各有关因素的影响程度；二是进行“指数推算”，即根据已知的指数推算未知的指数。

二、总体总量变动的因素分析

这里的总量变动即指绝对数的变动，包括个体现象的绝对数变动和总体现象的总量变动。对现象的总量变动进行因素分析的方法很多，通过建立指数体系来进行因素分析则具有直观、明显的经济意义，因而在实践中获得了较为广泛的应用。

（一）建立在个体指数体系上的因素分析

这是指个别事物变动的因素分析问题。

例 8-4 某种商品有关销售资料如表 8-5 所示。

表 8-5 某种商品基期报告期销售资料

商品	销售量		价格(元)		销售额(万元)		
	q_0	q_1	p_0	p_1	q_0p_0	q_1p_1	q_1p_0
甲(件)	5000	6000	800	760	400	456	480

1. 总变动。该商品的销售额指数为：

$$k_{qp}=\frac{q_1p_1}{q_0p_0}=\frac{456}{400}=114\%$$

$$q_1p_1-q_0p_0=456-400=56(\text{万元})$$

计算表明，甲商品报告期的销售额较基期增长了 14%，增加了 56 万元。什么原因？要进行因素分析。

2. 数量指标变动影响。销售量变动影响：

$$k_q=\frac{q_1}{q_0}=\frac{6000}{5000}=120\%$$

$$(q_1-q_0)p_0=(6000-5000)\times 800=80(\text{万元})$$

分析表明，由于销售量增长 20%，使得销售额增加了 80 万元。

3. 质量指标变动影响。价格变动影响：

$$k_p=\frac{p_1}{p_0}=\frac{760}{800}=95\%$$

$$(p_1-p_0)q_1=(760-800)\times 6000=-24(\text{万元})$$

4. 指数体系

$$\frac{q_1p_1}{q_0p_0}=\frac{q_1}{q_0}\times\frac{p_1}{p_0}\quad 即\quad 114\%=120\%\times 95\%$$

$$q_1p_1-q_0p_0=(q_1-q_0)p_0+(p_1-p_0)q_1\quad 即$$

$$56(\text{万元})=80(\text{万元})-24(\text{万元})$$

（二）建立在综合指数体系上的因素分析

1. 两因素影响的因素分析

对于复杂经济现象，即狭义的指数来说，进行因素分析所要用到的指数体系是综合指数的指数体系。

在分析之前，应首先计算 q_0p_0、q_1p_1 和 q_1p_0 等有关资料，以便编制综合指数(见表 8－5)。分析时，先提出问题，即总体总额发生变化的相对数和绝对数，然后分别从数量指标角度和质量指标角度进行分析说明，最后利用指数体系将各影响因素联系起来，验证分析结果。

例 8－5 某地区出口三种商品，有关统计资料如表(8－6)所示。

表 8－6　出口商品统计资料及因素分析计算表

商品	出口量		出口价(美元)		出口额(万美元)		
	q_0	q_1	p_0	p_1	q_0p_0	q_1p_1	q_1p_0
甲(件)	5000	6000	800	760	400	456	480
乙(吨)	800	820	2500	2500	200	205	205
丙(吨)	4000	3800	1000	1100	400	418	380
合计	—	—	—	—	1000	1079	1065

(1) 总体总量发生变化

出口额的变动相对数(即计算总额指数)：

$$\overline{K}_{qp}=\frac{\sum q_1p_1}{\sum q_0p_0}=\frac{1079}{1000}=107.9\%$$

出口额增加的绝对值：

$$\sum q_1p_1-\sum q_0p_0=1079-1000=79(\text{万美元})$$

(2) 数量指标因素变动的影响

影响相对数(即计算数量指标综合指数)：

$$\overline{K}_q=\frac{\sum q_1p_0}{\sum q_0p_0}=\frac{1065}{1000}=106.5\%$$

影响绝对数：

$$\sum q_1p_0-\sum q_0p_0=1065-1000=65(\text{万美元})$$

(3) 质量指标因素变动的影响

影响相对数(即计算质量指标综合指数)：

$$\overline{K}_p=\frac{\sum q_1p_1}{\sum q_1p_0}=\frac{1079}{1065}=106.5\%=101.31\%$$

影响绝对数：

$$\sum q_1p_1-\sum q_1p_0=1079-1065=14(\text{万美元})$$

(4) 建立指数体系,验证结果

相对数体系(指数体系):

$$\frac{\sum q_1 p_1}{\sum q_0 p_0}=\frac{\sum q_1 p_0}{\sum q_0 p_0}\times\frac{\sum q_1 p_1}{\sum q_1 p_0} \tag{8-25}$$

即　$107.9\% = 106.5\% \times 101.31\%$

绝对数体系:

$$\sum q_1 p_1-\sum q_0 p_0=(\sum q_1 p_0-\sum q_0 p_0)+(\sum q_1 p_1-\sum q_1 p_0)$$

即　79(万美元)=65(万美元)+14(万美元)

2. 多因素影响的因素分析

总量指标的多因素分析在指数体系上表现为被研究现象的总变动指数等于三个或三个以上因素指数的乘积。这些影响因素的排序,必须遵循一个基本原则,即:任何两个相邻因素的乘积都应该具有实际经济意义。一般情况下,数量指标居先,质量指标居后,具有二重性的指标居于中间。二重性指标是指与数量指标综合在一起时,仍为数量指标,若与数量指标对应时则为质量指标;而与质量指标综合在一起时,仍为质量指标,若与质量指标对应时则为数量指标。例如,"原材料消耗额=产品产量×单位产品原材料消耗量×单位原材料价格",产品产量是数量指标居先,单位原材料价格是质量指标居后。而单位产品原材料消耗量是具有二重性的指标,因为,将其与产品产量综合起来时,成为原材料消耗总量,是数量指标;如果撇开材料价格不看,则"原材料消耗量=产品产量×单位产品原材料消耗量"中,单位产品原材料消耗量是质量指标。而当单位产品原材料消耗量与材料价格相乘起来后,得到的是单位产品原材料消耗额,是质量指标;如果撇开产品产量不看,则"单件产品原材料消耗量=单件产品原材料消耗量×单位原材料价格",这时的单位产品原材料消耗量指标是数量指标。所以单位产品原材料消耗量是具有二重性的指标,应置于中间。

分析了数量指标因素和质量指标因素后,编制综合指数时,仍采用一般的编制原则,即编制数量指标综合指数,采用基期的质量指标为同度量因素;编制质量指标综合指数,采用报告期的数量指标为同度量因素。

至此,多因素影响的指数分析体系(以"原材料消耗额 qmp=产品产量

q×单位产品原材料消耗量 m×单位原材料价格 p”为例)为:

$$\frac{\sum q_1 m_1 p_1}{\sum q_0 m_0 p_0}=\frac{\sum q_1 m_0 p_0}{\sum q_0 m_0 p_0}\times\frac{\sum q_1 m_1 p_0}{\sum q_1 m_0 p_0}\times\frac{\sum q_1 m_1 p_1}{\sum q_1 m_1 p_0} \quad (8-26)$$

其变动的绝对数与影响的绝对数,可直接由上式的各个指数的分子减分母得到。

三、总体平均数变动的因素分析

在实际问题的研究中,常常需要就总体平均数的变动进行对比分析。两个平均数的比值也是一个相对数,属于广义的指数范畴,通常称之为“平均指标指数”,反映了总体在不同时期的平均水平的变动情况。即

$$\frac{\bar{x}_1}{\bar{x}_0}=\frac{\dfrac{\sum x_1 f_1}{\sum f_1}}{\dfrac{\sum x_0 f_0}{\sum f_0}}=\frac{\sum x_1 \dfrac{f_1}{\sum f_1}}{\sum x_0 \dfrac{f_0}{\sum f_0}} \quad (8-27)$$

从式(8-27)可以看出,总体平均数的变动,受到两个因素的影响:一是各组变量的水平 x;二是总体的结构,即通常表现为各组单位数占总体单位总数的比重$\dfrac{f}{\sum f}$(即分布数列的频率)。所以,总体平均数变动的因素分析,就是从这两个因素入手进行的。

总平均变动的指数体系为:

$$\frac{\dfrac{\sum x_1 f_1}{\sum f_1}}{\dfrac{\sum x_0 f_0}{\sum f_0}}=\frac{\dfrac{\sum x_1 f_1}{\sum f_1}}{\dfrac{\sum x_0 f_1}{\sum f_1}}\times\frac{\dfrac{\sum x_0 f_1}{\sum f_1}}{\dfrac{\sum x_0 f_0}{\sum f_0}} \quad (8-28)$$

例 8-6　某企业工人的工资资料如表(8-7)所示。

表 8－7　某企业工人某月的工资资料

	基期		报告		工资总额(万元)		
	平均收入	人数	平均收入	人数	基期	报告期	假定期
	x_0	f_0	x_1	f_1	x_0f_0	x_1f_1	x_0f_1
技术工	1200	300	1400	400	36	56	48
学徒工	700	200	800	1600	14	128	112
合计	1000	500	920	2000	50	184	160

表 8－7 资料有一个问题，从各组的工资水平看，无论技术工或学徒工，都有较大幅度增加。可是，总平均数却是下降的，由原来的平均每人 1000 元，下降为 920 元。为什么？这就是总体平均数变动的因素分析的任务所在。

为方便分析，先分别计算各个平均工资如下：

第一个为基期的总平均工资

$$\overline{x}_0=\frac{\sum x_0f_0}{\sum f_0}=\frac{500000}{500}=1000(\text{元})$$

第二个为报告期的总平均工资

$$\overline{x}_1=\frac{\sum x_1f_1}{\sum f_1}=\frac{1840000}{2000}=920(\text{元})$$

第三个计算假定的总平均工资

$$\overline{x}_n=\frac{\sum x_0f_1}{\sum f_1}=\frac{1600000}{2000}=800(\text{元})$$

分析步骤如下：

(一) 问题提出，即总体平均数发生变化

1. 变动的相对数(计算可变组成指数)

$$\frac{\overline{x}_1}{\overline{x}_0}=\frac{\dfrac{\sum x_1f_1}{\sum f_1}}{\dfrac{\sum x_0f_0}{\sum f_0}}=\frac{920}{1000}=92\%$$

2. 变动的绝对数

(1) 总平均工资变动的绝对数

$\overline{x}_1-\overline{x}_0=920-1000=-80$(元)

(2) 工资总额变动的绝对数

$(\overline{x}_1-\overline{x}_0)\sum f_1=(920-1000)\times 2000=-16$(万元)

以上结果表明,从整个企业的总平均工资来看,工资水平下降了 8%(1-92%),平均每人减少收入 80 元,总工资额少发放 16 万元。

(二) 各组水平变动影响

1. 影响的相对数(计算固定组成指数)

$$\frac{\overline{x}_1}{\overline{x}_n}=\frac{\dfrac{\sum x_1 f_1}{\sum f_1}}{\dfrac{\sum x_0 f_1}{\sum f_1}}=\frac{920}{800}=115\%$$

2. 影响的绝对数

(1) 对总平均工资变动的影响

$\overline{x}_1-\overline{x}_n=920-800=120$(元)

(2) 对工资总额变动的影响

$(\overline{x}_1-\overline{x}_n)\sum f_1=(920-800)\times 2000=24$(万元)

由于各组的平均工资水平都有所提高,使得总平均工资提高了 15%,平均每人增加 120 元的工资收入,总工资额多发放 24 万元。

(三) 结构变动影响

1. 影响的相对数(计算结构影响指数)

$$\frac{\overline{x}_n}{\overline{x}_0}=\frac{\dfrac{\sum x_0 f_1}{\sum f_1}}{\dfrac{\sum x_0 f_0}{\sum f_0}}=\frac{800}{1000}=80\%$$

2. 影响的绝对数

(1) 对总平均工资变动的影响

$\overline{x}_n-\overline{x}_0=800-1000=-200$(元)

(2) 对工资总额变动的影响

$(\overline{x}_n-\overline{x}_0)\sum f_1=(800-1000)\times 2000=-40$(万元)

由于结构变动的原因,使得总平均工资下降了 20%(1-80%),平均每人减少收入 200 元,工资总额少发放 40 万元。

(四) 总平均数变动的指数体系

1. 相对数体系

$$\frac{\dfrac{\sum x_1 f_1}{\sum f_1}}{\dfrac{\sum x_0 f_0}{\sum f_0}}=\frac{\dfrac{\sum x_1 f_1}{\sum f_1}}{\dfrac{\sum x_0 f_1}{\sum f_1}}\times\frac{\dfrac{\sum x_0 f_1}{\sum f_1}}{\dfrac{\sum x_0 f_0}{\sum f_0}}$$

即　$92\%=115\%\times 80\%$

2. 绝对数体系

(1) 总平均工资变动体系

$\overline{x}_1-\overline{x}_0=(\overline{x}_1-\overline{x}_n)+(\overline{x}_n-\overline{x}_0)$

即　-80(元)=120(元)-200(元)

(2) 总工资额变动体系

$(\overline{x}_1-\overline{x}_0)\sum f_1=(\overline{x}_1-\overline{x}_n)\sum f_1+(\overline{x}_n-\overline{x}_0)\sum f_1$

即　-16(万元)=24(万元)-40(万元)

从报告期与基期的工资总额看,实际上是多支付 134 万元(即 184-50,见表 8-7),而我们这里分析的却是少发放 16 万元,什么原因?请读者联系总额变动的指数体系予以分析。

第九章 时间序列分析

社会经济现象是随着时间的变动而不断地发生变化的。社会经济指标的数值按时间顺序排列而形成了时间数列。本章主要介绍时间数列的种类和编制方法、常用的动态分析指标、时间数列的测定及其在预测中的应用。

第一节 时间序列的种类及其编制

社会经济现象总是随着时间的推移而变化，呈现动态性。统计对社会经济现象的研究，不仅要从静态上揭示研究对象在具体时间、地点条件下的数量特征和数量关系，而且要从动态上反映其发展变化过程及规律性。而编制时间序列是进行动态研究的基础。

一、时间序列的概念

时间序列是将某一统计指标在各个不同时间上的数值按时间先后顺序编制所形成的序列，也称为动态数列或时间数列。表 9-1 列举了我国 2005—2009 年期间若干经济指标的时间序列。

表 9-1 中的每一行有序数值，就是一个时间序列。上表共五个时间序列。可见，任何一个时间序列，均由两个基本要素构成：一个是现象所属的时间；另一个是反映该现象在一定时间条件下数量特征的指标值。时间构成要素反映时间单位的不同，如年、季、月、日等，称为年、季、月、日时间序

列。同一时间序列中,各指标值的时间单位一般要求相同,这样在分析研究中无须考虑时间单位不同所造成的差异。时间序列中所排列指标值是具有某种性质特征的指标的具体数量表现,是划分时间序列类型的依据。

表 9－1 某省近几年来职工人数及工资额的变化

年　份	2005	2006	2007	2008	2009
年末职工人数(万人)	14908	14845	14668	12337	11773
职工工资总额(亿元)	8100.0	9080.0	9405.3	9296.5	9875.5
其中:国有经济单位(亿元)	6080.2	6792.7	7211.0	6812.5	7160.8
占工资总额的比重(%)	75.06	74.80	76.67	73.28	72.51
职工年平均货币工资(元)	5500	6210	6470	7479	8346

要研究和分析现象的发展变化,必须编制时间序列,因为时间序列是动态分析的依据。时间序列的主要作用是:第一,它可以描述被研究现象的发展过程和结果;第二,通过它可分析被研究现象的发展速度、趋势,探索其发展变化的规律性;第三,通过时间序列有关统计数据的计算、研究,对所研究的现象作趋势预测;第四,将不同国家或地区的同类现象的时间序列进行对比,观察其发展变化的数量关系,也可将两个以上相关现象在同一历史时期的时间序列进行对比,分析其发展变化的协调性。

二、时间序列的种类

时间序列按照其构成要素中统计指标值的表现形式,分为总量指标时间序列、相对指标时间序列和平均指标时间序列三种类型。其中总量指标时间序列是基本序列,相对指标和平均指标时间序列是派生序列。

(一) 总量指标时间序列

将现象某一总量指标在不同时间的数值序时编排所形成的数列,称为总量指标时间序列。它反映被研究现象总水平(或规模)的发展过程和结果。例如,表 9－1 中的“年末职工人数”、“工资总额”和“国有经济单位工资总额”这三个时间序列,均为总量指标时间序列。根据总量指标反映现象的时间状况不同，总量指标时间序列又可分为时期指标时间序列和时点指标时间序列。

1. 时期指标时间序列

时期指标时间序列是由一系列时期指标形成的，数列中的每个指标数值都是反映某种社会现象在一段时期内发展过程的总量，简称时期数列。

例如，表 9-1 中的第二个、第三个时间序列是时期数列。时期数列中的每个指标数值，反映现象所在时间的长短，称为时期。表 9-1 中第二个和第三个时间序列的每个指标数值，均是一年的工资总额。所以，该时期数列的时期是一年。

2. 时点指标时间序列

时点指标时间序列是一系列时点指标形成的，数列中每个指标数值都是反映现象在某一时点上所达到的状态或水平，简称时点数列。

例如，表 9-1 中第一个时间序列是时点数列。时点数列没有时期，只有间隔，该时点数列的间隔为一年。

3. 时期数列与时点数列的不同特点

（1）时期数列中的每个指标数值，都反映现象在一定时期内发展过程的总量；时点数列中的每个指标数值，则反映现象在某一时点上的总量。

（2）时期数列各时期指标数值可以相加，因为相加的结果有实际的意义；时点数列中的各指标数值除非计算过程需要相加，一般不能相加，因为相加的结果无实际意义。

（3）时期数列中每个指标数值的大小与时期的长短有关；时点数列中，每个指标数值的大小与时间的间隔长短无直接关系。

（4）时期数列的每个指标数值，是跟随现象发展过程做连续登记得到的；时点数列中的每个指标数值，是对现象做一时调查确定的。

（二）相对指标时间序列

将现象某一相对指标在不同时间的数值序时编排所形成的数列，称为相对指标时间序列，它反映被研究现象数量对比关系的发展变化过程。

例如，表 9-1 中的第四个时间序列，就是一个相对指标时间序列，它反映近几年来我国国有经济单位职工工资总额比重的变化过程。相对指标时间序列中的相对数,除上述所举的结构相对数外,也可以是其他任何一种相对数,如计划完成相对数、比例相对数、比较相对数、动态相对数和强度相对数等。其中的时间上的数值,是不能加总的。

(三) 平均指标时间序列

将现象某一平均指标在不同时间的数值序时编排所形成的数列,称为平均指标时间序列,它反映现象平均水平的发展趋势。

例如,表 9-1 中的第五个时间序列,就是一个平均指标时间序列,它反映近几年来各年职工年平均货币工资的变化过程。平均指标时间序列中的时间上的数值,跟相对指标时间序列一致,也是不能加总的。

三、时间序列的编制原则

编制时间序列,最重要的是遵循可比性原则。所谓可比性,指的是序列中对应于不同时间的指标值可以相互比较;符合这一性质的时间序列才能够正确反映社会经济现象的变动过程和规律。具体地说,可比性包含以下几方面:

(一) 时间长短应一致

同一时间序列,指标值所属时间应当统一。对于时期序列,即各指标值涵盖的时间长度要相同,因为此时期的长短直接决定了指标值的大小,时期长短不同,指标值便不可比。对于时点序列,即各指标值对应的时点间隔要相同;虽然时点序列指标值的大小与时点间隔长短没有直接关系,但保持相同的时点间隔才能准确地反映现象的变化状况。

(二) 经济内容应一致

指标的经济内容是由其理论内涵所决定的,随着社会经济条件的变化,同一名称的指标,其经济内容也会发生改变。编制时间序列时不注意这一问题,对经济内容已发生变化的指标值不加区别和调整,就可能导致错误的分析结论。

（三）总体范围应一致

无论是时期序列还是时点序列，指标值的大小都与现象总体范围有关系。如果随着时间的推移，现象总体范围发生了变化，例如地区的行政区划或部门隶属关系变更，那么在变化发生前后，指标的计算范围不同。指标值不能直接对比。只有经过适当调整保持了总体范围的一致性，进行动态比较才有意义。

（四）计算方法与计量单位要一致

对于指标名称、总体范围和经济内容都相同的指标，计算方法不同也会导致极大的数值差异。因此，同一时间序列中，各个指标值的计算方法要统一。编制价值指标的时间序列，指标的计算价格必须保持一致。对于实物指标的时间序列，则要求计量单位保持一致，否则也要进行调整。

第二节　时间序列的水平指标

时间序列虽描述了现象的发展过程和结果，但它还不能直接反映现象各期的增减数量、变动速度和规律性，为深刻揭示现象的这些方面，需运用一系列的动态分析指标。常用的动态分析指标有：发展水平、平均发展水平、增长量、平均增长量、发展速度、增长速度、平均发展速度和平均增长速度等。前四种为时间序列的水平指标，用于现象发展的水平分析，是本节的内容，后四种为时间序列速度指标，用于现象发展的速度分析，将在下一节阐述。

一、发展水平

发展水平是时间序列中与其所属时间相对应的反映某种现象发展变化

所达到的规模、程度和水平的指标数值。通常指总量指标,也可指相对指标和平均指标的数值。

按在时间序列中的次序地位不同,发展水平又分为最初、中间和最末三种水平。时间序列一般用 $a_0, a_1, \cdots, a_n$ 表示,第一个数值(a_0)叫最初水平,最后一个数值(a_n)叫最末水平,中间各项数值($a_1, a_2, \cdots, a_{n-1}$)叫中间水平。它们是计算其他动态分析指标的基础。另外,所要观察计算研究的那个时期的指标水平,称为报告期水平,又称为计算期水平;用作对比基础时期的指标水平,称为基期水平。

二、平均发展水平

将一个时间序列各期发展水平加以平均而得的平均数,叫平均发展水平,又称为动态平均数或序时平均数。

序时平均数与一般平均数(静态平均数)是有区别的。第一,序时平均数是根据动态数列计算的,而一般平均数是根据变量数列计算的;第二,序时平均数所平均的,是研究现象本身的数量在不同时间上的差异,而一般平均数所平均的,是总体各单位某一标志值的差异;第三,序时平均数是从动态上表明被研究现象本身在一段时间内的平均发展水平,而一般平均数是从静态上说明总体各单位某个标志值的平均水平。

时间序列有三种,各种时间序列的序时平均数的计算方法不尽相同,但根据总量指标时间序列计算序时平均数的方法是基本的,现分别说明如下。

(一)总量指标时间序列序时平均数的计算

总量指标时间序列包括时期数列和时点数列,这两种数列序时平均数的计算方法很不一样,亦需分别说明。

1. 时期数列

时期序列具有可加件,其计算序时平均数的方法就比较简单,常用简单算术平均法,数列各期水平直接加总除以数列项数即得。用公式表示为

$$\bar{a} = \frac{a_1 + a_2 + \cdots + a_n}{n} = \frac{\sum a_i}{n} \qquad (9-1)$$

其中：a_i 为各时期的发展水平（$i=1,2,\cdots,n$）；

n 为时期序列的项数；

$\bar{a}$为序时平均数。

例 9－1 根据表 9－1 我国近几年来职工人数及工资额的变化资料计算平均每年职工工资总额（序时平均数$\bar{a}$）。依公式 9.1 计算得

$$\bar{a}=\frac{8100+9080+9405.3+9296.5+9875.5}{5}=9151.46(\text{亿元})$$

2. 时点数列

时点数列序时平均数的计算方法，因掌握资料的情况不同而不同。

（1）连续时点情况下

a. 在掌握间隔相等连续时点（如每日的时点）资料时。例如，某单位对职工天天都考勤，因而有每日出勤人数，若计算月份的平均出勤人数，用公式（9－1）计算即得。

b. 在掌握间隔不等连续时点资料时。有些时点现象的量，不需要经常登记，只在它发生变动时，做变动记录即可。这种序时平均数是以各时点之间的间隔期为权数，用加权平均法来计算的。其计算公式为

$$\bar{a}=\frac{a_1f_1+a_2f_2+\cdots+a_nf_n}{f_1+f_2+\cdots+f_n}=\frac{\sum a_if_i}{\sum f_i} \qquad (9-2)$$

式中 f_i 为每次变动后间隔期长度。

例 9－2 某单位人事部门，对本单位在册职工人数有如下记录：1 月 1 日有职工 218 人，1 月 11 日调出 18 人，1 月 16 日调入 6 人，1 月 25 日又调入 9 人，2 月 5 日调出 4 人。即该单位 1 月 1 日至 1 月 10 日这 10 天都是 218 人，1 月 11 日至 1 月 15 日这 5 天都是 200 人，1 月 16 日至 1 月 24 日这 9 天都是 206 人，1 月 25 日至 1 月 31 日这 7 天都是 215 人。问 1 月份该单位职工平均在册人数是多少？

$$\bar{a}=\frac{218\times10+200\times5+206\times9+215\times7}{10+5+9+7}=211(\text{人})$$

（2）间断时点情况下

a. 在掌握间隔相等的间断时点资料时。由于社会现象经常不断地变

化着，要随时登记其变动情况有困难，往往是每隔一定时间登记一次，并假定所研究现象在两个相邻时点间的变动是均匀的。

这种序时平均数的计算方法，需先计算各相邻两期发展水平的平均数，然后再将这些平均数用简单算术平均法求序时平均数或直接将数列中的首末两项折半加上中间各项之和，除以项数减 1 进行计算。因此，该方法也称为首末折半法。计算公式为：

$$\bar{a}=\frac{\frac{a_1+a_2}{2}+\frac{a_2+a_3}{2}+\cdots+\frac{a_{n-1}+a_n}{2}}{n-1} \tag{9-3}$$

$$\bar{a}=\frac{\frac{a_1}{2}+a_2+\cdots+a_{n-1}+\frac{a_n}{2}}{n-1} \tag{9-4}$$

例 9－3 根据表 9－2 资料，该企业 2010 年上半年平均职工人数是多少？（2009 年 12 月末职工人数为 80 人）

表 9－2 某企业 2010 年上半年职工人数资料

月份	1	2	3	4	5	6
月末职工人数(人)	76	80	100	88	92	98

该企业 2010 年上半年平均职工人数为：

$$\bar{a}=\frac{\frac{80+76}{2}+\frac{76+80}{2}+\frac{80+100}{2}+\frac{100+88}{2}+\frac{88+92}{2}+\frac{92+98}{2}}{6}$$

$$=\frac{\frac{80}{2}+76+80+100+88+92+\frac{98}{2}}{6}=87.5(\text{人})$$

b. 在掌握间隔不等的间断时点资料时。有的时点数列的间隔不等，对此，要以各间隔长度(f_i)为权数，应用加权平均法计算。

$$\bar{a}=\frac{\frac{a_1+a_2}{2}f_1+\frac{a_2+a_3}{2}f_2+\cdots+\frac{a_{n-1}+a_n}{2}f_{n-1}}{f_1+f_2+\cdots+f_{n-1}} \tag{9-5}$$

假设上个例题中缺乏 1、3、4 月的资料，用加权法计算该企业 2010 年上半年平均职工人数为：

$$\bar{a}=\frac{\frac{80+80}{2}\times 2+\frac{80+92}{2}\times 3+\frac{92+98}{2}\times 1}{2+3+1}=85.5(人)$$

(二) 相对指标时间序列序时平均数的计算

相对指标时间序列是派生序列，它可以是两个时期序列或两个时点序列的对应项对比的结果，也可以是时期序列和时点序列对应项对比的结果。因此，要计算相对数时间序列的序时平均数，不能就序列中的相对数直接进行平均计算，而必须分别求出分子指标和分母指标时间序列的序时平均数，然后再进行对比。

用公式表示为：

$$\bar{c}=\frac{\bar{a}}{\bar{b}} \tag{9-6}$$

式中：$\bar{c}$代表相对指标时间序列的序时平均数；

$\bar{a}$代表分子指标时间序列的序时平均数；

$\bar{b}$代表分母指标时间序列的序时平均数。

根据这个公式计算相对指标时间序列序时平均数时，应当分清分子、分母的数列是时期数列还是时点数列；间断期相等还是不相等。然后根据不同情况运用不同方法进行计算。一般可分为三种不同情况。

1. 由两个时期数和相应项对比所形成的相对指标时间序列计算序时平均数。根据所掌握的资料不同，又分为三种情况。

a. 形成相对指标时间序列的分子、分母资料齐备，则用两个简单算术平均数求序时平均数。

其计算公式：

$$\bar{c}=\frac{\frac{\sum a}{n}}{\frac{\sum b}{n}}=\frac{\sum a}{\sum b} \tag{9-7}$$

b. 若掌握相对指标时间序列中各自的比值和分母资料(b)，缺少分子资料(a)。因为 $c=\frac{a}{b}$，因此，可将 $a=bc$ 代入公式得：

$$\bar{c}=\frac{\sum a}{\sum b}=\frac{\sum bc}{\sum b} \tag{9-8}$$

这是一个算术平均公式。

c. 若已知相对指标时间序列中各自的比值和分子资料(a)，缺少分母资料(b)。因为 $c=\frac{a}{b}$，所以 $b=\frac{a}{c}$，代入公式得：

$$\bar{c}=\frac{\sum a}{\sum b}=\frac{\sum a}{\sum \frac{a}{c}} \tag{9-9}$$

这是一个调和平均公式。

显然，对分子分母均为时期资料的相对指标时间序列计算序时平均数时，若掌握的是分子，而缺乏分母，用算术平均的方法计算；若掌握的是分母，而缺乏分子，用调和平均的方法计算。这和静态平均数的计算方法是相同的。

例 9－4 根据表 9－3 资料分别计算甲、乙、丙三个企业第一季度月平均计划完成程度。

表 9－3 集团公司所属三企业 2001 年第一季度生产情况表

单位：吨

		一月	二月	三月
甲企业	计划产量(b)	614	600	624
	实际产量(a)	620	596	632
乙企业	计划产量(b)	600	500	612
	计划完成(c)%	102	98	101
丙企业	实际产量(a)	588	600	632
	计划完成(c)%	99	100	104

甲企业第一季度月平均计划完成程度：

$$\bar{c}=\frac{\sum a}{\sum b}=\frac{620+596+632}{614+600+624}=100.54\%$$

乙企业第一季度月平均计划完成程度：

$$\bar{c}=\frac{\sum bc}{\sum b}=\frac{600\times1.02+500\times0.98+612\times1.01}{600+500+612}$$

$$=100.47\%$$

丙企业第一季度月平均计划完成程度：

$$\bar{c}=\frac{\sum a}{\sum \frac{a}{c}}=\frac{588+600+632}{\frac{588}{0.99}+\frac{600}{1}+\frac{632}{1.04}}=101.02\%$$

2. 由两个时点数列构成的相对指标时间序列计算序时平均数。如前所述，时点数列可分为连续时点数列和间断时点数列，且它们又分间隔期相等和间隔期不相等两种，其计算方法也不一样。

两个间隔期相等的连续时点数列相对比所形成的相对指标时间序列可用简单算术平均法来计算序时平均数：

$$\bar{c}=\frac{\frac{\sum a}{n}}{\frac{\sum b}{n}}=\frac{\sum a}{\sum b} \tag{9-10}$$

两个间隔期相等的间断时点数列相对比所形成的相对指标时间序列计算序时平均数，其计算公式为：

$$\bar{c}=\frac{\bar{a}}{\bar{b}}=\frac{\frac{\frac{a_1}{2}+a_2\cdots+a_{n-1}+\frac{a_n}{2}}{n-1}}{\frac{\frac{b_1}{2}+b_2\cdots+b_{n-1}+\frac{b_n}{2}}{n-1}}=\frac{\frac{a_1}{2}+a_2\cdots+a_{n-1}+\frac{a_n}{2}}{\frac{b_1}{2}+b_2\cdots+b_{n-1}+\frac{b_n}{2}} \tag{9-11}$$

例 9－5 根据表 9－4 资料计算某厂第二季度月平均工人数占全体职工人数的比重。

表 9-4　某厂 2010 年第二季度各月末职工人数

单位：人

月　份	3	4	5	6
生产工人数(a)	420	420	416	428
全体职工人数(b)	500	510	520	540
工人数占职工总数比重(c)%	84	82.35	80	79.26

$$\bar{c}=\frac{\bar{a}}{\bar{b}}=\frac{\frac{420}{2}+420+416+\frac{428}{2}}{\frac{500}{2}+510+520+\frac{540}{2}}=81.29\%$$

计算得到该厂第二季度月平均工人数占职工总人数的 81.29%。

3. 由时期数列和时点数列相应项对比形成的相对指标时间序列计算序时平均数。这又分两种情况：

a. 当分子为时期数列，分母为时点数列相应项对比所形成的相对指标时间序列，计算序时平均数。

其计算公式：

$$\bar{c}=\frac{\bar{a}}{\bar{b}}=\frac{\frac{\sum a}{n}}{\frac{\frac{b_1}{2}+b_2\cdots+b_{n-1}+\frac{b_n}{2}}{n-1}} \tag{9-12}$$

b. 当分子是时点数列，分母为时期数列时，其计算公式为：

$$\bar{c}=\frac{\bar{a}}{\bar{b}}=\frac{\frac{\frac{a_1}{2}+a_2\cdots+a_{n-1}+\frac{a_n}{2}}{n-1}}{\frac{\sum b}{n}} \tag{9-13}$$

（三）平均指标时间序列序时平均数的计算

对于平均指标时间序列的两种类型，一般(静态)平均数时间序列和序时平均数时间序列，其序时平均数的计算方法不完全相同。

构成第一类平均数时间序列的分子指标是总体标志总量，分母指标则是总体单位总量，它们均是总量指标的时间序列，序时平均数的计算方法与相对数时间序列完全相同，按公式(9－6)计算即可。

构成第二类平均数时间序列的各个指标值本身已是按序时平均法计算的结果，因此，当时间间隔相等时，可直接采用简单算术平均法计算其平均数；当时间间隔不相等时则采用加权算术平均法计算其平均数，权数为相应的间隔期。

应当注意的是，由相对数时间序列计算序时平均数时，如果所掌握的分子序列或分母序列本身就是序时平均数序列，则应当按上述第二类平均数时间序列的要求计算其序时平均数。

例 9－6 根据表 9－5 资料分别计算该企业第一季度各月商品流转次数；第一季度月平均商品流转次数和第一季度商品流转次数。

表 9－5 某商店 2010 年第一季度商品情况表

单位：万元

	12 月	1 月	2 月	3 月
销售额(a)	—	120	216	312
月末库存商品额(b)	50	70	76	84

表 9－5 中商品销售额是时期指标，商品库存额是时点指标。

商品流转次数＝商品销售额÷平均商品库存额

$$一月份商品流转次数=\frac{120}{\frac{50+70}{2}}=2(次)$$

$$二月份商品流转次数=\frac{216}{\frac{70+76}{2}}=2.96(次)$$

$$三月份商品流转次数=\frac{312}{\frac{76+84}{2}}=3.9(次)$$

第一季度月平均商品流转次数不能简单地将上面三个月商品流转次数相加后除以 3 进行计算。因为三个月的商品流转次数是序时平均数不能直接相加，而应分别计算分子、分母的序时平均数，再进行对比求得。

因此第一季度月平均商品流转次数为：

$$\bar{c}=\frac{\bar{a}}{\bar{b}}=\frac{\frac{\sum a}{n}}{\frac{\frac{b_1}{2}+b_2\cdots+b_{n-1}+\frac{b_n}{2}}{n-1}}=\frac{\frac{120+216+312}{3}}{\frac{\frac{50}{2}+70+76+\frac{84}{2}}{4-1}}$$

$$=\frac{648}{213}=3.04(\text{次})$$

第一季度商品流转次数：

3.04×3=9.12(次)

三、增长量指标

增长量是表明某种现象在一段时期内增长的绝对量，它等于报告期水平减其基期水平。即

增长量=报告期水平－基期水平 (9-14)

增长量有正负之分，若为正值，表明增加，若为负值，说明减少，故又称为“增减量”指标。

根据基期的不同确定方法，增长量可分为逐期增长量和累计增长量。

(一) 逐期增长量

逐期增长量是报告期水平与前一期水平之差，用公式表示为：

逐期增长量=报告期水平－前一期水平 (9-15)

即

逐期增长量$=a_i-a_{i-1}(i=1,2,\cdots,n)$ (9-16)

它表明现象逐期增加(减少)的绝对数量。当 $i=1$ 时，a_0 表示时间序列的最初水平；a_1 是研究范围的起始期水平。

(二) 累计增长量

累计增长量是报告期水平与某一固定时期水平(通常是时间序列最初

水平)之差,用公式表示为:

$$累计增长量=a_i-a_0(i=1,2,\cdots,n) \tag{9-17}$$

它表明报告期比该固定时期增加(减少)的绝对数量。

易于看出,同一时间序列中,累计增长量等于相应时期逐期增长量之和。

$$a_i-a_0=(a_1-a_0)+(a_2-a_1)+\cdots+(a_i-a_{i-1}) \tag{9-18}$$

同样可以看出,相邻的两个累计增长量之差等于相应的逐期增长量。

$$(a_i-a_0)-(a_{i-1}-a_0)=(a_i-a_{i-1}) \tag{9-19}$$

(三) 年距增长量

对于按月(季)编制的时间序列,为了消除季节变动的影响,还可以计算年距增长量,它等于本期发展水平比上年同期发展水平增加(减少)的数量。即

$$年距增长量=报告期水平-上年同期水平 \tag{9-20}$$

四、平均增长量指标

平均增长量是时间序列中逐期增长量的序时平均数,它表明该现象在一定时段内平均每期增加(减少)的数量。其计算公式为:

$$平均增长量=\frac{\sum(a_i-a_{i-1})}{n}(i=1,2,\cdots,n) \tag{9-21}$$

式中 n 表示逐期增长量项数。

根据逐期增长量与累计增长量之间的数量关系,平均增长量还可以表示为:

$$平均增长量=\frac{a_n-a_0}{n} \tag{9-22}$$

例 9-7 根据表 9-6 资料计算出在校学生人数相应的逐期增长量、累计增长量以及年平均增长量。

表 9-6　某省 2001—2007 年普通高校在校学生人数

年　份		2001	2002	2003	2004	2005	2006	2007
学生人数(万人)		204.4	218.4	253.6	279.9	299.6	302.1	317.4
增长量(万人)	逐期	—	14.0	35.2	26.3	19.7	2.5	15.3
	累计	—	14.0	49.2	75.5	95.2	97.7	113.0

在校学生人数相应的逐期增长量、累计增长量如上表所示，年平均增长量为：

$$\frac{317.4-204.4}{6}=18.83(\text{万人})$$

第三节　时间序列的速度指标

时间序列的速度指标有发展速度、增长速度、平均发展速度、平均增长速度。它们都是在发展水平指标基础上加工整理而来，是统计中广泛应用的动态分折指标。

一、发展速度

发展速度是将现象报告期水平除以基期水平求得的表明某种现象发展程度的相对指标。即

$$\text{发展速度}=\frac{\text{报告期水平}}{\text{基期水平}} \tag{9-23}$$

发展速度通常用百分数表示，当比值较大时，也可用倍数和翻番数表示，它说明现象报告期水平为基期水平的百分之几或若干倍或翻几番。当它大于 100%(或 1)时，表明现象向上发展，若小于 100%(或 1)时，表明现象向下发展。

由于采用的基期不同，发展速度可分为环比发展速度和定基发展速度。

（一）环比发展速度

环比发展速度是报告期水平与前一期水平之比，它表明报告期水平为前一期水平的百分之几或若干倍，从一个环比发展速度动态数列来说，它表现现象逐期的发展程度。

$$环比发展速度=\frac{报告期水平}{前一期水平} \tag{9-24}$$

即 $$环比发展速度=\frac{a_i}{a_{i-1}} \tag{9-25}$$

（二）定基发展速度

定基发展速度是报告期水平与其一固定基期水平(通常是最初水平)之比。它表明报告期水平为某固定基期水平的百分之几或若干倍或翻几番，定基发展速度数列的各期数值，都分别说明现象在一较长时期内的总发展速度。

$$定基发展速度=\frac{报告期水平}{固定时期水平} \tag{9-26}$$

即 $$定基发展速度=\frac{a_i}{a_0} \tag{9-27}$$

（三）环比发展速度与定基发展速度的关系

上述两种发展速度使用的基期和它们说明的问题不同，但这两种发展速度之间却存在一定的关系。

1. 同一动态数列各期环比发展速度的连乘积，等于其相应时期的定基发展速度。

$$\frac{a_1}{a_0}\times\frac{a_2}{a_1}\times\cdots\times\frac{a_i}{a_{i-1}}=\frac{a_i}{a_0} \tag{9-28}$$

2. 两个相邻定基发展速度之比，等于相应报告期的环比发展速度。

$$\frac{\frac{a_i}{a_0}}{\frac{a_{i-1}}{a_0}}=\frac{a_i}{a_{i-1}} \tag{9-29}$$

(四) 年距发展速度

类似于年距发展水平指标，对于按月(季)编制的时间序列，可计算年距发展速度，用公式表示为：

$$年距发展速度=\frac{报告期水平}{上年同期水平} \tag{9-30}$$

它消除了季节变动的影响，表明本期水平相对于上年同期水平发展变化的方向与程度，是实际统计分析中经常应用的指标。

二、增长速度

增长速度是某种现象报告期的增长量与基期水平之比，表明该现象增长程度的相对指标。其计算公式是：

$$增长速度=\frac{增长量}{基期水平} \tag{9-31}$$

或

$$增长速度=发展速度-1(100\%) \tag{9-32}$$

发展速度与增长速度是一个问题的两种说明，两者有着密切的关系。首先，发展速度是说明报告期水平比基期水平增长了百分之几，包括了基期水平；而增长速度则是说明报告水平比基期水平增长了百分之几，扣除了基期水平。其次，发展速度是通过报告水平与基期水平对比计算的；增长速度是通过报告期水平减去基期水平后与基期水平对比计算的。再次，发展速度没有正负数值之分，而增长速度则有正负值之分。当增长速度为正值时，表示现象的增长程度；当其为负值时，表示现象的降低程度。

由于增长量有逐期增长量和累计增长量之分，增长速度因所采用基期不同，分为环比增长速度和定基增长速度。

(一) 环比增长速度

环比增长速度是逐期增长量与其前一期发展水平之比，表明现象逐期增长程度。其计算公式为：

环比增长速度＝逐期增长量÷前一期发展水平

＝环比发展速度－1(100％)　　(9－33)

(二) 定基增长速度

定基增长速度是累计增长量与某一固定基期水平之比，表明现象在一段时期内总的增长程度。其计算公式为：

定基增长速度＝累计增长量÷固定基期水平

＝定基发展速度－1(100％)　　(9－34)

(三) 年距增长速度

年距增长速度表明本期比上年同期增长(降低)了百分之几或若干倍。其计算公式为：

年距增长速度＝年距增长量÷上年同期发展水平

＝年距发展速度－1(100％)　　(9－35)

发展速度与增长速度是对社会经济现象进行动态分析的基本指标，应用中要注意的问题是：定基增长速度与环比增长速度不能像定基发展速度与环比发展速度那样互相推算，因为定基增长速度不等于相应时期内各环比增长速度的连乘积；两个相邻时期定基增长速度的比率也不等于相应时期的环比增长速度。定基增长速度与环比增长速度之间的推算，必须通过定基发展速度和环比发展速度才能进行。

(四) 增长1％的绝对值

发展水平和增长量是绝对数，说明现象发展所达到的和所增长的绝对数量；发展速度和增长速度是相对数，说明现象发展和增长的程度，把现象之间的差异抽象化了，在一定程度上掩盖了发展水平的差异。因此，低水平基础上的增长速度与高水平基础上的增长速度是不可比的，而环比增长速度具有不同的经济意义。由此可知，在动态分析时，不仅要看各期增长的百分数，还要看每增长1％所包含的绝对值，这是一个由相对数和绝对数相结合运用的指标。

基本计算公式：

$$增长1\%的绝对值=\frac{增长量}{增长速度\times100}$$

或　增长1%的绝对值=前一期水平÷100　　(9-36)

例9-8　某省2001—2006年能源生产量列于表9-7，根据这些资料计算的发展速度、增长速度及增长1%的绝对值也列于该表中。

表9-7　某省2001—2006年能源(标准煤)生产量及速度指标

年　份		2001	2002	2003	2004	2005	2006
发展水平(万吨)		104844	107256	111059	118729	129034	132616
发展速度(%)	定基	100	102.30	105.93	113.24	123.07	126.49
	环比	—	102.30	103.55	106.91	108.68	102.78
增长速度(%)	定基	—	2.30	5.93	13.24	23.07	26.49
	环比	—	2.30	3.55	6.91	8.68	2.78
增长1%绝对值(万吨)		—	1048.4	1072.6	1110.6	1187.3	1290.3

三、平均发展速度和平均增长速度

平均发展速度指标有平均发展速度和平均增长速度两种。前者说明某种现象在一段较长时间内逐期平均发展的程度，后者说明某现象在一段较长时间内逐期平均增长的程度。平均增长速度与平均发展速度有密切联系，两者仅相差一个基数。所以，平均增长速度=平均发展速度-1。其计算结果若为正值，表明被研究现象在一段时间内是逐期递增；若计算结果为负值，则表明其逐期递减。

平均发展速度是根据各期环比发展速度计算的序时平均数，通常用几何平均法和高次方程法计算。两种计算方法，应用条件各不相同。有些现象，如产量、产值、商品销售额和职工人数等，它们的发展规模，适合用年发展水平表现。另外一些现象，如固定资产投资额、造林面积、新增生产能力和干部培训数等的发展规模，则适合用若干年(如3年、5年或10年)的累计数表现。对用年发展水平表现其规模的现象，平均发展速度的计算，适用几何平均法；对用若干年累计数表现其规模的现象，平均发展速度的计算，适用高次方程法。

平均发展速度指标在实际统计工作中应用很广泛。它可以概括反映国民经济建设中取得的成就，说明各个历史阶段中经济发展或增长的程度，可用于对不同历史时期、不同国家、不同地区的社会经济现象发展情况进行比较。利用平均发展速度指标可编制长期计划和分析其完成情况，并以此作为编制年度计划的重要依据之一；还可利用平均发展速度推算未来发展水平，等等。

(一) 几何平均法

几何平均法也称水平法。采用这一方法的原理是：一定时期内现象发展的总速度等于各期环比发展速度的连乘积；根据平均数的计算原理，就应当按连乘法，即几何平均数公式计算各指标值的平均数。即

$$\frac{a_n}{a_0}=\frac{a_1}{a_0}\times\frac{a_2}{a_1}\times\cdots\times\frac{a_n}{a_{n-1}}$$

$$\frac{a_n}{a_0}=x_1\times x_2\times\cdots\times x_n$$

$$\prod x_i=\frac{a_n}{a_0}$$

式中，$\prod$ 表示连乘号。用$\bar{x}$ 表示平均发展速度，R 表示总速度，则基本计算公式为：

$$\bar{x}=\sqrt[n]{\prod x_i} \tag{9-37}$$

或

$$\bar{x}=\sqrt[n]{\frac{a_n}{a_0}}=\sqrt[n]{R} \tag{9-38}$$

上述两式都是平均发展速度几何平均法的计算公式，可以根据资料的掌握情况选择应用。若已知逐期环比发展速度，可用(9－37)式计算；若所掌握的资料是最初水平和最末水平，宜用(9－38)式计算。

不难看出，平均发展速度的几何平均法隐含着一个假设：即从时间序列的最初水平出发，以序列的平均发展速度代替各期环比发展速度，计算出的

期末理论值水平应与期末实际水平相一致。这也就是几何平均法又称水平法的缘由。

例 9-9 某地区近年来甲产品的单位产品成本及其环比发展速度如表 9-8 所示,根据这些资料计算 2006—2010 年的平均发展速度和平均增长速度。

表 9-8 甲产品的单位产品成本及其环比发展速度

年 份	2005	2006	2007	2008	2009	2010
产品成本(元/台)	200	198	188	175	170	160
环比发展速度(%)	—	99.0	94.9	93.1	97.1	94.1

2006—2010 年,该产品单位产品成本的平均发展速度为:

$$\bar{x} = \sqrt[n]{\prod x_i} = \sqrt[5]{0.99 \times 0.949 \times 0.931 \times 0.971 \times 0.941}$$
$$=95.64\%$$

也可用

$$\bar{x}=\sqrt[n]{\frac{a_n}{a_0}}=\sqrt[5]{\frac{160}{200}}=95.64\%$$

平均增长速度为:95.64%−100%=−4.36%,即表明平均下降 4.36%。

(二) 高次方程法

高次方程法也称累计法。采用这一方法的原理是:各期发展水平等于序列初始水平与各期环比发展速度的连乘积,即

$$a_i=a_0 \times x_1 \times x_2 \times \cdots \times x_i (i=1,2,\cdots,n)$$

因此,各期发展水平之和可写成:

$$a_0(x_1+x_1x_2+\cdots+x_1x_2\cdots x_n)=a_1+a_2+\cdots+a_n$$

将序列的平均发展速度代替上式中各期环比发展速度,就有:

$$a_0(\bar{x}+\bar{x}^2+\cdots+\bar{x}^n)=\sum_{i=1}^{n}a_i$$

$$\bar{x}+\bar{x}^2+\cdots+\bar{x}^n=\frac{\sum_{i=1}^{n}a_i}{a_0} \tag{9-39}$$

解这个高次方程，所得到的正根就是平均发展速度。至此不难看出，平均发展速度高次方程式算法的假设前提是：从时间序列的最初水平出发，以序列的平均发展速度代替各期环比发展速度，计算出的各期理论值水平的总和应与各期实际水平的总和相一致。累计法由此得名。

需要注意的是解此方程的计算过程比较麻烦，通常是借助于事先编制的《平均增长速度查对表》解决。这种查对表也分为平均增长和平均下降两部分，只要有现象某一段时期的总发展速度和该段时间的间隔年数，就可查表直接得到平均增长或平均下降速度。但在查表前，先判断现象是增长或下降。凡总发展速度与间隔年数的比率大于 1，为增长，在增长部分查表；相反，在下降部分查表。

例 9－10 设某地区国有经济固定资产投资额 2005 年为 4679 万元，2006—2010 年各年分别为 5220 万元、5628 万元、5943 万元和 6124 万元，共计 22915 万元。试用累计法求此期间年平均增长速度和年平均发展速度。

根据公式，总速度 $R=\dfrac{22915}{4679}\times100\%=489.74\%$

间隔年数 $n=4$，$\dfrac{R}{n}=\dfrac{489.74\%}{4}=122.43\%>100\%$属增长，应在增长部分查表(见表 9－9)

从 $n=4$ 年看，总发展速度 489.74%是在 489.00%与 490.18%之间，按比例计算：

表 9－9　累计法查对表(部分)

平均每年增长%	总发展速度(%)				
	1 年	2 年	3 年	4 年	5 年
8.2	108.20	225.27	351.94	489.00	637.30
8.3	108.30	225.59	352.61	490.18	639.16

$$\frac{489.74-489.00}{490.18-489.00}=0.6$$

则　$8.2+(8.3-8.2)\times0.6=8.26$

即所求平均增长速度为 8.26%，平均发展速度则为 108.26%。

第四节 长期趋势分析与季节变动分析

统计对客观现象作动态分析，不仅要编制动态数列、计算各种动态分析指标，而且还要进一步揭示现象的长期趋势和季节变动的规律，这对预见未来，克服盲目性，加强计划性，做好各项工作，具有重要的意义。

一、长期趋势的分析

（一）长期趋势的概念

长期趋势，是指某种现象在相当长的时期内，发展过程表现为不断增长或不断下降的总趋势。任何现象的发展变化，都同时受多种因素的影响，这些影响因素可大体分为两类：一类是基本因素，另一类是偶然因素。凡总是朝着一个方向促使某种现象不断增长或不断下降的那些因素，属基本因素。时而影响增长时而影响下降，或有时影响有时不影响的那些因素，属偶然因素。例如，在农业方面，耕作技术的改进、优质化肥的推广使用和种子的改良等，对农产量的增长属基本因素，而气候、雨量和湿度等属偶然因素。由于这些基本的和偶然的因素综合影响的结果，使现象在不同时间上的发展水平时高时低，因而，有时不易看出现象的变化趋势。但运用科学的分析方法，消除那些偶然因素的影响后，被研究现象的发展趋势就比较明显地呈现出来。在统计上，把原来不易看出现象变化趋势的动态数列，通过分析和加工后，使现象的变化趋势明显化的方法，就是长期趋势分析法，又称动态数列的修匀法。

（二）长期趋势分析法

分析长期趋势的方法很多，下面仅介绍几种常用的方法。

1. 时距扩大法

这是测定长期趋势最原始最简便的方法。它将时间序列指标值所属的时间单位予以扩大，然后对新时间单位内的指标值进行合并，便得到一个扩大了时距的时间序列。其作用是消除较小时距单位内偶然因素的影响，显示现象变动的基本趋势。

例 9-11 某省 1999—2010 年甘蔗产量如表 9-10 所示。甘蔗是一种重要糖料作物，其年产量受气候和各种自然灾害的影响而出现明显的丰歉波动。但若把时间单位扩大为 3 年，合并计算出时距为 3 年的甘蔗产量，其持续增长的基本趋势就非常明显（见表 9-10）。

表 9-10 某省 1999—2010 年甘蔗产量及其变动趋势

单位：吨

年份	1999	2000	2001	2002	2003	2004
甘蔗产量	343947	416827	522917	461370	486837	435244
年份	2005	2006	2007	2008	2009	2010
甘蔗产量	440431	469331	580780	569270	548133	580819

甘蔗产量变动趋势	1999—2001	2002—2004	2005—2007	2008—2010
	1283691	1383451	1490542	1698222

应用时距扩大法需要注意的问题是：

第一，这一方法只适用于时期序列，因为只有时期序列的发展水平才具有可加性。

第二，扩大的时距多大为宜取决于现象自身的特点。对于呈现周期波动的序列，扩大的时距应与波动周期相吻合；对于一般的时间序列，则要逐步扩大时距，以能够显示趋势变动的方向为宜。时距扩大太多，将造成信息的损失。

第三，扩大后的时距要尽可能保持一致，相应的发展水平才具有可比性。

2. 移动平均法

移动平均法是测定时间序列趋势变动的基本方法。它在时间序列中按一定项数逐项移动计算平均数，达到对原始序列进行修匀的目的。修匀的原理与时距扩大法一样，即从较长时期看，短期数据由于偶然因素影响而形成的差异，在加总平均过程中会相互抵消，故移动平均序列能够显示原时间序列的基本趋势，而对于短期影响所造成的波动，则通过平均予以消除，起到了修匀的作用。移动平均法有多种形式，这里介绍简单移动平均法和加权移动平均法。

（1）简单移动平均法

用于测定时间序列长期趋势的移动平均法也称中心移动平均法，指的是计算出的移动平均数必须代表移动平均中项的趋势测定值。当移动平均的项数取奇数和偶数的不同形式时，中心化的处理方式是不同的，所以移动平均法有奇数项和偶数项移动平均法之分。

表 9－11 的计算公式为：

$$\text{三项移动平均值}=\frac{a_{t-1}+a_t+a_{t+1}}{3}$$

$$\text{四项移动平均值}=\frac{\frac{a_{t-2}}{2}+a_{t-1}+a_t+a_{t+1}+\frac{a_{t+2}}{2}}{4}$$

应用简单移动平均法测定趋势变动要注意以下几个问题：

第一，移动平均项数 K 的确定。利用移动平均法测定趋势变动的基本原理就是修匀序列、消除随机变动。如果 K 取的大，则修匀作用较强，但对趋势变化的反应能力较差。反之，K 取的小，移动平均数的敏感度高，适应新水平的时间短，但修匀作用相应减弱。K 的大小应根据时间序列的特点来定。对于包含季节变动和循环变动的时间序列，则取 K 等于波动周期长度，这样可消除周期性波动的影响。

表 9-11　某地区 2000—2010 年粮食产量

单位：万吨

年份	粮食产量	三项移动平均	四项移动平均
2000	320	—	—
2001	342	332.7	—
2002	336	346.3	348.25
2003	361	361.7	361.50
2004	388	376.3	375.00
2005	380	391.3	393.00
2006	406	407.0	407.50
2007	435	423.7	422.25
2008	430	440.3	441.00
2009	456	455.3	—
2010	480	—	—

第二，时间序列经移动平均后会造成信息量的损失。奇数项移动平均所形成的新序列，头尾各减少$\frac{K-1}{2}$项，即修匀后的新序列共减少 $K-1$ 项；偶数项移动平均所形成的新序列，头尾各减少$\frac{K}{2}$项，即修匀后的新序列共减少 K 项。

第三，简单移动平均法适用于线性趋势的测定，若社会经济现象的发展呈非线性趋势变动，就要考虑用加权移动平均法进行修匀。

(2) 加权移动平均法

加权移动平均法是对各期指标值进行加权后计算移动平均数。在中心化移动平均中，移动平均数代表移动平均中项时期的长期趋势值。因此，加权移动平均法中，一般计算奇数项加权移动数，各期权数以二项展开式为计算基础，使得中项时期指标值的权数最大，两边对称，逐期减小。

例如，表 9-11 用加权移动平均法，计算公式为：

$$三项加权移动平均值=\frac{a_{t-1}+2a_t+a_{t+1}}{4}$$

$$五项加权移动平均值=\frac{a_{t-2}+4a_{t-1}+6a_t+4a_{t+1}+a_{t+2}}{16}$$

计算结果如表 9－12 所示。

3. 趋势模型法

趋势模型法也称曲线配合法，它根据时间序列的数据特征，建立一个合适的趋势方程来描述时间序列的趋势变动，推算各时期的趋势值。

表 9－12　某地区 2000—2010 年粮食产量

单位：万吨

年份	粮食产量	三项加权移动平均	五项加权移动平均
2000	320	—	—
2001	342	335.00	—
2002	336	343.75	346.00
2003	361	361.50	361.50
2004	388	379.25	377.13
2005	380	388.50	390.75
2006	406	406.75	407.13
2007	435	426.50	424.38
2008	430	437.75	439.38
2009	456	455.50	—
2010	480	—	—

建立趋势方程的主要工作包括：首先选取合适的模型；其次估计模型参数，最常用的是最小二乘法；最后计算趋势变动测定值。

常见的趋势方程有：

（1）一元线性趋势方程

一元线性趋势方程是最简单、最基本的趋势方程式。如果时间序列中，现象大体上表现出逐期等量增加或等量减少，就可以采用线性趋势方程。其方程式为：

$$\hat{y}_t=a+bt \qquad (9-40)$$

（2）二次曲线趋势方程

二次曲线趋势方程适用于逐期增长量大致上呈等量递增或等量递减的时间序列。其方程式为：

$$\hat{y}_t = a + bt + ct^2 \qquad (9-41)$$

(3) 指数曲线方程

指数曲线方程适用于被研究现象大体上逐年按等比发展速度增(减)变动或者说各年的环比发展速度近似一个常数的时间序列。其方程式为：

$$\hat{y}_t = ab^t \qquad (9-42)$$

二、季节变动分析

(一) 季节变动的概念

季节变动，是指某些现象由于受自然因素和社会条件的影响，在一年之内比较有规律地变动。例如，农作物生产的季节性就很强，在我国大体来说，是春种、夏锄、秋收、冬藏。家禽下蛋的高峰季节是在第二季度。所以，各种农产品的购销业务和市场价格，也就有相应的规律性变动，以农产品为原料的某些工业生产(如榨糖等)亦有相应的季节变动。又如，每年寒暑假期间，总是客运量的高峰期；除春节外，每年旧历的五月端午节糯米的销量最大；旧历的八月中秋节月饼的销量最多。此外，在其他行业如建筑业、货运业等，也都存在不同程度的季节变动。

季节变动有时会给社会生产和人民生活造成某些不良影响。例如，在农忙季节所需的农业生产资料，若不能及时供应，就会影响生产的顺利进行；农作物已经成熟，无装运工具和适当的存放场地，会造成损失浪费。为了加强计划性，克服盲目性，更好地组织生产和安排人们生活，需要研究和掌握有关现象的季节变动规律。

(二) 季节变动的测定

统计用以反映季节变动的指标，是“季节比率”，又称为“季节指数”，它是现象各月(季)的发展水平与全期的平均发展水平对比得到的一种相对数。但季节比率指标不能根据某一年的资料来计算，因为，个别年份的资料，受偶然因素影响较大，必须用三年以上各月或各季度的完整资料来计算。

季节比率的计算大体分为两种方法：一种叫直接平均法，它不考虑长期趋势的影响；另一种叫趋势剔除法，即它先剔除长期趋势的影响后计算。

下面对直接平均法加以介绍。

这种方法的具体计算步骤如下：

例 9－11 根据某地区某种商品销售情况列出计算表(表 9－13)。

表 9－13 某地区某种商品销售季节比率计算表

单位：万吨

顺序	年份	一季度	二季度	三季度	四季度	合计	季平均数
甲	乙	(1)	(2)	(3)	(4)	(5)	(6)
1	2006	46	63	88	51	248	62
2	2007	50	70	91	57	268	67
3	2008	60	78	99	63	300	75
4	2009	57	89	110	60	316	79
5	2010	66	98	126	70	360	90
6	合计	279	398	514	301	1492	373
7	同季平均	55.8	79.6	102.8	60.2	298.4	74.6
8	季节比率％	74.8	106.7	137.8	80.7	400	100

第一步，将三年以上各月或各季度的完整资料(上例为五年各季的完整资料)排列整齐如表 9－13。

第二步，计算同季(月)的合计数及其平均数，即上表中的第 6、7 行，计算年度的合计数及其平均数，即上表的第(5)、(6)栏。

第三步，计算出全期季(月)的平均数，上例即为五年 20 个季度的季平均数 74.6 万吨。

第四步，将各同季(月)的平均数，分别与全期季(月)的平均数对比，即为季节比率。

如一季度的季节比率为：55.8÷74.6×100％＝74.8％，二季度的为：

79.6÷74.6×100％＝106.7％，余者依此类推，见表9－11第8行。

四个季度季节比率之和应等于400，如果不等，应当进行调整。其办法是：将400除以四个季度季节比率之和，得到一个调整系数，然后，将此系数分别乘各季原来的季节比率所得的数，即调整后的季节比率，它们之和等于400。本例四个季的季节比率之和为400，不需调整。

上表中这些季节比率说明：该地区这种商品的销售，从第二季度开始上升，旺季在第三季度，随后，销售量下降处于淡季。掌握了这些规律，商业部门的管理人员就能够心中有“数”，做到按时进货、适时供应，既节约资金，又可扩大销售；既可满足消费者的需要，又可增加企业盈利。

根据季节变动规律，结合其他预测方法，也可预测某年的各季(月)的数值。一般步骤是：(1)根据资料运用适当方法，预测某年的预测值；(2)将年预测值除以4(或12)，求得季(月)的预测平均值；(3)将季(月)的预测平均值乘以各季(月)季节比率，即为现象预测年各季(月)的预测值。

例9－12 根据表9－11资料对该地区这种商品年及各季的销售量预测。用最小平方法配合直线趋势方程并预测得知2011年的销售量为380.6万吨，平均每季销售量＝380.6÷4＝95.15万吨。则2011年各季的预测值为：

第一季度为：95.15×0.748＝71.17(万吨)；

第二季度为：95.15×1.067＝101.53(万吨)；

第三季度为：95.15×1.378＝131.12(万吨)；

第四季度为：95.15×0.807＝76.78(万吨)。

第十章 统计综合分析

统计调查搜集到所需要的资料并经过整理之后，必须进行统计分析。为完整地了解统计分析，必须阐述统计综合分析。只有开展统计综合分析，才能更好地发挥统计的作用。本章介绍了统计综合分析的概念、程序和方法，并强调统计分析中的统计比较方法，最后介绍了非常实用的统计分析报告的写作。

第一节　统计综合分析的概念和种类

一、统计综合分析的概念和特点

（一）统计综合分析的概念

统计是社会认识最有力的武器之一。认识的根本任务在于认识事物的本质和规律性。然而，社会经济现象是非常复杂的，其存在和发展是以多种因素相互依存、相互制约、相互联系为条件的。如果只运用一种方法，仅从表面现象来认识，或者只从几个指标数值而不是从联系中综合分析，就不能全面深入地认识事物。所以，通过统计调查搜集到所需要的材料并经过整理之后，必须进行综合分析。前面有关章节所讲的统计分析只是就某一方面阐述某种方法和手段的应用，还没有就一个过程、阶段阐述统计综合分析问题，为完整地了解统计分析，必须阐述统计综合分析。

统计综合分析，就是指根据分析研究的目的，在实质性科学正确地指导下运用统计方法，以统计资料为依据，结合具体情况，从定性与定量结合上，对客观事物进行科学分析和综合研究，揭示其本质和规律性，提出解决矛盾的办法的一种逻辑思维活动。统计综合分析是整个统计工作的一个重要阶段，是统计工作的最终环节，其好坏直接影响统计的质量。在统计实践中，只有开展统计综合分析，才能更好地发挥统计的作用，为各级领导和有关方面的公众提供有数据、有情况、有分析的资料，为制定计划和规划，实行宏观调控，决定有关方针、政策提供科学依据。

（二）统计综合分析的特点

1. 以统计数据为基础，定量与定性分析相结合。统计综合分析是对所研究事物进行剖析，从有关统计指标数值中研究其联系、差别、矛盾，摆情况、揭矛盾、找措施。所以统计综合分析离不开统计数据。但统计综合分析也并非单纯的数据罗列，而是将真实的数据与生动的情况相结合，定量分析与定性分析相结合，综合掌握事物的联系和变化过程，掌握事物量变的关键点、最佳度，综合深入探索事物变化、发展的根本原因，进而提出可行的对策。

2. 统计综合分析的目的在于提出办法解决问题。分析方法是手段，解决问题是目的。统计综合分析要求对所计算和研究的问题作出周密的分析和正确的判断与评价，进而提出解决问题的方向和办法。所以，统计综合分析绝不仅仅是分析方法的总和，而是认识和研究问题的更高级的分析研究阶段。

3. 综合运用多种分析方法。统计综合分析要认识问题的全貌，掌握现象运动的全过程，这就不能只限于运用一种分析方法，而必须综合运用多种分析方法；更不应局限于运用统计分析方法，而应运用有关科学，诸如经济计量学、系统工程等分析方法。在进行综合分析时要根据研究事物的特点和研究目的选择符合实际需要的一整套分析方法体系来进行综合分析研究。

上述统计综合分析的概念和特点是针对统计综合分析的实践活动而言，在统计学中，不可能具体研究和阐述统计综合分析活动实际的复杂内容。统计学中所阐述的统计综合分析是以统计数据为基础，定性与定量分析相结合，综合运用多种方法，对事物进行剖析，认识其本质和规律性的方法论。

二、统计综合分析的种类

根据统计综合分析的任务和研究重点不同，其形式综合归纳起来，主要有以下四种：

（一）专题性分析

这主要是就社会经济现实状况某一方面或某一问题而进行的专题调查的研究分析。专题性分析的范围虽然可以是一个部门或综合部门，题目可大也可小，内容可多也可少。但是，一般都强调内容的专门性、形式的多样性、表达的灵活性和剖析的深刻性。这种分析一般不受时间和空间的限制，要求分析研究具有针对性，单刀直入，深刻解剖，摆观点、揭矛盾、提建议。这种分析最忌面面俱到，泛而不专。这种分析同其他分析比较，目标更集中，重点更突出，认识更深刻，是最常用的一种分析。

（二）总结性分析

这主要是从多方位和一定过程的角度进行综合研究。其主要特点是全面性、系统性和综合性。例如，对微观企业的人、财、物，供、产、销运营情况进行综合评价；又如，宏观地将整个国民经济全局的发展速度、重要比例、经济效益，生产、分配、流通、消费与积累联系起来，进行分析研究等。此种分析的目的是对全局做出总评价，反映总变动趋势，从错综复杂的联系和发展中揭示存在的主要问题，找出原因，探寻对策。这种分析要求实事求是，正确总结，科学评价，切不可浮夸虚假。

(三) 进度性分析

这主要是从事物发展的历程角度所进行的分析。如生产进度、工程进度、工作进程等分析。进度性的分析分为一般性进度分析和战略性进度分析两种。前者主要是就各级领导关心和社会敏感性很强的问题进行分析;后者主要是就影响全局未来发展的、较大的趋势性问题进行研究。进度性的分析要求有很强的时效性,它最忌讳"雨后送伞"。

(四) 预测决策性分析

这是在分析历史和现实的基础上,运用统计预测方法,对所研究事物的未来发展趋势做出的科学推理判断和定量预测。预测的目的是为增强预见性。预测分析的要求是赖以预测的基础数据要准确,进行预测计算上要定量分析与定性分析紧密结合,提出预测的分析结果具有置信区间和可信度。在进行预测分析的基础上,进行一定的决策分析,为实施正确决策提供参考依据。

第二节　统计综合分析的程序和方法

一、统计综合分析的一般程序

统计综合分析从选题到写出报告,一般程序是:选择并确定研究课题;课题研究设计;采集、积累与鉴别资料;进行系统周密分析;得出结论,提出建议;根据分析结果形成分析报告。具体程序可依实际条件灵活安排。

(一) 选择并确定研究课题

统计综合分析要有针对性,这是进行统计综合分析首先需要解决的问题,它集中体现在研究课题上。研究课题体现着研究目的和所要分析的问题。所以，选择并确定课题是统计综合分析的初始环节，是课题研究设计的前提。研究课题的选择与确定是否恰当直接影响统计综合分析的效果。研究课题要从实际出发，根据客观需要来选择和确定。选择和确定的课题，应当是关键问题，并且要有相当的预见性，能超前提出即将出现的问题。具体来说有多种渠道、多方面来源。既可根据党和政府在各时期的方针、政策和工作重心的要求，选择领导关心的问题，也可根据生产、经营管理工作中的难点来选择；既可选择社会各界关注的热点、焦点和有争论的问题，也可选择改革、开放中出现的新情况、新问题。在选题中要正确处理好需要与可能的关系。课题虽好，但尚无条件，可暂时不搞；课题虽不太好，但已掌握材料，只要能反映出值得重视的问题也可以搞。前种情况可积极创造条件，后种情况可进一步努力提高质量。

（二）课题研究的设计

选择并确定课题之后，接着就要设计课题研究计划。这是统计综合分析的重要一环。研究课题设计的内容一般包括：分析研究的目的、要求；课题研究的必要性和可行性；指导思想、理论、政策和法规依据；分析研究的内容纲目；分析研究所需资料及其来源；分析研究课题的实施步骤、方法与组织。分析研究课题设计是指导性文件，但在具体实施时，并不是一成不变的，它还要根据分析研究中所发现的新情况和新问题进行补充、修改。

（三）采集、积累与鉴别资料

统计综合分析以统计数据资料为基础。因此，在选定课题并进行设计之后，就要采集足够丰富和充分可靠的资料。不仅要采集有关普查、抽样调查、重点调查的资料，还要进行科学推算；不仅要适当利用定期统计报表资料，还要积累有关会议文件、总结和简报资料；不仅要采集并积累平时掌握的比较丰富的系统的材料，还要根据需要，深入实际，深入群众，进行调查研究，掌握典型材料，补充新材料，探索解决矛盾的切实办法。采集、积累什么材料，主要取决于研究课题的内容和所涉及的领域。有的主要是本单位、本地区或本国的材料，有的则要用到外单位、外地区或外国的材料。

由于所采集和涉及的材料不同、来源各异，材料的总体范围、指标口径、计算方法、准确程度等都会有差别，这就需要对材料进行审查和鉴别。对所采集的资料要进行质量评价，根据需要决定取舍，并进行调整、估计和换算。特别是在利用外域和历史资料时，要特别注意资料的范围、口径、计算方法是否一致，各自的条件如何，要根据具体情况进行必要的调整、换算，否则就会导致结论错误。

对经过审查、鉴别、调整、换算的材料，要根据课题研究设计需要，进一步加工整理，使其成为系统、完整的材料，以提供分析研究的直接依据。

(四) 运用各种方法进行系统周密的分析

这是统计综合分析研究中的最重要的环节，它是依据经过鉴别、整理的资料，进行刻苦、细致的思考，系统周密的分析过程。进行系统周密的分析，要运用各种统计方法，诸如分组法、综合指标法、时间数列法、指数法、抽样推断法、相关与回归分析法、预测估算法，等等。这些方法中既有静态分析，又有动态分析；既有描述方法，又有推算方法；既有实际的剖析，又有预测分析。众所周知，方法是达到目的的手段，了解并掌握每种方法的作用、应用条件和实施过程，对于搞好统计综合分析十分重要。这些方法已在有关章节讲述了，这里不再赘述。但从系统周密分析角度、从总体上研究其运用问题则十分必要。

1. 要根据所研究对象的特点和分析研究的任务来选用适当的有效方法，它既可以是几种方法的有机结合，也可以是多种方法的综合运用。

2. 从各种方法特点出发，灵活运用比较和对照，既可进行纵向对比，也可进行横向比较。综合分析错综复杂的现象并进行对比时，要注意比得合理，比得恰当，比得有效。

3. 从统计认识活动总任务出发，深刻认识事物的本质和规律性，把比较法、剖析法、分解法结合起来。统计中的比较对照研究可谓比较法，分组法可谓剖析法，指数法可谓分解法。为认识事物的本质，要进行比较对照，层层剖析，细细分解，以便揭露矛盾，抓住症结。

4. 运用一般分析方法进行逻辑推理和判断，准确分清一般与个别，正确划分正常与非正常、主要与次要、必然与偶然、系统与非系统，综合概括，做出正确的结论。

5. 在运用统计方法进行系统周密的分析时，切忌单纯用统计方法反复计算纷繁的数字，就数字论数字，脱离实际，无视生动的情况，胡乱发表议论，而应当数字与情况结合，定量与定性结合，实事求是地下结论。

（五）得出结论，提出建议

这是系统周密分析的深化过程，也可说是系统周密分析的结果。这一过程并非凭空臆想，而是以实际材料为依据，将丰富的感性材料加以去粗取精，去伪存真，由此及彼，由表及里的改造制作，形成概念和理论的系统，从感性认识跃进到理性认识。在这个环节中一定要抓住主要矛盾，找出根本原因，透过现象看本质，通过数据的变化看趋势，得出结论，提出积极建议。

（六）根据分析结果形成分析报告

这是统计综合分析的最后程序。分析报告是分析研究成果的集中表现。统计综合分析中，应根据研究目的和内容，采用灵活多样的形式来表现，以供有关方面使用或参考。一般来说，搞好统计分析关键是真实丰富的材料，完整的内容和正确的观点，但恰当的表现形式也是统计分析发挥作用的重要方面。统计综合分析结果的表现形式有多种，其中分析报告是主要的。分析报告是写给别人看的，因而一定要认真考虑叙述的逻辑问题，写好分析报告。

二、统计综合分析一般方法概述

统计各种方法已在有关章节阐述，这里从综合分析角度，从综合运用各种方法作一概述，也可谓统计综合分析基本思想观点。

（一）统计综合分析中多层次、多种方法的综合运用

这是指分析方法的多层性问题，它并非分析阶段所特有的，但在分析阶段，这个问题特别重要，必须正确认识和运用。

1. 使用最高层次的哲学方法，即唯物辩证法。在统计分析阶段中它不仅直接发生作用，而且对于统计分析特有方法的选择、确定和使用起着指导作用。这就是说，统计分析必须在哲学方法指导下进行。

2. 使用一般性的科学方法，如数学方法、社会调查研究方法、系统工程方法，等等。这些方法的结合运用会扩展统计综合分析的领域，保证统计综合分析的质量，提高统计综合分析的水平。

3. 使用统计综合分析所特有的方法，即对于社会经济总体的数量方面的分析方法。统计综合分析方法的多层性，不是封闭的，而是开放的，只要有助于社会经济总体数量方面的分析，不论属于哪门科学，都可引用。

（二）问题与方法的交错性

统计综合分析中所要研究的是统计综合分析的问题，如现状分析、历史分析、预测决策分析。分析所应用的手段，则是指分析的方法。问题与方法是交错的，一个问题可用多种方法来分析，一种方法可应用于多种问题的分析研究，在统计综合分析中，要善于运用多种方法，并使其结合进行综合分析。

（三）统计综合分析中质与量的结合

统计综合分析中质与量的结合即定性与定量的结合，它贯穿于统计的全过程，但各个阶段各有侧重。统计工作中的统计设计阶段，是从定性到定量的过渡，即设计统计指标和统计分组的质规定性和量化方法；统计整理阶段，是从采集的个体的数字资料中，整理出反映总体的数值，达到对总体现象的与定性相结合的定量认识；统计分析阶段，则是在取得大量统计资料的基础上，通过进一步的质与量相结合的分析，达到对事物更深刻的认识。

统计综合分析中质与量的结合主要有以下几个方面：

1. 从量变到质变的分析中的质与量的结合。研究事物从量变到质变问题，首先要从定性入手，明确有关事物的涵义，即质的规定性。比如，研究人民生活水平由贫困变为温饱再变为小康的问题，研究企业经营由粗放型变为集约型的问题，研究国内生产总值年增长率和积累率由有利变为不利的关节点(最佳度)问题,首先要明确贫困、温饱、小康和粗放型、集约型以及产值年增长率最佳度、积累率最佳度等概念的涵义。然后,根据科学的涵义,从有关的事物中筛选出具有代表性的若干指标,再搜集这些指标的具体数字,并且采用必要的方法进行分析,得出结论性意见。定量研究的结果反过来又可以深化对事物的定性认识。

2. 从现象到原因分析中的质与量的结合。分析事物的变化,不论是一般的量的变化,还是达到质变关节点的变化,都是回答"是什么"的问题。但是,这远远不够,统计综合分析还必须探讨"为什么"的问题,即分析其发生的原因。这是一个从表面现象的认识逐步向实质性认识发展的过程。

3. 从原因到决策分析中质与量的结合。在对社会经济现象产生的原因进行分析之后,还要进行决策分析。这就是说在回答了"为什么"之后,还要回答"怎么办"的问题。这是一个从事物现状的认识到改造事物的认识逐步深化的过程,而改造事物是为了推动它发生符合决策目标的量的变化或质的变化。

4. 统计综合分析结果得出正确判断结论的质与量分析的结合。统计综合分析要通过多层交叉比较研究的方法,对所分析的事物做出正确判断结论。这同样要定性分析与定量分析相结合,反复思考和认识研究。在这个问题上要注意:

(1) 统计综合分析结果的判断要有科学的理论指导;

(2) 综合分析结果的正确判断要掌握适当的度;

(3) 综合分析结果的正确判断要将其置于系统之中。

第三节 统计比较

一、统计比较的概念和作用

比较对照是人们认识客观事物时普遍使用的一种逻辑思维方法,是统计综合分析研究中最常用的一种有效方法。所谓统计比较是将统计指标所反映的实际数量状况与有关标准进行对照，计算出数量上的差别和变化，进而做出评价和判断的思维过程，它是比较法的一种。其主要特征是总体数量的比较，是客观实际数量状况的比较。统计比较是统计综合分析研究中基本的、常用的方法，其作用主要有以下几个方面。

（一）可以更深入、更明确地认识事物

一个单独的统计指标数值或一群指标数值只能说明总体的实际数量状况，只靠它是得不到明确而深刻的认识的。只有经过综合分析比较，从数量的差别和变化中，才可更深入、更明确地认识事物，做出评价。

（二）可以进行监督查检，深入分析原因

找出解决办法将某种事物的存在和发展状况同有关政策规定进行比较，看其是否符合要求标准规定，进行某些监督检查，并据此进一步深入分析其原因，进而找出解决的办法。

（三）可以发挥更大、更广泛的促进作用

监督也会起促进作用，但统计比较的促进作用比监督更广泛。应用统计指标在各地区、各单位之间进行比较，在单位内部进行比较，会发现它们之间的差别，产生促后进赶先进的作用。使用规定若干统计指标进行比较，有组织的进行评比竞赛，能发挥更大的促进作用。

统计比较是统计分析中经常使用的方法，在许多情况下，统计分析往往是从比较开始的；而且，在统计分析的许多其他方法中，都包含着比较的内容。例如，统计指数实际是一种综合比较方法，相关分析要通过比较才能判明相关程度，等等。

统计比较看起来简单易行，但要使用得好也是不容易的，要注意到这种方法的局限性。

二、统计比较的种类

为了更深入更系统地了解统计比较的真实涵义,以便更好地通过统计比较进行统计综合分析,统计比较可以从许多不同的角度来进行分类。一般说,主要有以下几种分类。

(一)按其时间状况不同分类

静态比较——也叫横向比较,是同一时间(时期或时点)条件下的数量比较,如不同地区的比较,不同部门的比较,实际完成情况和计划目标的比较。

动态比较——也叫纵向比较,是同一统计指标不同时间上统计数值的比较,它反映随历史发展而发生的数量上的变化。根据统计综合分析的需要,这两种比较可以单独使用,但在实际应用中常常要把二者结合起来使用。数量比较的结果统称为比较指标,分别称为静态比较指标和动态比较指标。

(二)按比较方式不同分类

相比(除)比较——是将比较对象和比较标准相除而进行的,比较的结果表现为相对数,如系数、倍数、分数、成数、百分数、千分数、万分数等。相比比较表明静态差别的比率或者动态变化的程度。

相差(减)比较——是将比较对象和比较标准相减而进行的,相减的结果表明两者相差的绝对量。这两种比较方式给人们不同的感受。有时可以单独使用,但以结合使用为好。结合使用可使人们的认识比较完整,既可了解差别或变化的程度,也可了解相差的绝对量。

(三)按比较对象内容范围不同分类

单项比较——是指比较某种总体现象某一方面、某一局部,它可以使用单独一个统计指标,也可以将反映某一方面、某一局部的若干指标联系起来进行比较分析。

综合比较——是指对总体或若干方面的全面评价比较，通常称为综合评价。例如，宏观方面的国民经济和社会发展情况的全面评价和比较；微观方面的同类企业经济效益的综合评价和比较；对某种产品质量的综合评价和比较，等等。

三、统计比较标准

统计比较是将比较显示的对象总体的统计数据与相比较对照（通称对照组、对照群、对照总体）的现象总体数据进行对比研究。作为相比较对照（对照组、对照群、对照总体）根据的统计数据称为比较标准，也称为比较基础数据，或比较基数。依研究目的不同有各种各样的比较标准，常用的主要有如下几种：

（一）经验数据标准

经验数据是根据大量的或长期的资料总结计算而得的正常值，在一定条件下具有相对的稳定性，可以用来作为比较标准。例如，有的专家计算，根据我国若干年经验，在当前条件下，积累率以25%—30%比较适度。又如，国际上一般认为，偿债率（每年偿还外债的本息额占出口创汇总额的比重）大体以25%为警戒线，超过了就会使偿债发生困难。这类经验数据是很多的，在实际工作中很有用。这种比较标准有助于评价和判断事物发展是否正常。

（二）理论数据标准

理论数据标准是根据有关科学理论研究确定的一定的正常值作为比较标准。这种正常值不是根据经验总结出来的，而是根据理论推算设定的。例如，根据经济学理论确定积累率的比较标准时，以保证原有人口和新增人口不低于当前的消费水平为积累的最高限，把保证新增劳动力就业所需固定资产装备基金和流动基金，以及新增人口所需要的非生产性基金和流动基金作为最低限，等等，根据这个道理计算出来的积累率的界限，就是理论标准。

（三）时间数据标准

时间数据标准是以时间上的数据为标准，一般是用比较对象本身的历史数据作为比较标准，观察和分析研究现象本身的发展变化。有时也可以用其他空间单位的历史数据作为比较标准。例如，以某一时期外国的历史数据作为比较标准等。时间数据标准有以下几种。

1. 前期数据标准。如本年与上年比较，本月同上月比较，本年某月与上年同月相比较，等等。

2. 历史最好时期标准。即以较长一段时间内水平最高时期的数据作为比较标准。例如，我国以 1984 年的人均粮食产量（396 千克）作为比较标准等。

3. 历史转折前期数据标准。即以历史发展中阶段性变化开始前期的数据作为比较标准。例如，以第一个五年计划开始前一年的 1952 年的数据作为比较标准，以党的十一届三中全会召开的前一年的 1977 年作为比较标准，以跨入 21 世纪的前一年的 2000 年作为比较标准，等等。

（四）空间数据标准

空间数据标准是以某一空间数据作为比较标准。通常是将同一时间上的比较对象的不同空间（包括不同系统、不同单位、不同地区）的数据进行比较。空间数据标准，主要有以下几种：

1. 平均水平标准。即以一定范围（全世界、全国、一省、一市、一部门等）内的平均实际水平作为比较标准，判定比较对象的水平在平均水平以上或以下，相差多少。

2. 先进水平标准。即以一定范围内的最好水平作为比较标准，比较结果表明与最好水平的差距，有促后进赶先进的作用。

3. 相似空间标准。即使用与比较对象条件大体相似的其他空间的数据作为比较标准。

4. 互为标准。即各地区、各单位相互比较。竞赛评比排名次时就使用这种比较方法。

（五）计划或政策规定数据标准

计划或政策规定数据标准，是以国家计划部门、业务部门或公司、企业单位所制定的有关计划、方针政策规定的数据作为比较标准。通常是在检查监督计划或政策的执行状况时用此标准。由于检查的时间要求不同，可以按月、按季、按年和更长些时间来检查，在进行比较分析时，有进度比较和期终总结性比较两种。

上述五类比较标准，是为了对于比较标准有个明确的概念而归纳的。在实际进行统计比较时，应根据分析研究的目的选择适当的比较标准，并综合运用，以使人们得到正确而明晰的认识，否则就难以做出正确的评价。

四、统计比较具体规则

在统计综合分析中，绝大部分方法都属于对照比较的方法。在一定意义上可以说，统计比较是统计分析的基本方法。这里讲的统计比较规则是指进行统计比较所必须遵守的具体规则。主要有以下几点。

（一）统计比较事物的联系性

统计比较的目的在于通过比较和对照，显现事物的差别、比例、联系程度和变化速度。因此，所比较的事物必须有联系才有意义。统计比较事物联系性规则是相对的，要具体分析判断，其主要依据是研究目的。依研究目的将所确定的有联系的事物进行统计比较，才能发挥统计比较的效用。这是统计比较可比性规则的最基本的规则。

（二）统计比较指标涵义的一致性

统计比较指标涵义的一致性主要指它的内涵和口径的一致性。不论进行静态比较或是动态比较都必须遵守这个规则。指标涵义的一致性要从实质上看，而不能从形式上看。例如，从形式上看，我国粮食产量和外国粮食产量指标名称完全相同，但实际内容不同，不能直接比较。我国粮食（通称粮豆薯）产量中包括大豆和薯类，而外国粮食（通称谷物）产量中则不包括大豆和薯类。由于指标涵义和口径不一,就不能进行直接比较。

(三) 统计比较时间限制的一致性

一般来说,静态比较时应是同一时期或同一时点的数据。动态比较时,时期指标的时期范围应该一致,年度数据和前期的年度数据可以比较,月度数据和以前的月度数据可以比较。时点指标的时间间隔根据特殊分析说明的需要虽然可以不一致,但在通常情况下以一致为好。

(四) 统计比较空间范围的一致性

空间范围主要是指地区范围和组织系统范围。例如,省、自治区、市、县等的范围,各个组织机构、企业和事业单位的隶属关系的范围。它们有时会发生变化,这时,即使行政区划或组织系统的名称没有改,也不能直接进行比较(除非是要特地了解这种变化和结果)。

(五) 统计比较指标的计算方法的一致性

统计指标的计算方法与指标涵义和口径是相联系的,指标涵义不同,计算方法也就不相同,但某些指标是可以按不同方法计算的,这时只有同口径、同方法的才可以进行比较。计算方法不同就不能比较,要比较就要进行必要的调整或换算。

(六) 统计比较指标的计量单位的一致性

表面看来,这个问题比较简单,但实际上这却是个相当复杂的问题,它涉及到计算对象本身的差别。实物指标表现的实物本身就有差别。钢材有各种不同种类和型号,都以“万吨”为单位计算的生产量并不能准确反映生产成果。汽车也包含各种不同型号、不同载重量,如果以“万辆”为单位计算,且仅为了粗略地了解数量,这种比较有一定的价值,但要作深入了解和研究,就远远不够了。因此,使用实物指标进行比较时既要求计量单位一致,同时也要注意到计量单位一致时所存在的实物本身的差别。以货币为计量的价值指标问题更为复杂。就国内来讲,有各种不同的价格,而且经常发生变动。因此，就产生使用哪个环节的价格以及价格指标是否包括变动因素的问题。这些问题要按照研究目的来决定。

总的来讲，可比性是统计比较的重要规则，也可以说是统计比较的前提条件。上述六个方面并不能概括可比性的所有问题，例如，由于社会结构不同、历史条件不同、风俗习惯不同等，会使得某些统计指标不能够用来比较。因此，可比性问题要对具体问题进行具体分析。

五、统计比较主要指标

统计比较无论是静态比较或动态比较、相比（除）比较或相差（减）比较、单项比较或综合比较，都要用一些指标，统计比较的结果也表现为统计指标，因而研究统计比较指标极为重要。就统计比较而言，至少要具备两方面指标：一是欲比较显示的对象指标，通称对象指标；一是作为比较基础的标准指标，通称标准指标。在统计比较中，总量指标、平均指标和相对指标都可作为对象指标和标准指标进行统计分析比较，它们已在有关章节中进行了阐述，在此不再赘述。这里仅从统计比较结果角度进一步阐明统计比较指标。

（一）统计比较指标的概念

从统计比较结果角度观察，统计比较指标是反映有联系、可进行比较的事物之间在时间、空间及事物内部或各事物之间的联系程度与差别的指标，通常称为比率、比例、比重、程度、速度和差数。

（二）统计比较指标一般计算公式及表现形式

统计比较指标，从其比较方式来说，可以进行相比（除）比较和相差（减）比较，则一般公式主要有两类。

1. 相比（除）比较指标的计算公式。一般是比较对象指标被比较标准指标除，其公式为：

$$\text{相比（除）比较指标}=\frac{\text{比较对象指标}}{\text{比较标准指标}}$$

相比(除)比较的结果表明比较对象指标相当于比较标准指标的程度,它减去1(或100%)则表示比较对象指标多于或大于比较标准指标的程度。

相比(除)比较的结果一般通称为相对指标,其数值表现为相对数。相对数的具体表现形式有系数、倍数、翻番数、成数、一般分数、百分数(%)、百分点、千分数(‰)、千分点等无名数及复名数。

2. 相差(减)比较指标计算公式。一般是比较对象指标减比较标准指标,其公式为:

相差比较指标=比较对象指标－比较标准指标

相差(减)比较结果表明比较对象指标数值与比较标准指标数值相差的数量,当比较对象指标值大于或多于比较标准指标数值时为正差量,否则为负差量。这种指标数值的计量单位同对象指标与标准指标数值的计量单位。不同时间、空间的相比(除)比较指标还可以相减,计算其相差数量。

第四节　统计分析报告

一、统计分析报告的概念和特点

(一) 统计分析报告的概念

统计分析结果可以通过表格式、图形式和文章式等多种形式表现出来。文章式的主要形式是统计分析报告。它是全部表现形式中最完善的形式。这种形式可以综合而灵活地运用表格、图形等形式;可以表现出表格式、图形式难以充分表现的活情况;可以使分析结果鲜明、生动、具体;可以进行深刻的定性分析。

统计分析报告,就是指运用统计资料和统计分析方法,以独特的表达方法和结构特点,表现所研究事物本质和规律性的一种应用文章。统计分析报告是统计分析研究过程中所形成的论点、论据、结论的集中表现;它不同于一般的总结报告、议论文、叙述文和说明文，更不同于小说、诗歌和散文，它是运用统计资料和统计方法、数字与文字相结合，对客观事物进行分析研究结果的表现。

（二）统计分析报告的特点

1. 统计分析报告以统计数据为主体。统计分析报告主要以统计数字语言，来直观地反映事物之间的各种复杂的联系，以确凿的数据来说明具体时间、地点、条件下社会经济领域的成就和经验、问题与教训、各种矛盾及其解决办法。它不同于用艺术形象刻画的文艺作品，也不同于旁征博引进行探讨研究的各种论文，而是以统计数字为主体，用简洁的文字来分析叙述事物量的方面及其关系，进行定量分析。

2. 统计分析报告是以科学的指标体系和统计方法来进行分析研究说明的。统计是社会认识的武器，着眼于社会经济现象总体的量的方面，并在质与量的辩证统一中进行研究。

因此，统计分析报告是通过一整套科学的统计指标体系，进行数量研究，进而说明事物的本质的。在整个分析研究中，运用一整套科学的方法，进行灵活、具体地分析。但它又不同于数学分析。数学分析方法撇开事物的质量，只分析抽象的数量关系和空间的形式。而统计分析报告是在质与量的辩证统一中研究量的基础上，研究说明事物质的规定性。

3. 统计分析报告具有独特的表达方式和结构特点。统计分析报告属于应用文体，基本表达方式是以事实来叙述，让数字说话，在阐述中议论，在议论中分析。在表现事物时，不是用夸张、虚构、想象等手法，而是用较少的文字，精确的数据，言简意赅，精练准确地表达丰富的内涵。统计分析报告在结构上的突出特点是脉络清晰、层次分明。一般是先摆数据、事实，进行各种科学的分析，进而揭明问题，亮出观点，最后有针对性地提出建议、办法和措施。统计分析报告的行文，通常是先后有序，主次分明，详略得当，联系紧密，做到统计资料与基本观点统一，结构形式与文章内容统一，数据、情况、问题和建议融为一体。

二、统计分析报告的类型

由于统计分析报告的内容和作用不同,统计分析报告的类型主要有下列几种。

(一) 统计公报

统计公报,是政府统计机构通过报刊向社会公众公布一个年度国民经济和社会发展情况的统计分析报告。一般是由国家、省一级以及计划单列的省辖市一级的统计局发布的。如《国家统计局关于1999年国民经济和社会发展统计公报》。统计公报的特点是:①政治性、政策性和权威性较强;②主要用统计数字直接反映方针政策的贯彻执行所取得的成就和问题,一般不作统计分析;③标题和结构比较固定;④写作严肃认真,用语郑重,概括性强,语言简练。

(二) 进度统计分析报告

进度统计分析报告主要以定期报表为依据,反映社会经济的发展情况,分析其影响和形成的原因。如月度分析、季度分析和年度分析。从时间上看,它可分为定期和不定期的、期中的和期末的统计分析报告;从内容上看,它又可分为专题和综合统计分析报告两种。

进度统计分析报告必须讲究时效,力求内容短小精悍,结构简单规范,一目了然。

(三) 综合统计分析报告

综合统计分析报告是从客观的角度,利用大量丰富的统计资料,对国民经济和社会发展的规模、水平、结构和比例关系、经济效益以及发展变化状况,进行综合分析研究所形成的一种统计分析报告。其主要特点是:①内容上具有全面性、系统性、客观性;②使用大量丰富而广泛的统计资料;③统计分析方法运用灵活。

（四）专题统计分析报告

专题统计分析报告是对社会经济现象的某一方面或某一问题进行专门的、深入研究的一种分析报告。它的目标集中，内容单一，不像综合分析报告那样，要反映事物的全貌。正因为如此，专题统计分析报告更要求突破时间和空间的限制，根据领导和社会公众的需要灵活选题，做到重点突出，认识深刻。

（五）典型调查报告

典型调查报告，是根据调查的目的、要求，有意识地选择少数有代表性的单位进行深入实际调查后所写成的报告。深入实际，进行调查研究，是各级领导、各部门了解情况、指导工作经常采用的一种工作方法。习惯上称为"解剖麻雀"，统计上叫做典型调查。其特点是：①内容上只反映少数单位的具体情况，不直接反映总体的全部情况，也不用这些单位的情况去推断总体的情况；②直接取材，编写统计分析报告所使用的材料主要是典型调查所收集的第一手资料。因此，它比其他分析报告更具体、细致和生动。

三、统计分析报告的质量要求

统计分析报告的质量好坏，一般从两个方面来衡量：一是统计分析报告的深度和广度，即报告的内容是否丰富，对资料的分析和写作技巧如何；二是统计分析报告的时效性及产生的社会影响，即分析报告在实际工作中发挥的作用如何，也就是它的社会效益。后者是衡量分析报告质量的主要标准。从 1985 年起，国家统计局组织评选优秀统计分析报告，提出了 4 条评比标准，即基本质量要求：

1. 选题准确，能够紧密结合经济形势，配合党的中心任务，反映方针、政策的执行情况和效果，对党政领导的决策能起积极的作用。

2. 资料可靠，观点鲜明，分析深刻，提出一定的见解。

3. 时效性强，反映情况及时。

4. 主题突出，结构严谨，条理清晰，文字简洁。

这4条标准可概括为统计分析报告的“四性”，即准确性、时效性、针对性、逻辑性。当然，要写出一篇高质量的统计分析报告，还应在求“新”和求“深”上下功夫。所谓“新”，是指创新。不仅内容有新意，形式也要新颖。要有所创新，就要树立新观念，研究新课题，挖掘新事物、新思想，选择新视角，反映新情况、新特点、新动态，写出新成就、新问题，分析新原因，总结新经验，提出新建议。所谓“深”，是指深入透彻。要掌握丰富的资料，进行深入的分析，达到对研究对象有深刻、透彻的认识。

四、统计分析报告的选题

选准题目，是统计分析报告的首要任务。要达到这一要求，就要遵循选题的原则，选好课题的内容，讲究选题的方法，突出选题的要点。

（一）选题的方向

如何才能做到选题准确呢？根据统计工作多年的经验来看，一般应围绕以下重点来选题：

1. 选领导关心的问题，特别是领导亲自出的题目。

2. 选具有现实意义的课题，或是与中心工作、全局性工作有密切联系的课题。

3. 选国民经济发展中带有苗头性、动向性、突发性的问题。

4. 选改革开放和社会主义现代化建设中出现的新情况、新问题、新经验。

5. 选各方面有不同看法的重大问题。

6. 选配合中心工作、重要会议提供材料的课题。

总之，要根据实际情况来选题，不要为了分析而分析。当然选题中还要对主观条件加以考虑，课题所需资料的来源渠道是否畅通，干部力量是否能胜任，时间是否赶得上领导决策的需要等。

（二）选题的技巧

统计分析报告的选题要在明确方向的基础上，注意结合以下“三点”来进行。这“三点”就是注意点、矛盾点和发生点。

1. “注意点”

是指管理过程中,领导和群众比较注意的地方。比如说,从全国来说,第一季度要总结工作,提出新的任务,制定年度工作计划,要开一些重要的会议,如每年的中央经济工作会议,会议的中心议题就成为“注意点”,到了第四季度要预计计划完成情况,做好下一年度的各项准备工作,此时的“注意点”又转移到本年计划的完成情况上来了。

2. “矛盾点”

是指管理过程中,问题比较集中,事情比较关键,影响比较大或争论比较多的地方。例如,近年来的市场疲软、扩大内需、开拓农村市场、下岗职工再就业、商品房投诉等问题,就是“注意点”。

3. “发生点”

是指管理过程中,事物处于萌芽状态,还未被多数人认识之时,也即人们所说的新情况、新问题,新趋势。如,近年来开展的消费信贷、商品房抵押贷款等。

总之,只要能抓住这“三点”来进行选题,统计分析报告就能发挥积极的作用,取得较好的社会效益。要抓好这“三点”,必须做到“六经常”。即:

1. 经常深入实际,深入群众,了解情况;
2. 经常了解党政领导的意图和工作动向;
3. 经常走访有关主管部门;
4. 经常研究统计资料;
5. 经常阅读报刊,加强理论学习;
6. 经常讨论研究,发挥集体智慧。

五、统计分析报告的写作要求

(一) 主题要突出

主题是统计分析报告的中心思想或基本论点。它像一根红线贯穿于全文,是文章的灵魂与统帅。统计分析报告要根据统计研究的任务,抓住要解决的主要矛盾及矛盾的主要方面，开展分析工作。内容要紧扣主题，从统计资料反映的复杂社会经济现象中，抓住重点问题，突出主题思想加以阐述。

（二）材料和观点要统一

统计分析报告必须以统计资料为依据，但不能搞资料堆砌，要用统计资料来说明观点。这就要求编写统计分析报告必须处理好材料与观点的关系。统计资料要支持报告所说明的观点，而观点要依据统计资料，做到材料与观点的辩证统一。如果材料与观点脱节，便失去统计分析报告的说服力。

（三）判断推理要符合逻辑

统计分析报告的准确性，不仅是运用的统计数字要准确可靠，而且要准确地说明社会经济现象的本质和发展变化的规律。这就要求编写统计分析报告要在统计资料的基础上进行深入分析，运用推理和判断的逻辑方法。判断是以准确的统计数字为依据的；推理，是以充分的依据为前提的。正确的判断和推理，从事物发展上说，就是要有根有据，符合客观的规律性；从思维发展上说，就是要实事求是，合乎事物的逻辑性。判断和推理的结果，前后不能矛盾，左右不能脱节，要如实反映客观事物的内在联系。

（四）结构要严谨

结构要严谨，是指统计分析报告内容的组织、构造应当细密，无懈可击，甚至达到“匠心经营，天衣无缝”的地步。这就要求首先要思想周密，没有“挂一漏万”，“顾此失彼”；其次要组织严谨，没有“颠三倒四”，“破绽百出”。因此，结构能否严谨，首先取决于作者思想认识和思路是否清晰、严密。作者只有充分认识与掌握事物发展的内在规律，才能把它顺理成章地表达出来。

（五）语言要生动、简练

统计分析报告的质量高低，首先在于内容正确；其次还要讲究词章问题。如果用词繁琐，语言不通，词不达意，就不能较好地表述分析的结果。所以，写一篇较好的分析报告，要善于用典型的事例、确凿的数据、简练的辞藻、生动的语言来说明问题。切忌文字游戏、词句堆砌、形式排比、华而不实。

（六）报告要反复研究、修改

写统计分析报告与其他文章一样，必须反复研究和反复修改，做到用词恰当，符合实际。统计分析报告要进行反复研究和修改，是为了检查观点是否符合政策，材料是否真实可靠，文章结构是否严密，文字是否言简意明，表达是否准确得当。只有反复修改，才能写出好的统计分析报告。

参考文献

1. 李金昌,苏为华.统计学[M].北京:机械工业出版社,2007.

2. 李金昌.统计学[M].北京:中国物价出版社,2001.

3. 袁卫,何晓群,等.新编统计学教程[M].北京:经济科学出版社,1999.

4. 徐国祥,刘汉良,等.统计学[M].上海:上海财经大学出版社,2001.

5. 夏南新.新概念统计学[M].北京:中国财政经济出版社,2000.

6. 林洪,罗良清.现代统计学[M].北京:经济管理出版社,2000.

7. 袁卫,庞皓,曾五一.统计学[M].北京:高等教育出版社,2000.

8. 黄良文,曾五一.统计学原理[M].北京:中国统计出版社,2000.

9. [美]*David R. Anderson* 著.商务与经济统计学精要[M].路成来,胡成秀,等译.大连:东北财经大学出版社,2000.

10. 庞皓,杨作廪.统计学[M].成都:西南财经大学出版社,2000.

11. 贾俊平,何晓群,等.统计学[M].北京:中国人民大学出版社,2000.

12. 靳光华,孙文生.统计学原理[M].北京:地质出版社,1998.

13. 李心愉.应用经济统计学[M].北京:北京大学出版社,1999.

14. 李小勤.市场调查的理论与实务[M].广州:暨南大学出版社,1999.

15. 宋文力.应用经济统计学[M].北京:中国标准出版社,1998.

16. 周惠彬,谢小燕.应用统计学[M].成都:西南财经大学出版社,2000.

17. 栗方忠.统计学原理[M].大连:东北财经大学出版社,2001.

18. 张举刚,等.统计学基础[M].重庆:重庆大学出版社,2002.